STEFAN RADLOFF

REITAUSBILDUNG MIT SYSTEM

TÄGLICHE LEKTIONEN FÜR DRESSUR UND SPRINGEN

Bibliografische Information
Der Deutschen Bibliothek

Die Deutsche Bibliothek verzeichnet
diese Publikation in der Deutschen
Nationalbibliografie; detaillierte
bibliografische Daten sind im Internet
über http://dnb.ddb.de abrufbar.

Bildnachweis:
S. 13: Werner Ernst (o.)
Hugo M. Czerny (u.)

Zeichnungen:
Gisela Holstein und Stefan Radloff

Umschlagfotos:
Maximilian Schreiner

Umschlaggestaltung:
Werbeagentur Joko Sander, München

Layout und Herstellung:
Manfred Sinicki

Lektorat:
Jürgen Kemmler

Zweite, durchgesehene Auflage

BLV Verlagsgesellschaft mbH
München Wien Zürich
80797 München

© BLV Verlagsgesellschaft mbH, München 2003

Satz und Grafiken: Typodata, München

Gesamtherstellung: Stalling GmbH, Oldenburg

Gedruckt auf Multi Art matt 135g/qm chlorfrei gebleicht,
made by StoraEnso, geliefert von Papier Union.

Printed in Germany · ISBN 3-405-15882-6

Inhalt

Warum dieses Buch?

Wer ausbildet, übernimmt Verantwortung: gegenüber dem Pferd, gegenüber dem Reiter und gegenüber dem Kulturgut Reiten. Verantwortetes Handeln setzt Wissen voraus. Mit kurzen Übersichten zum Stand des teilweise umstrittenen Wissens will Ihnen dieses Buch helfen, dieser Verantwortung gerecht zu werden.

Reiten ist der jeweils individuelle Versuch eines Menschen, mit dem Individuum Pferd einen Weg zur gemeinsamen Lösung gestellter Aufgaben zu finden. Ein Patentrezept über alle individuellen Unterschiede hinweg gibt es dafür nicht. Aber es gibt bewährte Rezepte, in deren Nähe auch die individuell günstigste Lösung liegen wird. Als Rezeptsammlung will dieses Buch helfen und Anhaltspunkte liefern, nicht aber Anspruch auf alleinige Wahrheit erheben. Auf sogenannte Profitipps zur Korrektur der Pferde wurde kein Schwerpunkt gelegt. Im Zweifelsfall sollte man ohnehin bei den richtigen Professionals »Fremde Hilfe« suchen, denn die wissen, dass »Gleich richtig machen« die Qualitätsarbeit ist, die der Sportkamerad Pferd verdient hat. Mit Tagesschwerpunkten und ganzheitlich konzipierten Lernsituationen kann dieses Buch in der Tagesarbeit helfen, Voraussetzungen zu sichern und Fortschritte zu erzielen ohne Korrekturbedarf zu generieren.

Reiten ist vor allem wegen des Führungsanspruches des Reiters gegenüber dem Pferd eine komplizierte Beziehungskiste zwischen Mensch und Pferd. Und der Reitbetrieb ist schon wegen der unterschiedlichen Interessen der Beteiligten ein durch den Ausbilder nur schwer zu führendes Gebilde. Aus dem Blickwinkel anderer Disziplinen gibt dieses Buch Anregungen zum Nachdenken und Überdenken und mahnt bei den Funktionsträgern notwendige Weiterentwicklungen an.

Reitunterricht und Dressur sind der Versuch, die Leidensfähigkeit von Reiter und Pferd in homöopathischen Dosen zu steigern, bis Reiten von beiden als sportliche, aber auch als angenehme Unternehmung angenommen wird. Der Mensch muss Reiten nur einmal lernen. Unter dem Reiter aber gehen mehrere Pferde mit unterschiedlichem Ausbildungsstand. Wir haben feste Vorstellungen davon, wie Sprünge anzureiten oder Dressuraufgaben zu lösen sind. Weil wir nicht die Zeit haben, die Welt jedesmal neu zu erfinden, helfen uns solche vorgefertigten Lösungen, im Einzelfall schnell reagieren zu können. Richtige Vorurteile sind nützlich, falsche Vorurteile aber führen zu falschen Lösungen. Vorurteile behindern bei starrer Anwendung, verhindern als Erwartungshaltung weiteren Fortschritt. Als Provokation will dieses Buch Checkliste für Ihre Vorurteile sein.

Die allgemein akzeptierte Ausbildungsskala mit den Kriterien Takt, Losgelassenheit, Anlehnung, Schwung, Geraderichten und Versammlung sowie mit dem Gesamtziel Durchlässigkeit gibt auch diesem Buch Struktur und Richtung.

In der Übersicht auf der nächsten Seite sind den Kriterien der Ausbildungsskala jeweils Tagesschwerpunkte in Dressur und Springen sowie einzelne Elemente aus den Werkzeugkästen Dressur und Springen schwerpunktmäßig zugeordnet. Sie können die Tagesschwerpunkte direkt anwenden oder durch Auswahl von Elementen aus den Werkzeugkästen Lernsituationen komponieren und so den Ausbildungserfolg vorausplanend organisieren.

Wenn Sie und Ihr Pferd nach abwechslungsreicher Arbeit zufrieden in den Stall zurückkommen, dann hat auch dieses Buch sein Ziel erreicht.

Werkzeugkasten Dressur	Tagesschwerpunkte Dressur	Ausbildungsskala	Tagesschwerpunkte Springen	Werkzeugkasten Springen
Ganze Parade und Halten Zügel aus der Hand kauen lassen; Überstreichen	Anspannen – Loslassen	Versammlung	Treffen und Abspringen	Tempogefühl und »Auge« des Reiters sowie Durchlässigkeit des Pferdes schulen
Angaloppieren Einfacher Galoppwechsel Fliegender Galoppwechsel	Fliegende Wechsel	Geraderichten	Handwechsel	Fliegende Wechsel auf der Flachen, über Bodenstangen und Hindernisse üben
Travers Traversalen	Traversalen		Wendungen	Springen auf dem Kreisbogen
Schulterherein Konterschulterherein	Die innere Wade macht die Musik	Schwung	Vorwärts	Temporeiten, Rennbahn Zunehmend längere Abstände in einer Reihe/Kombination
Hinterhandwendung Kurzkehrtwendung Schrittpirouette	Der Motor sitzt hinten		Geradlinig	Taktstangen vor und nach dem Hindernis
Schenkelweichen Viereck verkleinern und vergrößern	Vorwärts an den Zügel	Anlehnung	Ruhig und gelassen	Springen aus dem Trab
Schlangenlinien durch die Bahn Außengalopp	Außengalopp	Losgelassenheit	Senkrecht bis schräg über die Mitte	Linienführung
Vorhandwendung; Einfache/ Doppelte Schlangenlinie an der langen Seite/entlang der Mittellinie	Zwanglosigkeit		Fliegen	In-and-Out, Kombinationen Hindernisfolge: Steilsprung – Oxer, oder Oxer – Steilsprung
Zirkel verkleinern und vergrößern	In Selbsthaltung angaloppieren	Takt	Landen und Weiterreiten	Dressurarbeit vor und nach dem Hindernis
Übergänge von einer Gangart in eine andere oder von einem Tempo in ein anderes	Allzeit bereit zum Vorwärts		Distanzen	Gymnastikreihen
Volte (Durchmesser 10 m, 8 m, 6 m) Kehrvolte Aus der/in die Ecke kehrt		Schritt (Mittelschritt, Starker Schritt, Versammelter Schritt); Trab (Arbeitstrab, Tritte verlängern, Mitteltrab, Starker Trab, Versammelter Trab); Galopp (Arbeitsgalopp, Galoppsprünge verlängern, Mittelgalopp, Starker Galopp, Versammelter Galopp)	Arbeit über Bodenstangen und Bodenricks	Hindernisart: Couvert, Steilsprung, Hochweitsprung, Weitsprung/Wassergraben
Zirkel Ganze Bahn Halbe Bahn			Bewegungsschulung im Gelände über unebenen Boden, bergauf und bergab, Klettern und Abrutschen, Pfützen, Wasser, Äste und Baumstämme, Gräben	Freispringen Springen an der Hand

1 Kreativ im Viereck

Die Kreatur Pferd (der Begriff Pferdematerial disqualifiziert weniger das Pferd als den, der diesen Begriff benutzt), sagen manche, sei ein Geschenk des Himmels, ein Zuchtprodukt oder vom Hengst geritten, wenn die gute Abstammung die Ausbildung erleichtert. Kreatives Reiten erzieht das Pferd zum Partner des Menschen und fördert es in seinen mitgebrachten Veranlagungen so, dass seine Bewegungen eine andere Qualität erreichen. Kreatives Reiten erfindet insofern das Pferd ein zweites Mal und schafft (hoffentlich verantwortet) Neues.

Effizienz heißt, die Dinge richtig tun. Reiterliche Effizienz, also z.B. richtig sitzen und einwirken, lernen wir im Reitunterricht und aus der hippologischen Literatur. Dann aber ist Effektivität gefragt, dann sind die richtigen Dinge zu tun. Zwischen dem, was war und ist einerseits, und dem, was sein soll andererseits, gestaltet der Reiter im Jetzt die Lern- und Arbeitssituation für das Pferd zielorientiert so, dass bei minimalem Aufwand der maximale Ausbildungserfolg erreicht wird, dass sich das Pferd möglichst weder aufregt noch langweilt, nicht überanstrengt und zu früh verschleißt.

Kreatives Reiten ist abwechslungsreiche, situative und zielorientierte, intelligente Methodenwahl. Dabei ist nichts grundsätzlich Neues zu erfinden: Im besten Werkzeugkasten liegen die bewährten, klassischen Dressurlektionen bereit. Die Kunst liegt in der richtigen Auswahl, die Kreativität in der Kombinatorik dieser Elemente zu zweckmäßigen Reprisen.

Kombiniert werden im Viereck im Wesentlichen:
- Sitz und alternative Einwirkungsmöglichkeiten (Hilfen) des Reiters unter Nutzung von Hilfsmitteln wie Sattelung und Zäumung, Hilfszügeln, Gerte und Sporen
- Lektionen auf einfachem Hufschlag, also Hufschlagfiguren als bewährte »Wege« im Viereck
- Lektionen auf zwei Hufschlägen wie z.B. Schulterherein und Travers
- Besondere Übungen wie z.B. Wendungen auf der Stelle und Rückwärtsrichten.

Dressurmäßige Arbeit findet aber nicht nur im »nackten« Viereck statt. Vielmehr sollte eine abwechslungsreiche Arbeit auch das Gelände und Übungen über Cavalettis und (kleinere) Hindernisse einbeziehen.

1.1 Ziele des dressurmäßigen Reitens

Der eigentliche Zweck des Reitens ist wohl erstens der, dass der Reiter Freude empfindet und das Pferd als Tierart und als Individuum in der Symbiose mit dem Menschen überlebt, indem es ihm zu dieser Freude verhilft.

Zweitens soll die dressurmäßige Arbeit so sein, dass sie das Pferd ertüchtigt, die reiterliche und ggf. sportliche Sonderbelastung durch geeignete Haltung und Bewegungsmechanik leichtestmöglich zu tragen. Die Gesundheit des Pferdes soll – wie beim sportlichen Training des Menschen – trotz der sportlichen Sonderbelastung möglichst ohne Verletzungen optimal gefördert werden. Außerdem soll dem Pferd diese Arbeit nicht zu schwer werden, vielmehr soll es schließlich (zumindest zeitweise) Freude in dieser Zusammenarbeit finden.

Drittens soll die dressurmäßige Arbeit sicherstellen, dass der Reiter sein Pferd so weit sicher beherrschen kann, dass das Reiten für den Reiter, das Pferd und Dritte (z.B. andere Verkehrsteilnehmer) nicht gefährlicher als unvermeidbar ist. Für das Restrisiko ist auch bei bester Dressurarbeit eine Tierhalter-Haftpflichtversicherung zu empfehlen.

Das Aufgabenheft Reiten[1] beschreibt Aussehen und Eigenschaften des gerittenen Pferdes/Ponys wie folgt: »Das gerittene Pferd/Pony muss den Grundkriterien der Ausbildungsskala entsprechen. Demnach zeigt es Takt, Losgelassenheit, Anlehnung, Schwung, Geraderichtung und Versammlung, jeweils im Rahmen der entsprechenden Klasse.

Die Durchlässigkeit ist das Ergebnis einer systematischen, gymnastizierenden Ausbildung.

Das Pferd/Pony lässt den Reiter angenehm sitzen und folgt gehorsam und vertrauensvoll dessen Hilfen. Es bewegt sich im Gleichgewicht. Sein Rahmen und seine Haltung entsprechen den gestellten Anforderungen und dem jeweiligen Versammlungsgrad unter Berücksichtigung der körperlichen Voraussetzungen. Das Genick ist stets der höchste Punkt, und die Stirn-Nasen-Linie bleibt etwas vor oder höchstens an der Senkrech-

---

1) Aufgabenheft Reiten, 1. Auflage, September 1999, S. 7

Schritt am langen Zügel

Schritt am hingegebenen Zügel

Schritt am Zügel

Rückwärtsrichten

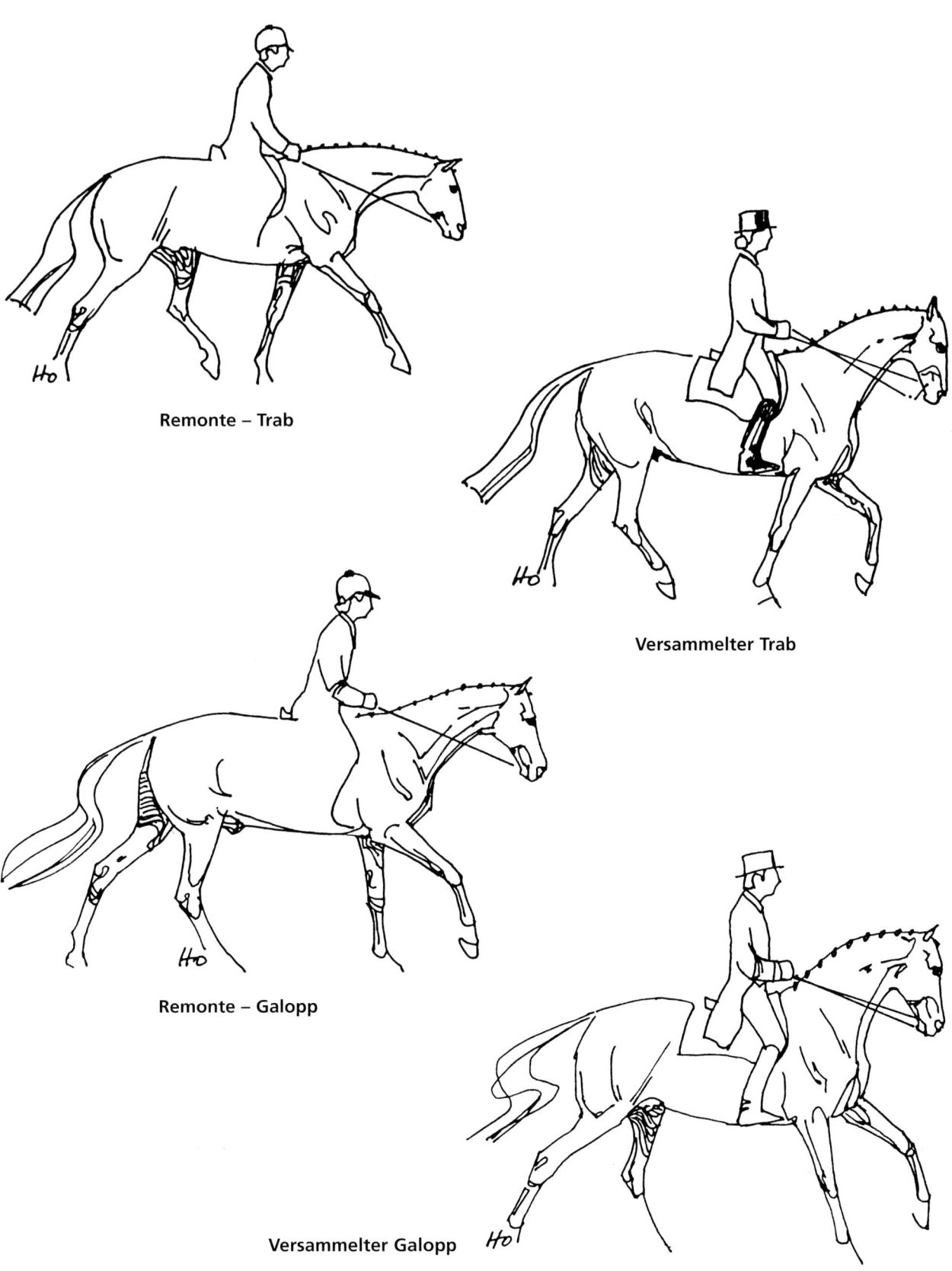

Remonte – Trab

Versammelter Trab

Remonte – Galopp

Versammelter Galopp

ten. Eine deutliche Vorwärtstendenz ist in allen Gangarten erkennbar, auch in den versammelten Tempi bewegt sich das Pferd/Pony gleich bleibend fleißig.«
Die Richtlinien für Reiten und Fahren[2] nennen als Ziel, dass das Pferd sowohl in körperlicher als auch in psychischer Hinsicht zur vollen Entfaltung seiner natürlichen Möglichkeiten gebracht und zu einem gehorsamen, angenehmen und vielseitig ausgebildeten Reitpferd gemacht werden soll.

1.2 Ausbildungsskala

Entsprechend der deutschen Reitauffassung werden die Grundeigenschaften des gerittenen Pferdes in den Kriterien der Ausbildungsskala genannt: »Takt, Losgelassenheit, Anlehnung, Schwung, Geradegerichtetsein und Versammlung.«
Takt bedeutet das räumliche und zeitliche Gleichmaß der Bewegung in den Grundgangarten, also Konstanz im Raumgriff (Länge der Schritte, Tritte oder Sprünge) und im Rhythmus (zeitlicher Abstand des Auf- oder Abfußens).
Losgelassenheit meint, dass das Pferd sich mit schwingendem Rücken, also insbesondere mit sich zwanglos und unverkrampft an- und abspannender Muskulatur (vor allem Rückenmuskulatur) bewegt.
Anlehnung ist die vom Pferd durch Herandehnen an die Hand gesuchte stete, weich-federnde und grundsätzlich gleichmäßig starke Verbindung zwischen beiden Reiterhänden und dem Pferdemaul.
Schwung ist das energische Abfußen und deutliche Vorschwingen der Gliedmaßen in der Schwebephase der schwunghaften Gangarten Trab oder Galopp bei hergegebenem Rücken des Pferdes. Schritt bezeichnet man (weil ohne Schwebephase) als schreitende (schwunglose), aber fleißige Gangart.
Geraderichten ist die Überwindung der natürlichen Schiefe des Pferdes durch gymnastizierende Arbeit und durch regelnde Hilfengebung derart, dass beim gerade gerichteten Pferd die Hinterfüße den Vorderfüßen in etwa auf der gleichen Linie folgen und die Körperlängsachse (Wirbelsäule) des Pferdes der (geraden oder gebogenen) Bewegungslinie (Hufschlag) weitestgehend angepasst ist. Der Schub der Hinterhand wirkt weitestgehend in Richtung des Schwerpunktes.
Versammlung ist eine Veränderung in der »Statik« des Reiter-Pferd-Systems derart, dass in der Bewegung

der gemeinsame Schwerpunkt weiter hinten und höher liegt, dies bei

- einer dynamischen Spannung zwischen treibendem Reiterschwerpunkt und Pferdemaul bei annehmenden und nachgebenden Zügelhilfen (Anlehnung)
- vermehrter Beugung der Hanken und vermehrtem Untertreten der Hinterbeine, wodurch die Hinterhand des Pferdes insgesamt vermehrt die Last übernimmt (Versammlung i.e.S.), und
- einer Aufwölbung des Rückens aus der Hinterhand heraus/Verkürzung des Pferderumpfes, wodurch die Vorhand des Pferdes höher wirkt und geringfügig auch höher kommt (Aufrichtung), wobei die Vorderbeine des Pferdes entlastet werden.

Die einzelnen Elemente der Ausbildungsskala ergänzen und bedingen sich gegenseitig, zusammen beschreiben sie die letztlich gewollte Durchlässigkeit. Die Kriterien der Ausbildungsskala sind in verschiedenen qualitativen Ausprägungen möglich; so unterscheiden wir insbesondere verschiedene Versammlungsgrade. Lediglich Takt ist entweder erreicht oder nicht. Auch Losgelassenheit kann völlig fehlen.

1.3 Zweckmäßiger Stundenaufbau

Zum Verständnis der Abbildung auf Seite 11 über die Zusammenhänge zwischen Dressurlektionen und Kriterien der Ausbildungsskala denken Sie bitte an Zirkelverkleinern und -vergrößern, hier auf der linken Hand.
Sie beginnen links unten und lösen z.B. durch Longieren die Verkrampfungen nach der Stallruhe und der ersten Aufregung, um zu taktmäßigen Gängen zu kommen.
Nach dem Aufsitzen lösen Sie das Pferd im Leichttraben mit häufigen Handwechseln auf beiden Seiten gleichmäßig.
Über das Schenkelweichen und Reiten auf dem zweiten Hufschlag abseits der Bande sichern Sie die Anlehnung.
Jetzt sitzen Sie aus und verbessern die Vorwärtstendenz (die beim Herstellen der Anlehnung vielleicht etwas verloren gegangen ist) durch ein Verlängern der Tritte, z.B. auf der offenen Zirkelseite im Trab.
Auf sich verengenden Wendungen (z.B. Zirkel, Schlangenlinien, Volten) gymnastizieren Sie gezielt die jeweils innere Hinterhand und fördern die Geraderichtung. Für das Geraderichten ist es überhaupt wichtig, alle Übungen jeweils nacheinander auf beiden

---

2) Richtlinien für Reiten und Fahren Band 1, 26. Auflage, 1994, S. 168 ff.

Händen gleichmäßig zu reiten. Mit der schwierigeren Seite brauchen Sie sich nur dann weniger zu mühen, wenn Sie das einem Bereiter überlassen können.

Wenn Sie dann ein verbessertes Untertreten und dichteres Nebeneinander der Hinterbeine (eine verschmälerte Basis hinten) erreicht haben, können Sie

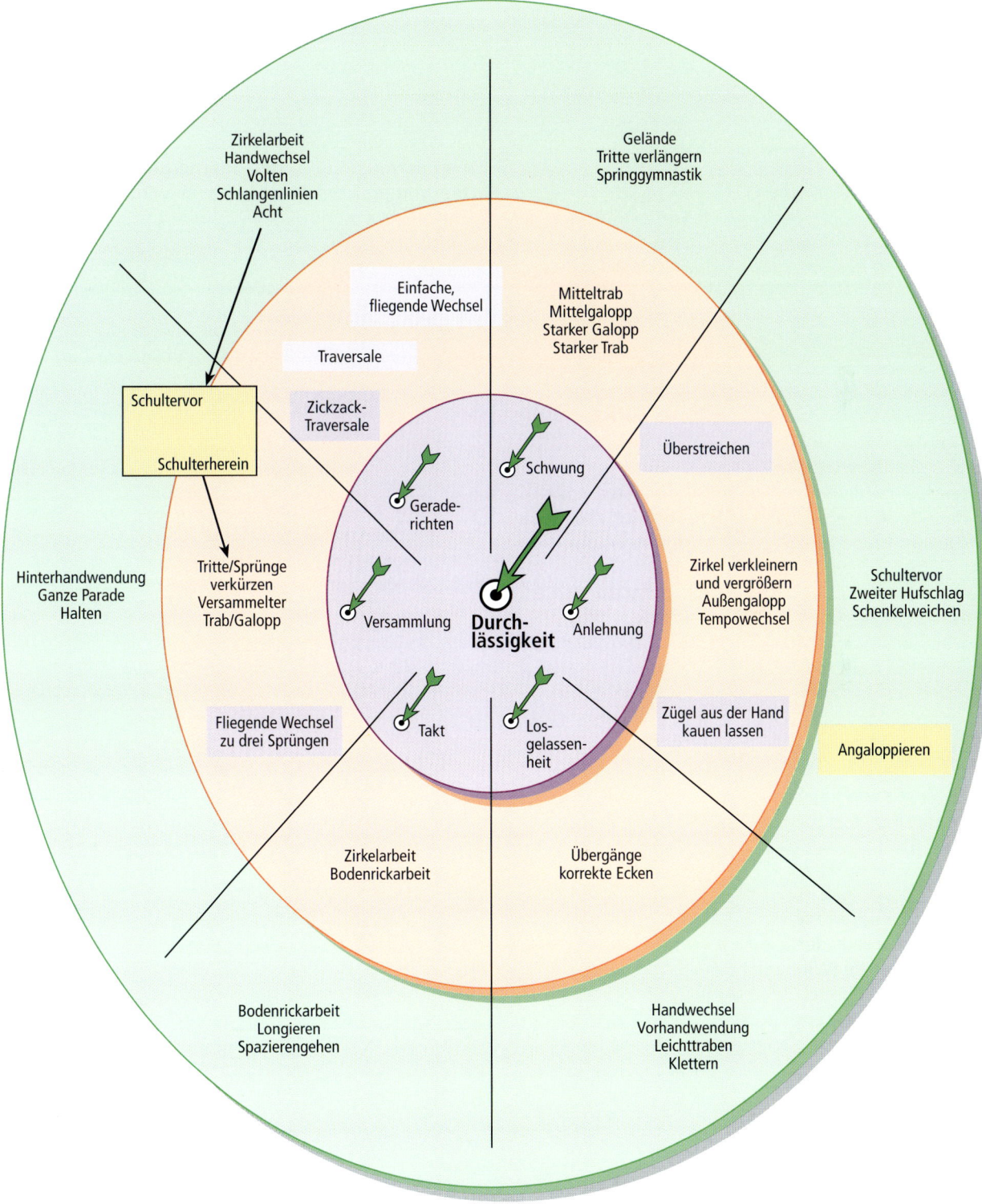

gezielt an die Versammlung denken und Hinterhandwendungen, ganze Paraden und korrektes Halten üben.

Vielleicht können Sie jetzt auch über das Schulterherein auf den inneren Kreis gehen und die schwierigeren Lektionen versuchen.

Dressur ist (wie das Zirkelverkleinern) der Weg zu den engeren Wendungen in der Mitte und (wie das Zirkelvergrößern: niemals vergessen!) dann auch wieder der Weg nach außen, zum Bequemeren. Denken Sie an Konrad Lorenz: »Heut mach i meim Hund a Freud: Erst hau i eam recht und nacha hör i auf.« So lassen Sie zum Schluss im Leichttraben auf dem Zirkel die Zügel aus der Hand kauen.

Wenn eine Dressurstunde geglückt sein soll, dann muss das Pferd losgelassen und zufrieden in den Stall zurückkommen!

Nach dem harten Training und der Versorgung des Pferdes haben auch Sie sich eine Dusche und einen Drink verdient.

1.4 Dressurlektionen

Im Grunde ist alle Arbeit mit dem Pferd, auch der gemeinsame Spaziergang, Dressur. Als Lektionen bezeichnet man die einzelnen Übungen/Aufgaben. Dressurlektionen i.e.S. sind wohl definierte, relativ kurze Leistungseinheiten. Aus mehreren Lektionen zusammengesetzte Einheiten nennt man Reprisen, gelegentlich auch Tour, wie z.B. die Galopptour als den im Galopp zu reitenden Teil einer Dressuraufgabe.

Einerseits verbessern die Dressurlektionen die Kriterien der Ausbildungsskala, wobei einzelne Lektionen zwar nicht ausschließlich, aber doch relativ gezielt für die spezifische Verbesserung einzelner Kriterien genutzt werden können. Andererseits sind bestimmte Grade der Erreichung der Kriterien Voraussetzung für bestimmte Lektionen.

Ein zu frühes Üben bestimmter Aufgaben (bevor die Voraussetzungen wirklich geschaffen sind) ist eher schädlich als nützlich. Trotzdem werden im Bemühen um Fortschritt gelegentlich schwierigere Lektionen zunächst gleichsam im »Unreinen« zu üben sein. Es bedarf dann der Erfahrung des Reiters, um dabei den Grund für das »Unreine«, die spezifischen Schwächen, zu erkennen und schnell eine Stufe zurückzugehen,

gezielt zu jenen Übungen, die gerade diese Schwächen verbessern. Erst auf der Basis der so geschaffenen Voraussetzung ist Gelegenheit zu einem erneuten Anlauf. Dieses Spiel von Angriff und Rückzug, von challenge and response, ereignet sich mehrmals sowohl an einem einzigen Tag als auch auf dem langjährigen Weg zur Vervollkommnung. Geht es dabei im Einzelfall um kleinste Nuancen, so liegen am Ende doch Welten zwischen dem gerittenen und dem ungerittenen Pferd. Man könnte auch eine Ballerina mit einem Trampel oder einen geschliffenen mit einem ungeschliffenen Diamanten vergleichen.

Bestimmte Lektionen haben weniger den Charakter einer Übung als den eines Tests. Hierzu gehören:

- das korrekte Angaloppieren ohne Eilen als Test insbesondere für einen gewissen Grad an Selbsthaltung (vor allem Losgelassenheit, Anlehnung und Versammlung)
- das Überstreichen als Test für die Selbsthaltung, die Voraussetzung ist für die weich-federnde Anlehnung, ohne die bei der Schwungentfaltung entweder ein Strampeln oder ein Auseinanderfallen fast unvermeidlich ist
- die Zickzack-Traversale als Test für die gleichmäßige Gymnastizierung des Pferdes auf beiden Händen und
- die fliegenden Galoppwechsel bis zu zwei Sprüngen, ohne zu schwanken, als Test für die Geraderichtung auf insgesamt sehr hohem Niveau.

Den Zügel aus der Hand kauen lassen ohne Verlust der Balance, des Taktes und der Anlehnung ist gleichzeitig Übung und Test für die Losgelassenheit des Pferdes.

»Quantensprünge«, also die Übergänge von einem Niveau der Durchlässigkeit zum nächsthöheren Level, ereignen sich insbesondere auf der Grundlage verbesserter Geraderichtung auf hinten verschmälerter Basis und äußern sich in einem höheren Versammlungsgrad, bei dem zur stärkeren Hankenbeugung die höhere Aufrichtung kommt. Die Schlüssellektion hierfür ist häufig das Schulterherein.

»Lernlektionen«, bei denen das Pferd ein neues Gleichgewicht finden bzw. Neues verstehen muss, sind insbesondere das unbewegte Stehen im korrekten Halten, das Angaloppieren, der Travers und die fliegenden Wechsel.

Die reiterliche Ausbildung fördert das Pferd über das natürliche Bewegungsangebot hinaus, erfindet das Pferd ein zweites Mal und schafft Neues.

Random (Trakehner geb. 1988) unter Eugen Schädler.

1993, also 5jährig in einer Dressurpferdeprüfung der Klasse L auf Trense

1997, also 9jährig in einer Dressurprüfung Prix ST-Georges auf Kandare

2   Tagesschwerpunkte Dressur

Nachstehend ist jeweils unter einer bestimmten Themensetzung für einzelne Tage eine Abfolge von Lektionen vorgeschlagen.

Die einzelnen Übungen sollte man jeweils mehrfach reiten und ggf. so lange ohne Unterbrechung wiederholen, bis der Übungszweck erreicht ist. Erholungspausen zwischen den Übungen nicht vergessen, dabei aber »dressurmäßig« weiterreiten und nicht fälschlich die Pferde im Schritt am hingegebenen Zügel auseinander fallen lassen! Einmal im Sattel sitzend, kann man nicht nicht reiten. Also reiten Sie, aber verantwortungsbewusst und richtig.

2.1   Zwanglosigkeit

Zwanglosigkeit ist die Grundvoraussetzung für die Durchlässigkeit des Pferdes. Das Ziel ist, dass das Pferd trotz der zwingenden reiterlichen Einwirkung (z.B. Sattel- und Reitergewicht, Longen- oder Zügelhilfen) ohne psychische Verkrampfung angstfrei und gelassen und ohne physische Verkrampfung locker und flüssig im reiterlichen Gleichgewicht geht, also seinen eigenen, dynamisch bewegten Schwerpunkt so mit dem ebenfalls dynamisch bewegten Schwerpunkt des Reiters in Einklang bringt, dass ein gemeinsamer dynamischer Schwerpunkt trotz der Bewegung ohne besondere Anstrengung gehalten wird.

Im Arbeitstempo auf dem Zirkel leichttraben, häufig aus dem Zirkel wechseln

Der Zirkel ist ein Kreis, dessen Durchmesser der Schmalseite des Vierecks entspricht. In einem regulären Viereck (20 × 20 oder 20 × 60) ist der Zirkel ein Kreis mit einem Durchmesser von 20 m. Wenn nicht anders vorgeschrieben, beginnt und beendet man Zirkel nach der ersten Ecke einer langen Seite, um das Pferd durch Biegen in den Ecken vorzubereiten. (Regelmäßiges Beginnen des Zirkels in der Mitte der kurzen Seite könnte das Pferd dazu verleiten, die zweite Ecke auch sonst abrunden zu wollen.)

Zu Beginn der Stunde hilft die Zirkelarbeit, die anfängliche psychische und physische Spannung des Pferdes mit geringstmöglicher reiterlicher Einwirkung zu überwinden, da in der Biegung auf der Zirkellinie die Schubkraft der Hinterhand nicht mehr gerade in der Bewegungsrichtung wirken kann. Das Pferd muss das innere Hinterbein vermehrt beugen und belasten, ermüdet somit schneller, lässt sich los und den Reiter zum Treiben kommen.

Das Leichttraben entlastet den anfangs noch verspannten Rücken und belastet zusätzlich den inneren Hinterfuß.

Das Umstellen beim Aus-dem-Zirkel-Wechseln erfordert vorübergehend eine verstärkte Anlehnung. Diese somit insgesamt recht komplexe Übung hilft, schnell eine stabile Harmonie im Fließgleichgewicht des Reiter-Pferd-Systems zu erreichen, die Voraussetzung ist für das räumliche und zeitliche Gleichmaß der Bewegung (Takt).

Takt

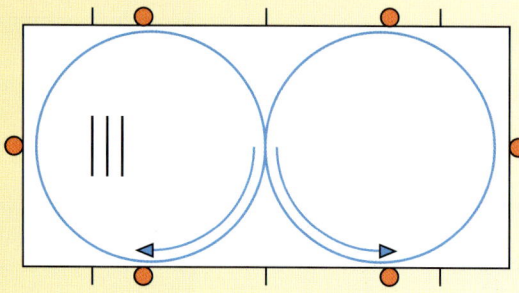

Auf dem Zirkel das Pferd in reiner Längsbiegung (die Wirbelsäule deckt die Zirkellinie) bei gleichmäßiger und leichter Anlehnung an beide Zügel führen.

Zum Wechsel von Zirkel zu Zirkel das Pferd mit einer halben Parade aufmerksam machen, im Übergang kurz gerade stellen und dabei umsitzen, evtl. einige Tritte aussitzen.

Losgelassenheit

Vorhandwendung in Verbindung mit Bodenstangen

Diese abwechslungsreiche Übung mit dem Treten über Stangen, dem Wechsel der Gangart und mit der Vorhandwendung konzentriert das Pferd auf die milde Einwirkung des Reiters, es geht angstfrei und gelassen.

Das Treten über die Stangen sowie der Übergang vom Schritt zum Trab bewirken eine Rahmenerweiterung (Dehnen des Pferdes im Hals), der Übergang vom Trab zum Schritt und vom Schritt zur Vorhandwendung in der Bewegung (wobei der innere Vorderfuß auf einem kleinen Kreis tritt) eine erhöhte Versammlung (hier vor allem eine Aufwölbung des Pferderückens/Verkürzung des Pferderumpfes) und fördern somit in ihrer Abwechslung, dass sich das Pferd mit schwingendem Rücken, also insbesondere mit sich zwanglos und unverkrampft an- und abspannender Rückenmuskulatur bewegt.

Die Vorhandwendung in der Bewegung (also ohne vorheriges Halten) erfordert eine leichte Stellung und ganz geringfügige Biegung nach innen und somit eine Lösung der Muskulatur in der Längsachse des Pferdes. Sie lehrt das Pferd die einseitigen Schenkel- und Zügelhilfen.

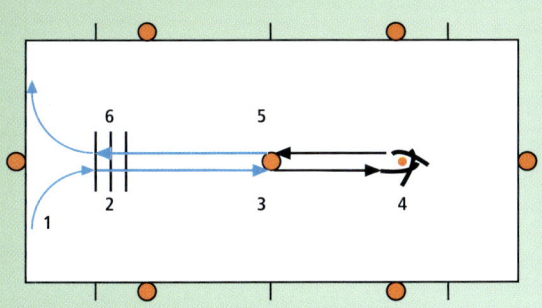

1 Rechte Hand im Trab auf die Mittellinie gehen

2 im leichten Sitz über Bodenstangen

3 im Mittelpunkt weicher Übergang zum Schritt

4 etwa in der Zirkelmitte Vorhandwendung in der Bewegung links

5 im Mittelpunkt antraben

6 im leichten Sitz zurück über die Bodenstangen usw.

Anlehnung

Ganze Bahn mit häufigem Wechsel der Gangart und korrektem Durchreiten der Ecken

Beim Übergang vom Trab zum Schritt wird die Hinterhand durch beiderseitigen Schenkeldruck herangeholt und gegen den etwas später einsetzenden (leichten) Zügelanzug herangehalten, wobei der belastende Sitz vorübergehend gegen die kurzzeitig durchhaltende Hand wirkt, bis dann im Schritt die Hand wieder nachgibt.

Die treibenden Hilfen überdauern die verhaltenden und zwingen das Pferd flüssig in der Ecke auf den für das Pferd kleinstmöglichen Kreisbogen. Dabei stellt und führt der innere Zügel das Pferd auf die Kreislinie, äußerer Zügel und Schenkel begrenzen verwahrend die Biegung.

Im Wechsel von annehmenden und nachgebenden Zügelhilfen wird die stete, weich-federnde und grundsätzlich gleichmäßig starke Verbindung zwischen beiden Reiterhänden und dem Pferdemaul (Anlehnung) gefördert.

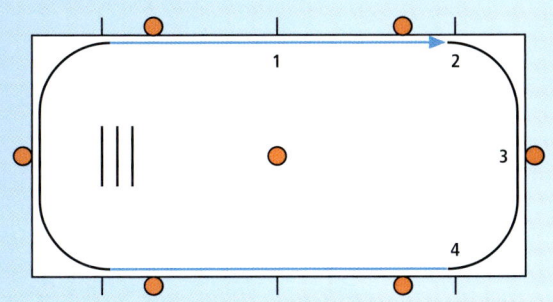

Ganze Bahn

1 Lange Seite traben

2 am Wechselpunkt vor der ersten Ecke der kurzen Seite Schritt

3 Ecken und kurze Seite Schritt, dabei auf korrektes Durchreiten der Ecken achten

4 nach der zweiten Ecke der kurzen Seite energisch antraben

Schwung

Angaloppieren

Schwung (deutliches Vorschwingen der Gliedmaßen in der Schwebephase) erfordert ein vermehrtes Untertreten durch elastisches Beugen der Hanken (Hüft- und Kniegelenke) beim Auffußen und ein kraftvolles, elastisches Abfußen nach vorwärts-aufwärts mit der Folge einer höheren und längeren Schwebephase.

Da eine zu starke Anlehnung/durchhaltende Zügeleinwirkung (z.B. bei einem davonstürmenden Pferd) die Schwungentfaltung aus der Hinterhand bremsen würde, ist Losgelassenheit die Voraussetzung für Schwung.

Das Anreiten eines jungen Pferdes erfolgt meist im Schritt und Trab. Galoppiert ein Pferd an, so wird es meist schnell in den Trab zurückgenommen und glaubt, dass der Galopp eine vom Menschen verbotene Gangart sei. Wenn man dann tatsächlich angaloppieren will, so ist dies für das Pferd eine Lernlektion. Hierzu muss ihm erst wieder abtrainiert werden, dass Galopp verboten sei. Deshalb einige Übungen, die auch dem jungen Pferd ein ruhiges und angstfreies Hineinspringen in den Galopp ermöglichen sollten. Den meisten Pferden fällt das Angaloppieren auf der linken Hand leichter.

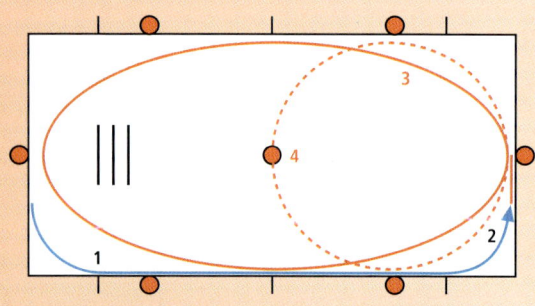

Anfängliches Angaloppieren aus dem Handwechsel

1 Linke Hand ganze Bahn (zur stärkeren Belastung des linken Hinterbeines auf dem falschen Fuß und mit leichter Außenstellung) leichttraben

2 Mitte der langen Seite abwenden, durch den Mittelpunkt, kurz vor der Bande rechts wenden und dabei treibende Schenkelhilfen zum Angaloppieren

3 auf dem bequemen Oval im Galopp halten und zum Treiben kommen

Anfängliches Angaloppieren auf dem Zirkel

1 Rechte Hand auf dem Zirkel (zur stärkeren Belastung des linken Hinterbeines auf dem falschen Fuß und mit leichter Außenstellung) leichttraben

2 auf die geschlossene Zirkelseite (Bande) zu treibende Schenkelhilfen zum Angaloppieren (ggf. unterstützt durch Stimme wie beim Longieren/Gerte an innerer Schulter)

3 auf dem bequemen Oval oder auf dem Zirkel im Galopp halten und zum Treiben kommen

Anfängliches Angaloppieren in der Ecke

1 Linke Hand ganze Bahn, leichttraben auf dem falschen Fuß mit leichter Außenstellung, lange Seite flottes Tempo

2 in der Ecke aussitzen, treibende Schenkelhilfen zum Angaloppieren (ggf. unterstützt durch Stimme wie beim Longieren/Gerte an innerer Schulter)

3 auf dem bequemen Oval im Galopp halten

4 auf den Zirkel gehen und zum Treiben kommen

Geraderichten

Die Acht im Schritt-Trab-Wechsel

Die Acht besteht aus zwei aneinander anschließenden, nicht ganz geschlossenen Kreisen (Durchmesser 10 m) und dem die Kreise verbindenden Übergang, in dem kurz geradeaus geritten wird. Bei einer der vorhergehenden Übungen war beim korrekten Durchreiten der Ecken das Gehen auf einer engen Kreislinie im Schritt bereits geübt worden. Mit der Schrittvolte wird an diesen Lernschritt angeschlossen. Auf Basis der dabei erreichten Versammlung müsste die Geraderichtung nach dem Übergang für die Dauer nur einer Volte ein anspruchsvollerer Trab aufrechterhalten werden können. Falls sich dennoch gegen Ende dieser Volte Probleme ergeben haben sollten, müssten diese bei der Parade zum Schritt zwischen den Stangen und der anschließenden Schrittvolte auf der anderen Hand ohne große reiterliche Einwirkung wieder behoben und erneut die Voraussetzungen für eine korrekte Volte im Trab geschaffen werden können.

Nur korrekt auf beiden Händen geritten, entfaltet diese Übung ihre gymnastizierende Wirkung und fördert die Geraderichtung derart, dass die Hinterfüße den Vorderfüßen in etwa auf der gleichen Linie folgen und der Schub der Hinterhand auch auf dieser engen Kreislinie weitestgehend in gerader Richtung und voll gegen die Vorhand wirkt.

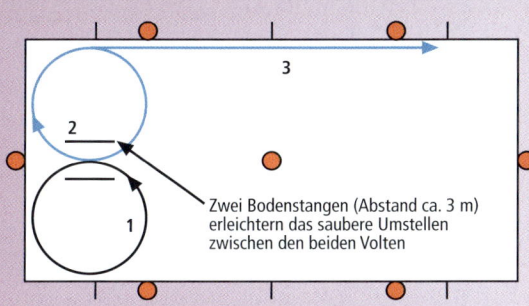

Zwei Bodenstangen (Abstand ca. 3 m) erleichtern das saubere Umstellen zwischen den beiden Volten

1 Linke Hand Volte im Schritt, wobei das linke innere Hinterbein verstärkt zum Untertreten veranlasst wird

2 zwischen den Stangen umstellen und auf die kurze Seite zu im versammelten Tempo antraben, Volte rechts. Nutzung der Hallenecke zum Erhalt der Versammlung

3 ggf. nach mehrmaliger Wiederholung der Übung zum Schluss ganze Bahn und an der langen Seite (auf Basis der gesicherten Versammlung ohne Taktverlust) zulegen

Versammlung

Rückwärtsrichten

Das Rückwärtsrichten ist ein Rückwärtstreten des Pferdes auf gerader Linie mit diagonaler Fußfolge im Zweitakt um eine bestimmte Strecke (z.B. eine Pferdelänge) oder eine bestimmte Anzahl von Tritten (zu Hause möglichst immer fünf Tritte, damit sich das Pferd nicht an drei Tritte gewöhnt und auch in der Prüfung von allein zu früh aufhört).

Unter Erinnerung an die zuletzt erreichte Versammlung auf der Volte in der Ecke wird die Voraussetzung für das Halten und das Rückwärtsrichten gesichert, das als weitere versammelnde Übung die Hanken beugt, die Haltung verbessert und insbesondere im Übergang zur Vorwärtsbewegung die Durchlässigkeit fördert.

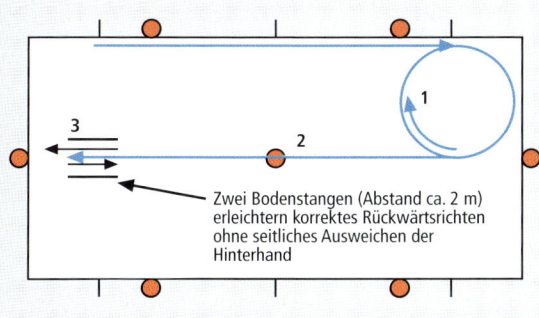

Zwei Bodenstangen (Abstand ca. 2 m) erleichtern korrektes Rückwärtsrichten ohne seitliches Ausweichen der Hinterhand

1 Volte im versammelten Trab

2 auf die Mittellinie gehen

3 zwischen den Stangen (das Pferd erinnert sich, dass es dort zurückkommen soll) ganze Parade zum Halten, Rückwärtsrichten, ohne Halten im Schritt anreiten, loben

Übung auf der anderen Hand wiederholen oder Zügel aus der Hand kauen lassen und das Pferd zufrieden in den Stall bringen

2.2 Vorwärts an den Zügel

Jede Stunde beginnt mit dem Aufnehmen der Zügel (zartes Herstellen der ersten Verbindung zum Pferdemaul noch im Stehen oder im Gehen mit hingegebenem Zügel). Im weiteren Verlauf der Stunde wird sukzessive die Anlehnung hergestellt und verbessert, wobei das Pferd, den vortreibenden Gewichts- und Schenkelhilfen gehorchend, willig an die Hand herantritt und die Zügel langsam verkürzt werden, bis das Pferd korrekt am Zügel steht.

Takt

Ganze Bahn, Arbeitstrab

Der Hufschlag der »ganzen Bahn« verläuft in gleichmäßigem Abstand von der Bande an den langen und kurzen Seiten um die Bahn; die Ecken werden auf dem Hufschlag einer kreisförmigen Viertelvolte (Durchmesser beim ausgebildeten Pferd minimal 5 m) durchritten.

Der dressurmäßige Wert wird nur erreicht, wenn das Pferd an den langen Seiten wirklich geradeaus mit gleichmäßiger Anlehnung an beiden Händen geritten, vor der Ecke mit einer halben Parade die Versammlung bei gleich bleibendem Tempo erhöht, Stellung und Biegung in die Bewegungsrichtung hergestellt und die Ecke ohne Taktverlust durchritten wird.

Häufig wird gerade bei der Trabarbeit zu Beginn der Stunde geschlampt mit der Konsequenz, dass Fehler gleichsam andressiert werden. Das Pferd findet dabei für sich bequeme Auswege (z.B. Ausbiegen vor der Ecke durch Ausfallen der äußeren Schulter nach außen, Abflachen der Ecke, Eilen durch die Ecke, Fortsetzen des Bogens nach der Ecke in das Innere der Bahn).

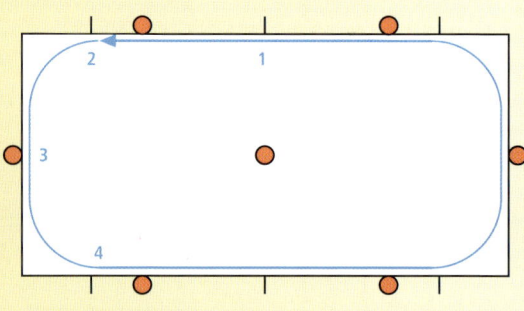

1 Lange Seite »auf dem falschen Fuß« leichttraben mit Außenstellung

2 am Wechselpunkt Außenstellung aufgeben, aussitzen, Stellung und Biegung in die Bewegungsrichtung herstellen

3 Ecken und kurze Seite aussitzen

4 nach der zweiten Ecke Biegung und Stellung nach innen aufgeben, zunächst gerade stellen und weiter bis zur Außenstellung, ab dem Wechselpunkt mit leichter Außenstellung auf dem falschen Fuß leichttraben

Losgelassenheit

Zirkel verkleinern und vergrößern im Trab und Galopp

Beim Zirkelverkleinern wird in traversartiger Stellung der Hufschlag des Zirkels auf spiralförmigem Weg bis zum Hufschlag der Volte verkleinert. Beim Zirkelvergrößern wird in schulterhereinartiger Stellung der Hufschlag der Volte auf spiralförmigem Weg bis zum Zirkel erweitert.

Diese Übung fördert die Längsbiegung um den inneren Reiterschenkel, vermehrtes Herantreten an den äußeren Zügel sowie Leichterwerden am (annehmenden und nachgebenden) inneren Zügel. Korrekt (traversartig/schulterhereinartig) geritten, setzt diese Übung bereits ein weit gefördertes Pferd voraus, mit dem jungen Pferd deshalb eher schlampig (auf einfachem Hufschlag auf der spiralförmigen Linie) reiten.

Losgelassenheit

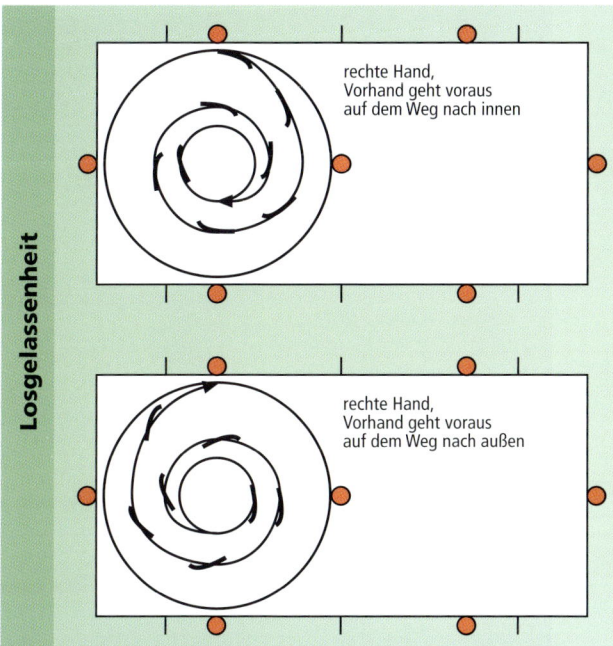

rechte Hand,
Vorhand geht voraus
auf dem Weg nach innen

rechte Hand,
Vorhand geht voraus
auf dem Weg nach außen

Zirkel verkleinern

Schultern parallel zu den Schultern des Pferdes, Hüften parallel zu den Hüften des Pferdes belastet der Reiter vermehrt den inneren Gesäßknochen.

Als vorherrschende Hilfen, im Takt der Bewegung gegeben, erhalten äußerer Schenkel und führender innerer Zügel die Seitwärts-vorwärts-Bewegung.

Falls ein Ausbilder mit Gerte in der Zirkelmitte steht, kann er das innere Hinterbein zum Treten anregen.

Zirkel vergrößern

Innerer Schenkel und äußerer Zügel führen das Pferd erweiternd nach außen. Innerer Zügel und äußerer Schenkel erhalten (schulterhereinartig) Stellung und Biegung. Der innere Gesäßknochen des Reiters ist vermehrt belastet.

Schenkelweichen

Beim Schenkelweichen bewegt sich das Pferd mit geringer Stellung, aber fast ohne Längsbiegung, vorwärts-seitwärts auf zwei Hufschlägen. Die Abstellung, d.h. der Winkel des Pferdes zum Hufschlag, darf maximal 45° betragen. Dabei treten die inneren Füße gleichmäßig vor und über die äußeren. Die Stellung erfolgt immer zur Seite des seitwärts treibenden Schenkels und damit entgegen der Bewegungsrichtung.
Das Schenkelweichen wird im Schritt (und umstritten) auch im Trab geritten. Es sollte immer nur über kurze Strecken geritten werden.
Während des Schenkelweichens stellt der innere Zügel, der äußere verwahrt. Zur Belehrung kann die äußere Zügelfaust etwas seitwärts geführt werden, um dem Pferd die Richtung zu weisen. Der innere Schenkel (etwas hinter dem Gurt) treibt, möglichst im Rhythmus des abfußenden inneren Hinterbeines, vorwärts-seitwärts, der äußere (am Gurt) verwahrt. Der innere Gesäßknochen ist vermehrt belastet. Wie bei den vorangegangenen Übungen ist auch hier bewusst eine bestimmte Stellung zu geben. Wegen des hierzu notwendigen Einsatzes zusammenwirkender einseitiger Schenkel- und Zügelhilfen (vorherrschend innerer Schenkel gegen äußeren Zügel) wird die Anlehnung (vor allem an den äußeren Zügel) gefördert.

Anlehnung

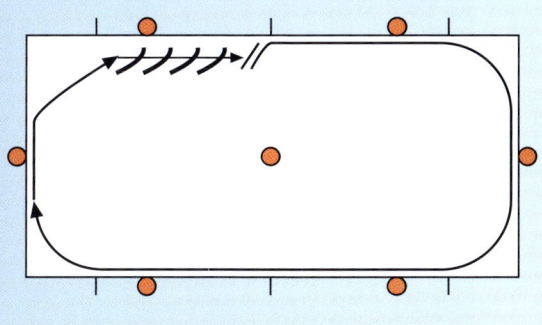

Anfängliche Entwicklung des Schenkelweichens an der Bande

Zur ersten Belehrung des Pferdes im Schritt die Ecke abschneiden, vor Erreichen der Bande halbe Parade, mit deutlich zurückgelegtem (hier linkem) seitwärts treibendem Schenkel das Pferd praktisch ohne Längsbiegung einige wenige Schritte seitwärts treten lassen. Für die richtigen Gewichtshilfen: Blick nach links, linke Schulter zurückgenommen, linke Gesäßhälfte stärker belastet. Gerte in linker Hand. Ggf. aufmunternde Stimme. Nach Beendigung des Schenkelweichens deutlich vorwärts reiten.

Anlehnung

Entwicklung des Schenkelweichens aus der Kehrtvolte vor dem Schenkelweichen (mindestens 8 m Durchmesser)

In der Kehrtvolte (Stellung und Biegung) werden die Voraussetzungen für das Schenkelweichen gesichert. Übergang zum Schenkelweichen insbesondere durch inneren Schenkel unter Aufgabe der Biegung.

Schwung

Zirkelarbeit im Galopp

Durch die gezielte Gymnastizierung des inneren Hinterbeines, das auf dem Zirkel vermehrt gebeugt und belastet wird, werden durch die Zirkelarbeit im Galopp die Voraussetzungen für die Schwungentfaltung verbessert.

Der Galopp ist als schwungvolle Gangart im Dreitakt mit einem Moment der freien Schwebe besonders geeignet, Schwungentfaltung zu trainieren.

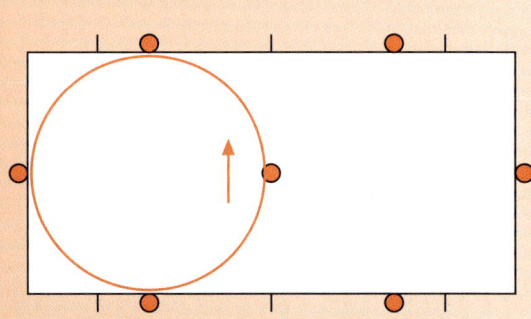

1 Auf dem Zirkel geritten, zunächst Arbeitsgalopp: Das Pferd muss fleißig, regelmäßig und schwungvoll in deutlichem Dreitakt springen

2 im Wechsel
  a) auf der offenen Zirkelseite Galoppsprünge verlängern. Diese Übung wird als eine allmähliche Steigerung vom Arbeitsgalopp zum Mittelgalopp geritten und gilt als Vorstufe zum Mittelgalopp. Gleichzeitiges Überstreichen testet die Selbsthaltung
  b) auf der geschlossenen Zirkelseite einfangen, Galoppsprünge verkürzen

Geraderichten

Wenn bei der normalen Zirkelarbeit im Galopp nichts klappt als das Gesäß des Reiters, weil z.B. das Pferd nach einiger Zeit ermüdet, dann müssen erst die Voraussetzungen wiederhergestellt werden. Das gilt auch, wenn das Pferd im Hals zu kurz oder am Widerrist lose wird, wenn die äußere Schulter ausfällt, die gleichmäßige Anlehnung verloren geht, das Pferd mit der Hinterhand nach außen ausweicht und in falscher Stellung des Schenkelweichens geht. Der verwahrende Einsatz von äußerem Schenkel und Zügel reicht zum Nachregeln in solchen Fällen meist kaum aus.

Deshalb sollen die gleichmäßige Anlehnung und die Kontrolle über das äußere Hinterbein zunächst mit der nachstehend beschriebenen Übungsfolge wieder gesichert werden.

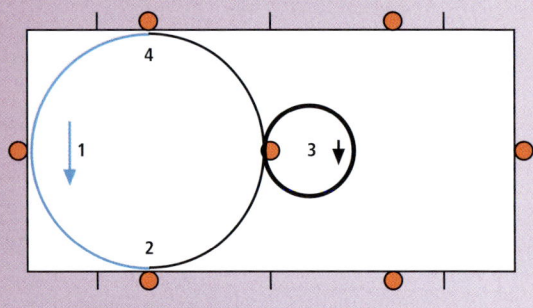

1 Geschlossene Zirkelseite im Trab

2 am Zirkelpunkt zum Schritt parieren

3 im Mittelpunkt eine Schrittvolte nach rechts einlegen, dabei (bisher äußeres, jetzt inneres Hinterbein) unter Kontrolle bringen

4 bei Erreichen der Bande wieder antraben

Übung zur Gewöhnung mehrmals wiederholen.

Geraderichten

Beim Erreichen der Bande angaloppieren und nun die Übung im Galopp-Trab-Wechsel reiten.

Schwung

Zum Schluss noch einmal korrekt auf dem Zirkel galoppieren.

Bevor z.B. durch Ermüdung wieder ein Problem eintritt: schnell das Pferd loben und ihm eine Schrittpause gönnen.

Versammlung

Hinterhandwendungen

Bei der Hinterhandwendung »aus dem Halten« müssen die Beine des Pferdes zunächst zur Vorwärtsbewegung ansetzen, ehe die Hilfen zur Wendung gegeben werden, dann bewegt sich das Pferd mit der Vorhand in einigen Tritten um einen Drehpunkt, der dem – möglichst auf der Stelle tretenden – inneren Hinterfuß möglichst nahe liegt. Das Pferd ist dabei in die Bewegungsrichtung gestellt und gebogen. Nach der Ausführung der Wendung muss das Pferd wieder geschlossen stillstehen, wenn nicht sofortiges Anreiten in einer bestimmten Gangart gefordert wird. Durch die Hankengymnastik dieser versammelnden Übung soll die Hinterhand gestärkt und aktiviert, sollen Versammlung und Seitengänge verbessert werden.

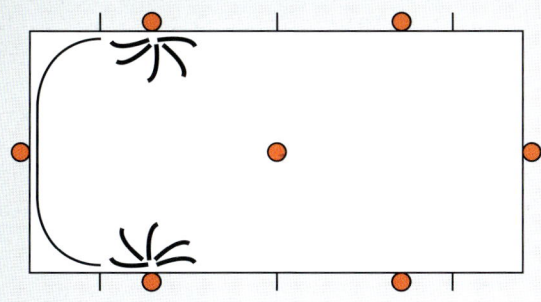

Im Schritt Wendungen auf der Hinterhand auf beiden Händen jeweils am Zirkelpunkt nach der zweiten Ecke einer kurzen Seite.

Übung ggf. mehrmals durchreiten.

2.3   Anspannen – Loslassen

Versammlung ist eine Veränderung in der »Statik« des Reiter-Pferd-Systems derart, dass in der Bewegung der gemeinsame Schwerpunkt weiter hinten und höher liegt, dies bei

- einer dynamischen Spannung zwischen treibendem Reiterschwerpunkt und Pferdemaul bei annehmenden und nachgebenden Zügelhilfen (Anlehnung)
- vermehrter Beugung der Hanken und vermehrtem Untertreten der Hinterbeine, wodurch die Hinterhand des Pferdes insgesamt vermehrt die Last übernimmt (Versammlung i.e.S.), und
- einer Aufwölbung des Rückens aus der Hinterhand heraus/Verkürzung des Rahmens, wodurch die Vorhand des Pferdes höher kommt (Aufrichtung) und die Vorderbeine des Pferdes entlastet werden.

Allen versammelnden Übungen ist gemeinsam, dass Gewicht und Schenkel des Reiters zunächst »vorwärts!« befehlen, die Hand aber nur geringfügig später bzw. nahezu gleichzeitig »rückwärts!« befiehlt.

Die für diesen Tag zusammengestellten Übungen sind durch einen deutlichen Wechsel von psychisch und physisch anspannenden und entspannenden Übungsteilen gekennzeichnet.

Aus der kurzen Abfolge von anspannenden und entspannenden Übungsteilen und dem Wechsel der dabei situationskongruent einzusetzenden Hilfen sollte das Pferd den Versammlungsgrad steigern und in den entspannenden Übungsteilen die Losgelassenheit verbessern können.

Takt

Arbeit über Bodenstangen auf geraden Linien abseits der Bande im Schritt und Trab

Auf den geraden Linien abseits der Bande (verlangen konsequente Einwirkung, um das Geradeaus ohne Schwanken zu sichern) und über den Stangen werden sich Reiter und Pferd vermehrt konzentrieren und anspannen, danach mit zunehmender Bekanntheit der Übung entspannen.

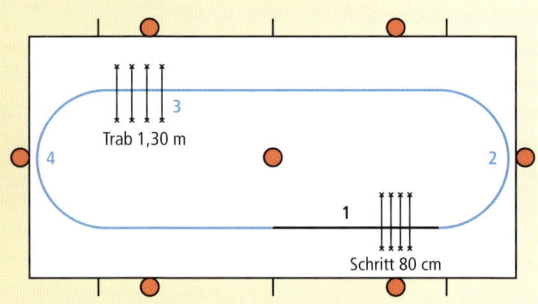

1 Im Schritt über Bodenstangen, Abstand 80 cm

2 im Arbeitstrab antraben, aussitzen

3 im leichten Sitz über Trabstangen, Abstand bis zu 1,30 m, danach leichttraben

4 kurze Seite aussitzen, Mitte der langen Seite Parade zum Schritt

Übung mehrfach wiederholen und nach Handwechsel sinngemäß auch auf der anderen Hand reiten.

Losgelassenheit

Im Arbeitstrab durch die Länge der Bahn wechseln

Das »Wechseln durch die Länge der Bahn« ist ein Handwechsel auf der Mittellinie (Linie zwischen den Mitten der kurzen Seiten); das Abbiegen von der kurzen Seite auf die Mittellinie bzw. von der Mittellinie auf den Hufschlag der kurzen Seite erfolgt wie beim Durchreiten der Ecke auf einer kreisförmigen Viertelvolte (Durchmesser beim ausgebildeten Pferd minimal 5 m). Das Umsitzen beim Leichttraben ist, wenn nicht anders vorgeschrieben, in der Mitte der Bahn auszuführen.

Um das Pferd abseits der Bande geradeaus zu reiten, ist ein ständiges und beim Schwanken nach links oder rechts abwechselndes Regeln erforderlich. Dieses fortgesetzte Regeln auf der Mittellinie bedeutet eine Anspannung, die beim Einschwenken auf den Hufschlag der kurzen Seite in eine Entspannung mündet. Hierdurch sowie durch die Hilfen (halbe Paraden) für die Übergänge von der Geraden auf den Kreisbogen und wieder auf die Gerade wird die Durchlässigkeit gefördert.

Losgelassenheit

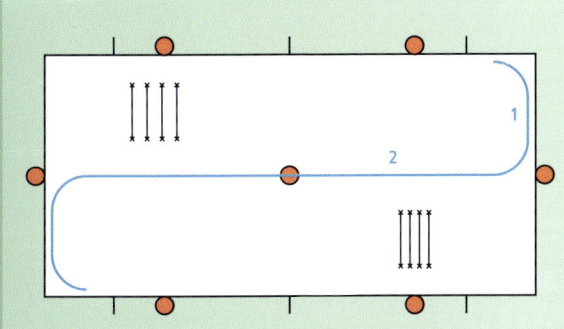

1 Entsprechend der reiterlichen Förderung des Pferdes ist der Radius des Kreisbogens beim Durchreiten der Ecke und beim Abbiegen auf die Mittellinie größer oder kleiner. Entsprechend muss das Abbiegen rechtzeitig eingeleitet werden

2 auf der Mittellinie treiben die Gewichts- und Schenkelhilfen beidseits gleichmäßig einwirkend an die beidseits mit gleichmäßiger Anlehnung führenden Hände heran

Anlehnung

Viereck verkleinern und vergrößern

Bei dieser Übung wechselt die Anspannung beim ersten Schenkelweichen mit kurzer Entspannung auf der Geraden wieder in eine Anspannung beim Übergang zum Schenkelweichen. Ein lobendes Klopfen nach Beendigung der Übung sollte erneut Entspannung bewirken.

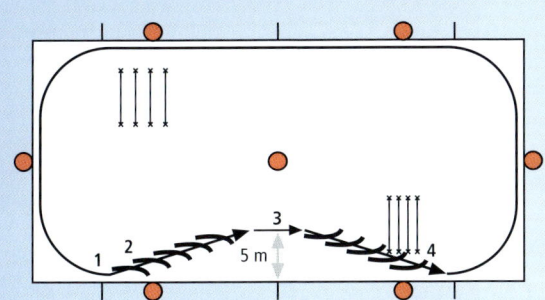

1 Umstellen des Pferdes nach Durchreiten der Ecke

2 Schenkelweichen vom ersten Wechselpunkt der langen Seite bis zu einem Punkt etwa 5 m von der Bande entfernt

3 eine Pferdelänge geradeaus, dabei Umstellen des Pferdes

4 Schenkelweichen bis zum zweiten Wechselpunkt der langen Seite

Beim Viereckverkleinern besteht die Gefahr, dass die Vorwärtstendenz vernachlässigt und der Gang schleppend wird. Deshalb lässt sich jetzt die Gelegenheit nutzen, zwei dem Pferd bekannte Übungen so zu verknüpfen, dass insbesondere im Trab abseits der Bande Frische und Freiheit des Ganges hergestellt werden. Dank der Vertrautheit der Übungen sollte die Zwanglosigkeit erhalten bleiben, obwohl durch die abwechslungsreiche Gestaltung der Übung relativ hohe Anforderungen gestellt werden.

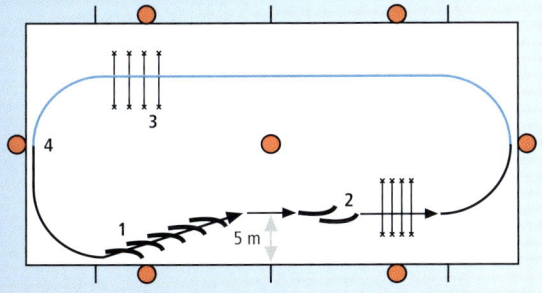

1 Wie Viereck verkleinern

2 daraus konsequent treibend gerade über die Stangen, Mitte der kurzen Seite antraben

3 über die Trabstangen

4 Mitte der kurzen Seite Schritt

Schwung

Durch die halbe und durch die ganze Bahn wechseln

Das »Wechseln durch die halbe Bahn (durch die ganze Bahn)« ist ein Handwechsel auf der Linie zwischen dem ersten Wechselpunkt einer langen Seite und dem HB-Punkt (dem zweiten Wechselpunkt) der gegenüberliegenden langen Seite; man beginnt mit dem Abwenden vom Hufschlag der

Schwung

langen Seite, wenn das Pferd mit der äußeren Schulter in Höhe des Wechselpunktes ist, und erreicht den Hufschlag der gegenüberliegenden Seite mit der (neuen) äußeren Schulter des Pferdes in Höhe des HB-Punktes. Der Wechsel der Stellung, des Galopps und das Umsitzen beim Leichttraben sind kurz vor Erreichen des HB-Punktes auszuführen.

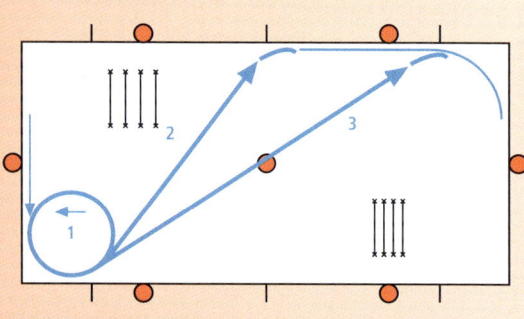

1 Zunächst auf der vorgeschalteten Volte in der Ecke bei erhöhter Versammlung (Anspannung) und Biegung eine verschmälerte Basis hinten sichern

2 aus der Volte zunächst durch die halbe Bahn wechseln, dabei zulegen (Entspannung) und das Tempo dann Mitte der kurzen Seite wieder einfangen (fängt man das Tempo immer vor dem Wechselpunkt ein, wird das Pferd schließlich von allein zu früh »bremsen«)

3 schließlich durch die ganze Bahn wechseln, dabei zulegen, nach Möglichkeit Mitteltrab

Geraderichten

Außengalopp

Mit der Hufschlagfigur »durch die halbe Bahn wechseln« lässt sich auch der Außengalopp üben, bei dem in besonderem Maße der Schub der Hinterhand weitestgehend in gerader Richtung und voll gegen die Vorhand wirkt und somit die Geraderichtung gefördert wird.

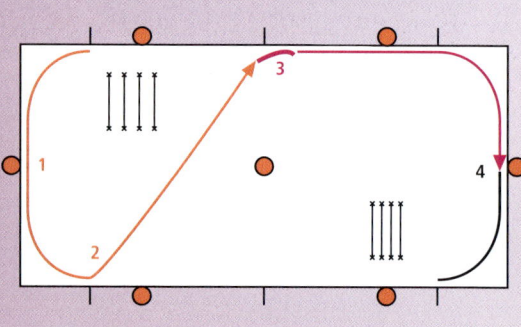

1 Linke Hand im versammelten Galopp (Linksgalopp = Handgalopp)

2 durch die halbe Bahn wechseln (anfangs mit deutlicher Stellung nach links) ohne Galoppwechsel (Anspannung)

3 Außengalopp (anfangs mit leichter Außenstellung) bis zur Mitte der nächsten kurzen Seite (und damit anfangs durch nur eine, zudem leicht abgerundete Ecke!)

4 Parade zum Schritt, loben, ausruhen (entspannen)

Versammlung

Ganze Parade und Halten

Unter »ganze Parade« versteht man den unmittelbaren Übergang aus jeder Gangart zum Halten, üblicherweise auf der Geraden geritten. Unter Halten versteht man ein mehrere Sekunden dauerndes, unbewegtes Stehen des Pferdes an den Hilfen. Das Pferd ist geradeaus gestellt, bewahrt die Versammlung und kaut mit geschlossenem Maul. Die Vorderbeine stehen genau nebeneinander, die Hinterbeine möglichst nahe beieinander.

Damit das Pferd lernen und gehorchen kann, müssen immer die gleichen Hilfen zum gleichen Zweck gegeben werden; dies gilt auch für das Halten. Der Reiter muss deshalb auch bei sich unterscheiden zwischen dem »Stillgestanden!« und dem bloßen Stehen des Pferdes, während dessen er seinen Sitz, die Zügelführung, seine Ausrüstung usw. neu ordnen kann. Für solche »Verrichtungen« sollten deshalb immer nach dem Anhalten die Zügel hingegeben werden, damit das Pferd zwischen (bequemem) Stehen und Halten unterscheiden kann.

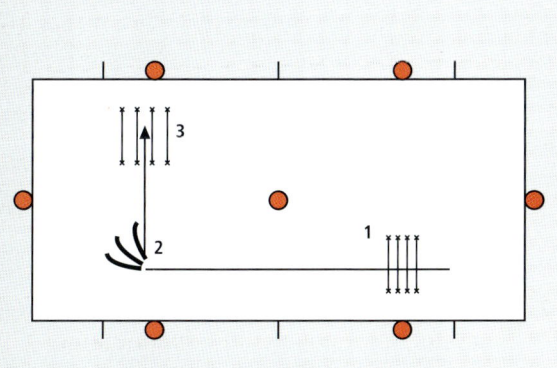

1 Über die Schrittstangen (Spannung) geradeaus (Entspannung)

2 halbe Hinterhandwendung (Spannung)

3 zwischen den Stangen ganze Parade zum Halten (Anspannung). Im Halten steht das Pferd still, gerade und an den Hilfen, das Gewicht ruht gleichmäßig auf allen vier Beinen (Vorderbeine nebeneinander, Hinterbeine geschlossen). Der Rahmen ist kaum merklich erweitert (geringfügige Entspannung), um dem Pferd das Stehen zu erleichtern

Der Schritt ist eine schreitende (schwunglose), aber fleißige Gangart. Bei Schrittreprisen am Zügel und insbesondere in Versammlung besteht immer die Gefahr, dass die Schritte schleppend werden und der Fleiß verloren geht. In diesem Fall die Arbeit im Schritt eher reduzieren und folgende Alternative wählen:

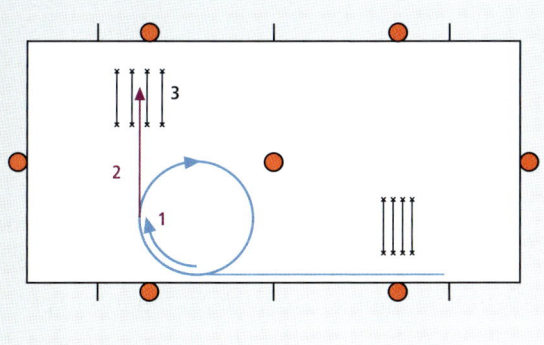

1 Volte (Anspannung) zur Erhöhung der Versammlung

2 aus der Volte geradeaus (Entspannung)

3 zwischen den Stangen ganze Parade zum Halten (Anspannung). Im Halten steht das Pferd still, gerade und an den Hilfen, das Gewicht ruht gleichmäßig auf allen vier Beinen (Vorderbeine nebeneinander, Hinterbeine geschlossen). Der Rahmen ist kaum merklich erweitert (geringfügige Entspannung), um dem Pferd das Stehen zu erleichtern

2.4 In Selbsthaltung angaloppieren

Beim Angaloppieren hebt sich das Pferd gestützt vom äußeren Hinterbein (»Einbeinstütze«) zum ersten Galoppsprung. Die reiterlichen Zeichen an das Pferd zum Angaloppieren sind der verwahrend zurückgenommene äußere Schenkel, der vortreibende innere Schenkel sowie eine nachgebende innere Hand, die den ersten Galoppsprung herauslässt. Die Übungsfolgen sollen das Angaloppieren bestmöglich vorbereiten und trainieren. Das korrekte Angaloppieren und Weitergaloppieren ohne Eilen sind Test für die Selbsthaltung (insbesondere Losgelassenheit, Anlehnung und Versammlung).

Schenkelweichen

Bei diesen Übungen wird eingangs der Stunde das Schenkelweichen als lösende Übung geritten. Ferner wird genutzt, dass beim Schenkelweichen mit innerem Schenkel und äußerem Zügel bereits ein gewisses Zusammenstellen des Pferdes erfolgt und Stellung gegeben wird, wodurch gute Voraussetzungen für ein taktmäßiges Antraben bzw. Angaloppieren »vom Fleck weg« geschaffen werden.

Takt

Entwicklung des Schenkelweichens aus der halben Kehrtvolte (z.B. 10 m Durchmesser)

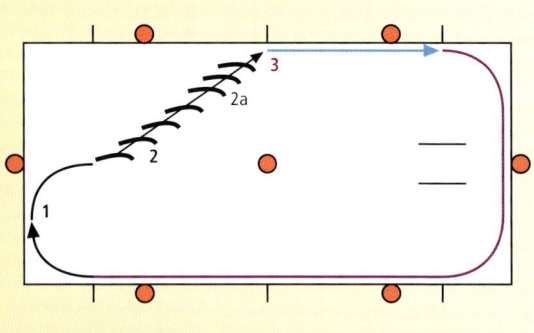

1 Schritt. In der halben Kehrtvolte werden die Voraussetzungen für das Schenkelweichen (Stellung und Biegung sowie Beherrschung des inneren Hinterfußes) geschaffen

2 Übergang zum Schenkelweichen insbesondere durch inneren Schenkel unter weitgehender Aufgabe der Biegung. Die Vorhand des Pferdes geht etwas voraus, das äußere Vorderbein erreicht zuerst den Hufschlag
a) Sie können beim fortgeschrittenen Schenkelweichen auch etwas Biegung geben

3 bei Erreichen der Bande antraben

Angaloppieren aus dem Schenkelweichen

1 Trab. Halbe Kehrtvolte

2 fortgeschrittenes Schenkelweichen mit Biegung

3 beim Erreichen des Hufschlags beendet die Bande die Seitwärtsbewegung, das Pferd ist gezwungen, sich selbst etwas aufzunehmen, und damit zum Vorwärtsgehen bereit. In diesem Moment sind gute Voraussetzungen zum kontrollierten Angaloppieren gegeben

4 in Ruhe über zwei Bodenstangen (Abstand 3 m) galoppieren

Losgelassenheit

Die Bedeutung der äußeren Hilfen bei der korrekten Zirkelarbeit

Bei der vorherigen Übung wurde insbesondere beim Übergang in die nächsthöhere Gangart die vorwärts-seitwärts treibende Bedeutung des inneren Schenkels betont.

Ein häufiger Fehler bei der Zirkelarbeit ist das Herumziehen mit dem inneren Zügel. Richtig wäre, dass der äußere Schenkel das äußere Hinterbein zum Vortreten veranlasst und das Pferd vor allem am äußeren Zügel steht, der innere Zügel somit leicht werden kann.

Bei der Hinterhandwendung müssen die äußeren Hilfen, um die Selbsthaltung des Pferdes zu sichern, verwahrend die Biegung des Pferdes begrenzen und das Pferd am (zu starken) Vortreten hindern. Der äußere Schenkel muss u.a. das äußere Hinterbein des Pferdes zum Vortreten veranlassen. In abgeschwächtem Maße gilt dies auch für die Hilfengebung auf dem Zirkel.

Dies wird bei der nachfolgenden Übungsserie genutzt:

Im Schritt auf geraden Linien von Zirkelpunkt zu Zirkelpunkt.
Zunächst am Zirkelpunkt jeweils Halten und halbe Kehrtwendung auf der Hinterhand.
Später am Zirkelpunkt jeweils eine halbe Kurzkehrtwendung auf der Hinterhand.

Losgelassenheit

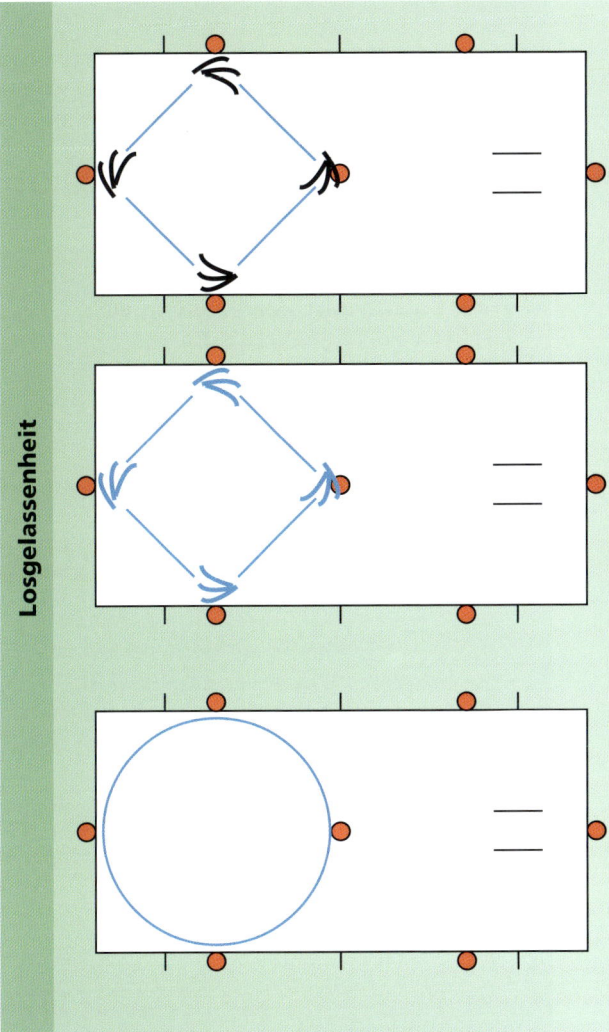

Im Trab auf geraden Linien von Zirkelpunkt zu Zirkelpunkt.

Am Zirkelpunkt jeweils zum Schritt parieren und eine halbe Kurzkehrtwendung.

Nach der Wendung die vortreibende Hilfe mit dem inneren Schenkel betonen und das Pferd gleichsam am inneren Schenkel führen.

Im Trab auf geraden Linien von Zirkelpunkt zu Zirkelpunkt.

Am Zirkelpunkt jeweils eine Viertel-Pirouette im Trab.

Im Trab auf dem Zirkel geritten, an den Zirkelpunkten auf saubere äußere Hilfen achten.

Die Hüften des Reiters sind parallel den Hüften des Pferdes, sodass bei vorgerichteter innerer Hüfte der innere Gesäßknochen mehr belastet ist, der innere Schenkel knapp am Gurt und der äußere Schenkel hinter dem Gurt liegen. Die Schultern des Reiters sind parallel den Schultern des Pferdes, sodass bei vorgenommener äußerer Schulter beide Hände geringfügig nach innen kommen und die äußere Hand vor-, die innere Hand zurückgenommen ist.

Anlehnung

Angaloppieren aus dem Schultervor
Die Hilfen beim Beenden des Schultervor unter Betonung des vorwärts-seitwärts treibenden inneren Schenkels sind bereits denen beim Angaloppieren sehr ähnlich. Die folgende Übung nutzt diesen Effekt. Für das korrekte Angaloppieren gilt:

Bewegungsablauf des Pferdes	Hilfen des Reiters
a) Vermehrte Lastaufnahme der Hinterbeine, insbesondere gutes Heranschließen des äußeren Hinterbeines	a) Zur Vorbereitung halbe Paraden
b) Äußerer Hinterfuß tritt vermehrt unter den Schwerpunkt, Stellung nach innen, innere Vorhand leichter	b) Einleitend geben innerer Zügel und verwahrender äußerer Schenkel (eine Handbreit hinter dem Gurt) Stellung nach innen
c) Gestützt vom äußeren Hinterbein (»Einbeinstütze«), hebt sich das Pferd zum ersten Galoppsprung	c) »Kreuzanspannen«, Vorschieben der inneren Hüfte, Schenkel (insbesondere der innere am Gurt) wirken vortreibend, nachgebende innere Hand lässt den ersten Galoppsprung heraus

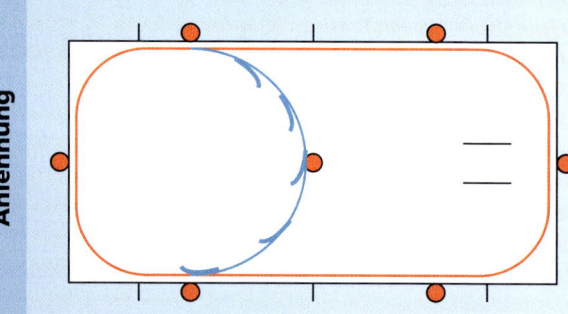

Anlehnung

Rechte Hand im Trab auf dem Zirkel, auf der offenen Zirkelseite Schultervor. Innere Hand gibt Stellung und zusammen mit dem Schenkel Biegung.

Bei Erreichen der Bande die bislang hereingestellte Vorhand mit dem inneren vorwärts-seitwärts treibenden Schenkel nach außen auf die Zirkellinie zurückführen.

Bei Erreichen des Hufschlags (beim Zirkelpunkt an der Bande) korrekt angaloppieren, ganze Bahn.

Angaloppieren zwischen Zirkelverkleinern und -vergrößern

Im Zirkelverkleinern und der abschließenden halben Schrittpirouette wird der innere Hinterfuß vermehrt herangeschlossen, der damit für das Tragen der Hauptlast beim anschließenden Angaloppieren bestens vorbereitet ist.
Im Zirkelvergrößern liegt die Schwungentfaltung besonders nahe. Das Pferd lernt dabei, die vortreibende Wirkung des inneren Schenkels zu beachten.

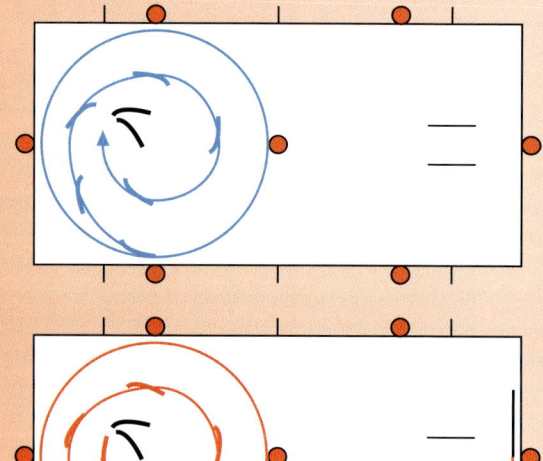

Schwung

Rechte Hand im Trab auf dem Zirkel.

Zirkel verkleinern.

Parade zum Schritt.

Halbe Pirouette im Schritt.

Daraus links angaloppieren.

Zirkel vergrößern.

Auf dem Zirkel geritten oder ganze Bahn.

Schritt, loben, ausruhen!

Geraderichten

Angaloppieren auf der kleinen Acht

Diese Übungsfolge nutzt, dass bei der Trabvolte der Schwerpunkt auf dem inneren Hinterbein liegt, das dann als äußeres beim Angaloppieren vermehrt belastet wird. Die Hallenecke wird zur Erhaltung der Versammlung auf der Galoppvolte genutzt.

Geraderichten

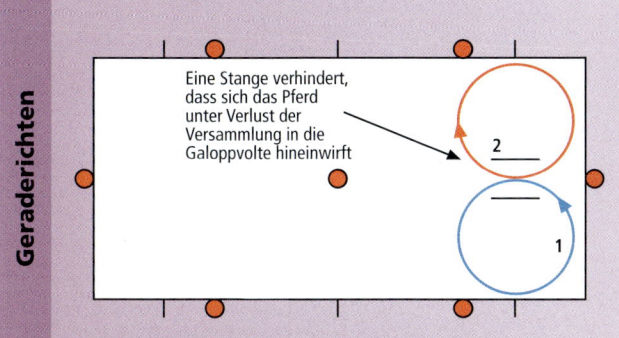

Eine Stange verhindert, dass sich das Pferd unter Verlust der Versammlung in die Galoppvolte hineinwirft

1 Linke Hand im Trab, Volte 10 m, von der Mitte der kurzen Seite weg Wendung nach rechts und

2 rechts im versammelten Tempo angaloppieren, Volte.
Beim Galopp durch die Ecke muss sich das Pferd, dem Weg folgend, um Selbsthaltung bemühen. Die Parade zum Trab reduziert dann die Anforderung, bevor das Pferd auseinander fällt

Angaloppieren aus der Hinterhandwendung

Zum Schluss der Stunde nutzen Sie die vorher auf dem Zirkel geübte Hinterhandwendung, um die für das Angaloppieren aus dem Schritt besonders benötigte Tragkraft des äußeren Hinterbeines zu sichern. Auch aus dem Schritt muss der erste Galoppsprung auf Anhieb ordentlich gesprungen werden.

Versammlung

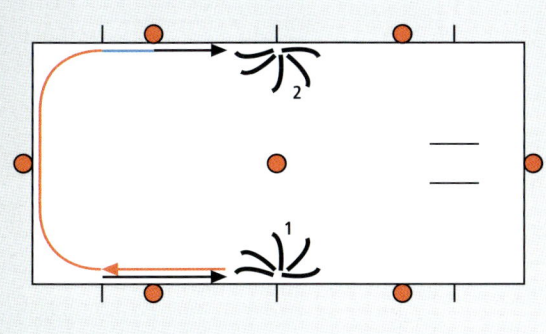

1 Linke Hand, ganze Bahn, am HB-Punkt Halten, Hinterhandwendung, Umstellen, rechts im versammelten Tempo angaloppieren, nach der zweiten Ecke der kurzen Seite (bei vorherigem Verlust der Versammlung ggf. auch früher) über den Trab zum Schritt

2 die Übung auf der anderen Hand wiederholen. Dabei wird genutzt, dass bei der Hinterhandwendung der Schwerpunkt auf dem inneren Hinterbein liegt, das dann als äußeres beim gesetzten Angaloppieren vermehrt belastet wird

---

Lektionen auf einfachem Hufschlag

Lektionen auf einfachem Hufschlag sind Übungen, bei denen die Hinterfüße den Vorderfüßen in etwa auf der gleichen Linie folgen und die Körperlängsachse (Wirbelsäule) des Pferdes der (geraden oder gebogenen) Bewegungslinie (Hufschlag) weitestgehend angepasst ist. Der Schub der Hinterhand wirkt dabei weitestgehend in gerader Richtung und voll gegen die Vorhand.

Geradeaus

Es ist der theoretische Idealfall, dass die Wirbelsäule des Pferdes den Hufschlag genau deckt und dass rechtes und linkes (vorderes und hinteres) Bein jeweils

Exkurs: Lektionen auf einfachem Hufschlag

gleich weit von dieser Linie entfernt auffußen. Da die Schultern des Pferdes schmaler gebaut sind als die Hüften, müsste das an der Bande linear gerade gehende Pferd mit der äußeren Schulter etwas weiter von der Bande entfernt sein als mit der äußeren Hüfte. In der Praxis werden die Pferde aber stets mit leichter Kopfstellung und minimaler Längsbiegung geritten. Auch hier ist es wiederum der theoretische Idealfall, dass die Mitte des Pferdes (der Scheitelpunkt des minimal längs gebogenen Pferdes) stets der Bande am nächsten ist.

In der Praxis zu verwirklichende Übungen sind:
Schultervor: Äußere Hüfte an der Bande, geht das Pferd mit der Vorhand geringfügig in das Bahninnere

Lektionen auf einfachem Hufschlag

Gerade

In Stellung

Schultervor

Linear Gerade

ist der kaum erreichbare Idealfall

Geradeaus

ist in der Praxis ein labiles Gleichgewicht zwischen Reiten in Stellung und Schultervor

In der Wendung

ist auf Kreisbögen mit Durchmessern von mindestens 5–6 m (kleinste Volte) und etwa 20 m (Zirkel) eine relativ gute und konstante Deckung der Kreislinie erreichbar

gewendet. Insbesondere die äußere Vorhand tritt etwas seitwärts. Beide Hinterbeine des Pferdes treten weitgehend gerade in der Bewegungslinie, der innere Hinterfuß ist etwas stärker belastet, der äußere Hinterfuß hat die ungünstige Tendenz, etwas seitlich des Schwerpunktes zu treten. »Schultervor« ist die Vorübung zum Schulterherein.

Reiten in Stellung [3]*:* Äußere Schulter an der Bande, geht das Pferd mit der Nachhand geringfügig in das Bahninnere gewendet. Der innere Hinterfuß spurt auf den entsprechenden Vorderfuß und hat die ungünstige Tendenz, etwas seitlich des Schwerpunktes zu treten. Der äußere Hinterfuß spurt etwa eine halbe Hufbreite innerhalb der Spur des äußeren Vorderfußes. Der Hals des Pferdes entspricht weitgehend der Richtung der Bewegungslinie, die Vorderbeine treten weitgehend gerade in der Bewegungslinie. »Reiten in Stellung« ist die Vorübung zum Travers.

»Schultervor« und »Reiten in Stellung« sind die Grenzlektionen zwischen den Übungen auf einfachem Hufschlag und den Lektionen auf zwei Hufschlägen, bei denen Vor- und Hinterhand zwei verschiedene gleichlaufende Linien beschreiten.

Geradeaus auf einfachem Hufschlag reiten bedeutet also ein ständiges Regeln derart, dass die von der zu beschreitenden Linie nach innen abweichende Vor-/Hinterhand wieder auf diese Linie zurückgeführt wird. Das Pferd geht dabei mit leichter Kopfstellung nach innen. Der Idealfall ist, dass die Wirbelsäule des Pferdes die abzuschreitende Linie (hier die Gerade) genau deckt. Das äußerste zu tolerierende Abweichen der Vor-/Nachhand von dieser Linie nach innen ist durch die Stellungen Schultervor/Reiten in Stellung beschrieben. Fehlerhaft sind die Kopfstellung nach außen und ein Abweichen der Vor-/Nachhand über die jeweilige Hufschlaglinie nach außen.

---

3) Exkurs: Die hier verwendete Definition von Reiten in Stellung schließt an die Darstellung von Seunig (Am Pulsschlag der Reitkunst, S. 52 ff.) an. Ich befinde mich dabei in Widerspruch zu den FN-Richtlinien (Richtlinien für Reiten und Fahren, Band I, 19. Auflage, S. 186 f.), die »Reiten in Stellung« definieren als eine Vorstufe zu »Schultervor«, das wiederum als Vorstufe zu »Schulterherein« verstanden wird. Im Gegensatz zu »Reiten in Stellung« wird (FN-Richtlinien, Band I, 26. Auflage, S. 106) »Stellung« wie folgt definiert: »›Stellung‹ heißt, dass das Pferd seinen Kopf im Gelenk zwischen Kopf und Hals, dem Genick, seitlich wendet. ... Der Hals ist bei der Stellung nur geringfügig gebogen. Die übrige Längsachse (Wirbelbrücke) des Pferdes ist an der Stellung im Genick nicht beteiligt, sie bleibt in sich gerade.« Diese Auffassung scheint mir nicht schlüssig, da die Kopfstellung nach innen eine Veränderung des (Fließ-)Gleichgewichts verursachen muss, auf die (insbesondere junge) Pferde mit der Aufgabe der linearen Geraderichtung reagieren müssen. Außerdem ist die Hypothese linear gerader Pferde in der Bewegung reichlich realitätsfern.

Wendungen

Auch in den Wendungen (Zirkel, Volten, Ecken, Schlangenlinien) ist der Idealfall, dass die Wirbelsäule des Pferdes die abzuschreitende Linie (hier im Wesentlichen die Kreislinie) genau deckt und damit die Längsbiegung des Pferdes der Biegung der abzuschreitenden Linie genau entspricht. Auch in der Wendung sollen Vor- und Hinterbeine jeweils in der gleichen Linie spuren und eine gleichmäßige und leichte Anlehnung an beide Zügel bestehen.

Der Wechsel vom Geradeaus in die Wendung wird durch eine halbe Parade vorbereitet, der innere Zügel führt auf die Kreislinie. Äußerer Zügel und äußerer Schenkel begrenzen verwahrend die Biegung. Die Schenkel (vorherrschend der innere) erhalten vorwärts treibend Takt und Tempo. Hüften des Reiters parallel den Hüften des Pferdes, Schultern des Reiters parallel den Schultern des Pferdes.

Auch *Wendungen auf einfachem Hufschlag reiten* bedeutet ein ständiges Regeln derart, dass die von der zu beschreitenden Linie abweichende Vor-/Hinterhand wieder auf diese Linie zurückgeführt wird.

Lektionen auf zwei Hufschlägen

Schenkelweichen

Ohne Längsbiegung, den Kopf etwas entgegen der Bewegungsrichtung gestellt, tritt das Pferd mit den inneren Füßen vor und über die äußeren. (Im Schritt und Trab an den langen Seiten, bei besonderen Übungen auch auf dem Zirkel, nicht in den Ecken.)

Seitengänge im Überblick

Bei den Seitengängen tritt das gebogene Pferd mit einer Abstellung von Vor- oder Hinterhand, die höchstens eine Schrittweite (80 cm) von der Spurlinie des äußeren Hinterfußes (Schulterherein) bzw. des äußeren Vorderfußes (Travers) beträgt, taktmäßig, fleißig und schwungvoll seitwärts.

Schulterherein

Das Pferd bewegt sich nach der seiner Kopfstellung und Biegung entgegengesetzten Seite mit der Hinterhand auf dem Hufschlag, die Vorhand ist mindestens einen halben Schritt vom Hufschlag des äußeren Hinterbeines entfernt und nach dem Innern der Bahn gewendet. Die inneren Füße treten vor und über die äußeren.

Lektionen auf zwei Hufschlägen

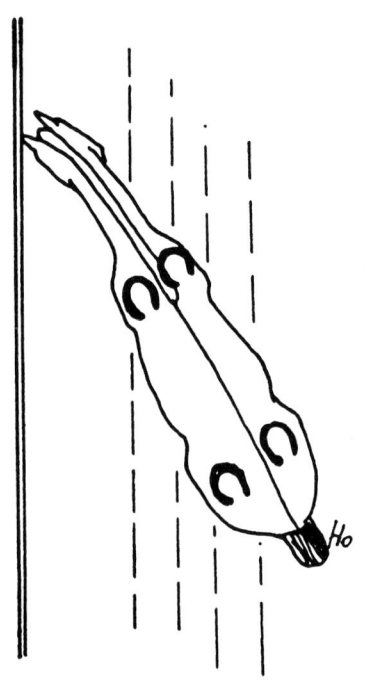

a) Schenkelweichen

b) Schulterherein

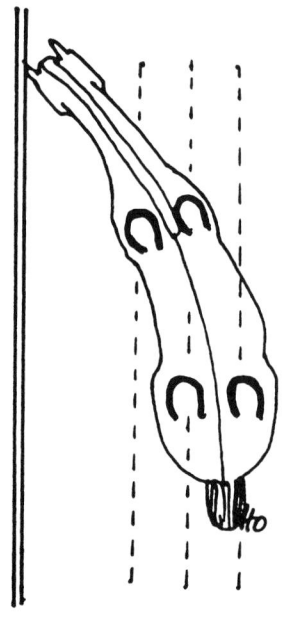

c) Schulterheraus

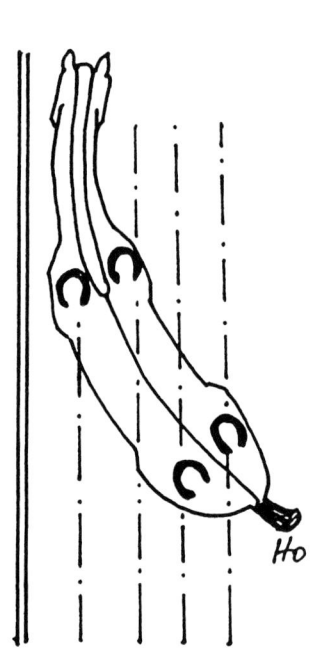

d) Travers

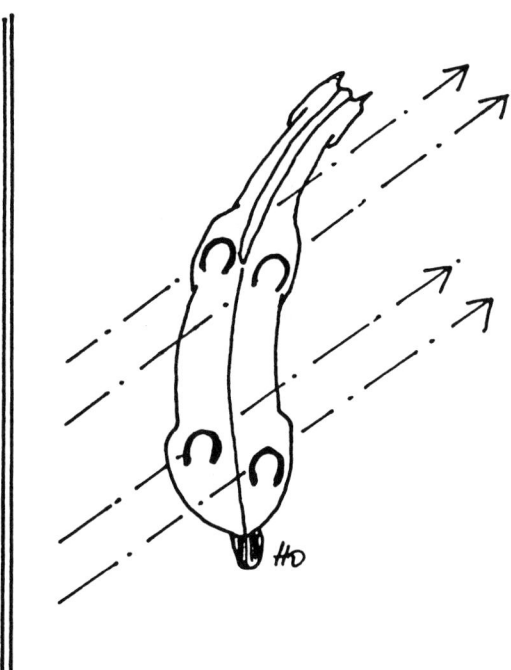

e) Traversale

Schulterheraus (Konterschulterherein)

Die Gegenlektion des Schulterherein unterscheidet sich vom Schulterherein nur dadurch, dass die Vorhand an der Bande die äußere Linie betritt, wohingegen die Nachhand – in die Bahn gestellt – die innere Linie einhält.

Travers

Das Pferd bewegt sich nach der der Kopfstellung und Biegung entsprechenden Seite mit der Vorhand auf dem Hufschlag, die Hinterhand ist mindestens einen halben Schritt vom Hufschlag des äußeren Vorderbeines entfernt und nach dem Innern der Bahn gewendet. Die äußeren Füße treten vor und über die inneren.

Renvers

Diese Gegenlektion des Travers unterscheidet sich vom Travers nur dadurch, dass die Hinterhand an der Bande die äußere Linie betritt, wohingegen die Vorhand – in die Bahn gestellt – die innere Linie einhält.

Traversalen (Schrägverschiebungen)

Bei der Traversale bewegt sich das Pferd seitwärts-vorwärts, sodass es sich nahezu parallel zur Viereckseite seitlich verschiebt. Nase und innere Schulterseite müssen in der Richtung der Bewegung geringfügig vorgenommen sein.

2.5 Die innere Wade macht die Musik

Schwung ist das deutliche Vorschwingen der Gliedmaßen in der Schwebephase des Trabs oder Galopps. Die Schenkel (vorherrschend der innere, notfalls mahnend unterstützt durch die in der inneren Hand geführte Gerte) unterstützen dieses Vorschwingen und erhalten so vorwärts treibend Takt und Tempo.

Zirkelarbeit über Bodenstangen

Beim Treten über Bodenstangen im Schritt (Abstand zwischen den Stangen ca. 0,80 m) und Trab (Abstand ca. 1,30 m) wird das Pferd durch Abstand und Höhe der Stangen/Bodenricks zu kontrollierten Bewegungsabläufen gezwungen; es muss höher als gewöhnlich abfußen und auch fester und bestimmter wieder auf dem Boden aufsetzen.
Die gymnastizierende Wirkung der Zirkelarbeit insbesondere für den inneren Hinterfuß wird hierdurch noch verstärkt.
Über den Stangen werden sich Reiter und Pferd vermehrt konzentrieren und anspannen, danach entspannen.

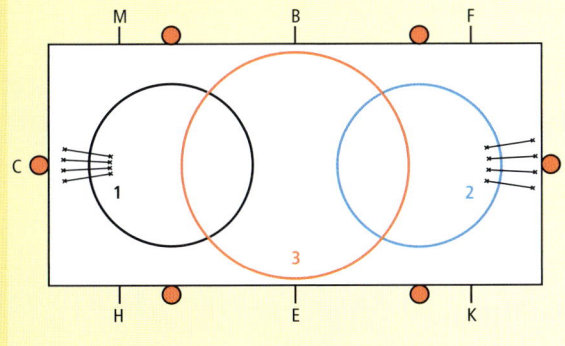

Takt

1 Zirkelarbeit im Schritt über Bodenstangen auf beiden Händen.

2 Zirkelarbeit im Trab über Bodenstangen auf beiden Händen.

3 Galopparbeit auf dem Zirkel, daraus häufiges Durchparieren entweder zum Schritt oder zum Trab sowie Zwischenschalten von Übung 1 oder 2, um jeweils die Voraussetzungen für taktmäßiges Galoppieren wieder zu sichern.

Diese relativ anstrengenden Übungen sollten auch beim gut trainierten Pferd nicht länger als zehn Minuten dauern. Deshalb die Umbaupause bei den Bodenstangen zur Erholung im Schritt nutzen.

Losgelassenheit

Einfache Schlangenlinie an der langen Seite über Bodenstangen

Die »einfache Schlangenlinie an der langen Seite« ist ein flacher Bogen zwischen den Wechselpunkten einer langen Seite; der maximale Abstand zum Hufschlag der langen Seite beträgt in Höhe des HB-Punktes 5 m.

Die einfache Schlangenlinie wird im Schritt und im Arbeitstempo sowie in abgekürzten/versammelten Trab- und Galopptempi geritten. Die Wechsel der Stellung und des Galopps sind kurz nach dem Abwenden bzw. vor dem Erreichen des Hufschlags der langen Seite auszuführen.

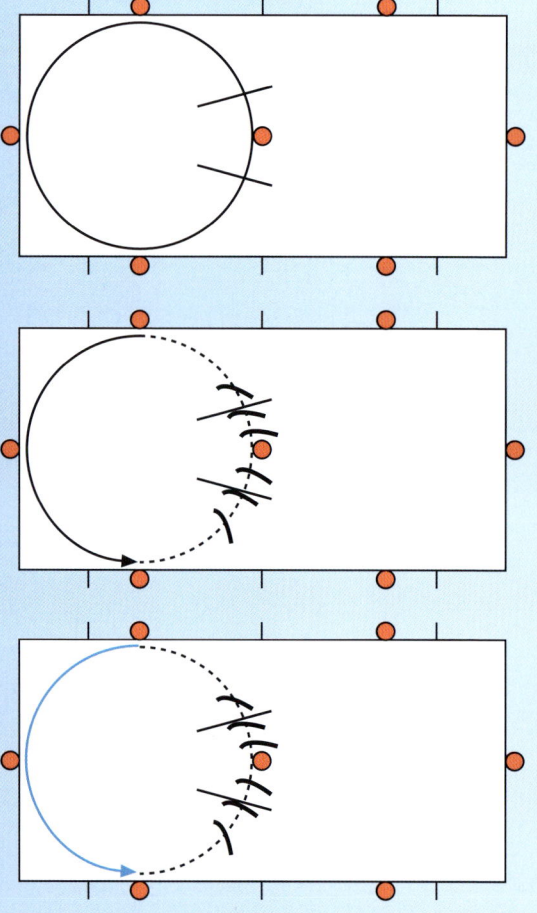

Auf die drei Bögen je drei bis vier Bodenstangen im Abstand von bis zu 1,20 m für abgekürztes Trabtempo legen

Zunächst ganze Bahn, bis das Pferd ruhig über die Bodenstangen in den Ecken tritt.

Dann die einfache Schlangenlinie über die Bodenstangen zwischenschalten. Dabei als Test auf die Selbsthaltung des Pferdes, das auf dem Bogen vorherrschend zwischen innerem Schenkel und äußerem Zügel geht, über den Stangen mit dem inneren Zügel überstreichen.

Auf der Gegengeraden Frische und Freiheit des Ganges durch Leichttraben sichern.

Anlehnung

Zirkelarbeit über Bodenstangen

Im Schritt linke Hand auf dem Zirkel, an der offenen Zirkelseite gerade und ruhig über zwei Bodenstangen treten lassen.

Im Schritt auf dem Zirkel, an der offenen Zirkelseite dem inneren Schenkel weichen lassen und im Schenkelweichen über die beiden Bodenstangen treten lassen.

Beachten, dass auch hier beim Schenkelweichen die Vorhand etwas vorausgeht und damit das äußere Vorderbein als Erstes über die Stangen tritt. Ruhe bewahren! Übung wiederholen, bis das Pferd die Übung korrekt und ohne Aufgeregtheit absolviert.

Geschlossene Zirkelseite im Trab.

Offene Zirkelseite im Schritt, dabei dem inneren Schenkel weichen lassen und über die beiden Bodenstangen treten lassen.

Innerer Schenkel sichert das Voraus der Vorhand!

Schwung

Galopp auf dem Zirkel über Bodenstangen

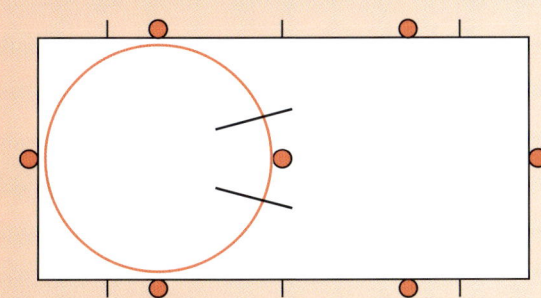

Im Galopp auf dem Zirkel über die beiden Bodenstangen reiten.

Die erste Stange eher innen anreiten und im Anreiten ggf. den Zirkel durch seitwärts treibende Hilfen mit dem inneren Schenkel erweitern.

Übung wiederholen, bis das Pferd ohne Aufgeregtheit so galoppiert, als ob die Stangen gar nicht da wären!

Geraderichten

Schulterherein

Beim Schulterherein bewegt sich das Pferd nach der seiner Kopfstellung und Biegung entgegengesetzten Seite mit der Hinterhand auf dem Hufschlag, die Vorhand ist mindestens einen halben Schritt vom Hufschlag des äußeren Hinterbeines entfernt und nach dem Innern der Bahn gewendet. Die inneren Füße treten vor und über die äußeren.

Das Schulterherein trainiert Haltung und Schwung auf verschmälerter Basis (verkürzte Längsachse durch die Rippenbiegung, verkürzte Querachse durch das Über- und Vortreten). Es fördert Geraderichtung, Durchlässigkeit und Tragkraft. Die Schulterfreiheit nach vorwärts und seitwärts wird verbessert.

Der innere Zügel sorgt für Kopfstellung und verhindert – abwechselnd mit dem inneren Schenkel – ein Hereindrängen der Hinterhand. Die äußeren Hilfen regeln den Grad der Biegung, der äußere Zügel führt das Pferd auf der Hufschlaglinie und verwahrt die äußere Schulter.

Der innere Schenkel (knapp hinter dem Gurt) erhält die Rippenbiegung, veranlasst den inneren Hinterfuß zum Vortreten und erhält die Seitwärtsbewegung. Der äußere Schenkel verwahrt (hinter dem Gurt) und regt (dicht am Gurt) den äußeren Hinterfuß zum Vortreten in Richtung Abstellung an. Die Schultern des Reiters sind parallel zu denen des Pferdes, seine Hüften parallel zu den Hüften des Pferdes; der innere Gesäßknochen des Reiters ist verstärkt belastet.

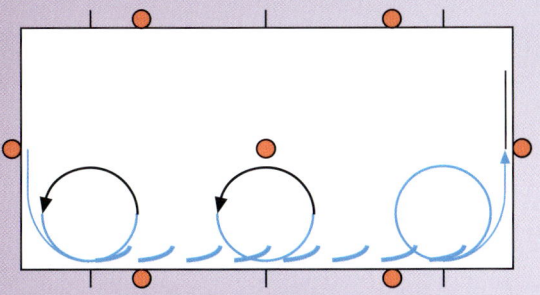

Linke Hand im Trab

Am Wechselpunkt eine Volte im Trab-Schritt-Trab-Wechsel zur Sicherung optimaler Voraussetzungen.

Beim Erreichen der Bande Übergang zum Schulterherein.

Mitte der langen Seite eine Volte usw.

Mitte der kurzen Seite Schritt, loben, erholen.

Travers

Im Travers bewegt sich das Pferd nach der der Kopfstellung und Biegung entsprechenden Seite mit der Vorhand auf dem Hufschlag, die Hinterhand ist mindestens einen halben Schritt vom Hufschlag des äußeren Vorderbeines entfernt und nach dem Innern der Bahn gewendet. Die äußeren Füße treten vor und über die inneren.

Das Pferd hatte in vielen Lektionen gelernt, nach innen (und damit meist auch zum Bahninnern hin) gestellt und gebogen zu gehen. Der Travers widerspricht dem so Gelernten und verunsichert das Pferd deshalb zuerst. Damit wird auch der Travers anfänglich zu einer besonderen Lernlektion.

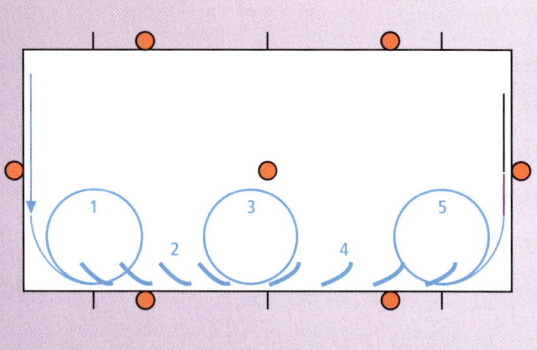

Ganze Bahn im versammelten Trab, linke Hand.

1 Volte.

2 Daraus im Travers bis zur Mitte der langen Seite.

3 Volte.

4 Daraus im Schulterherein bis zum Wechselpunkt.

5 Volte.

Mitte der kurzen Seite Schritt, loben.

Schulterherein im Wechsel auf beiden Händen mit einer zwischengeschalteten Acht.

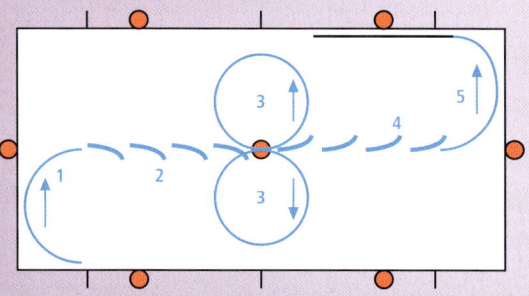

1 Rechte Hand im Trab, auf die Mittellinie gehen.

2 Schulterherein rechts.

3 Bei X Volte rechts, Volte links.

4 Daraus Schulterherein links.

5 Linke Hand, Schritt, loben, erholen.

Im versammelten Galopp aus der Ecke kehrt ohne Wechsel

Zur »Kehrtvolte« wird vom Hufschlag der ganzen Bahn auf einer halben Volte (Durchmesser 6 bis 10 m) in das Bahninnere gewendet und – von dem Punkt, der am weitesten vom Hufschlag der Seite entfernt ist – auf teilweise gerader Linie (im 45°-Winkel zur Bande) zum Hufschlag der Seite zurückgeritten, der ca. 7–10 m rückwärts des Abwendepunktes wieder erreicht wird.
Die Kehrtvolte wird im Schritt und in abgekürzten/versammelten Trab- und Galopptempi geritten. Der Wechsel der Stellung und des Galopps ist vor Erreichen des Hufschlags der Seite auszuführen.

Linke Hand im versammelten Galopp.

1 Aus der zweiten Ecke der langen Seite kehrt (Kehrtvolte 8–10 m) ohne Galoppwechsel.

2 Außengalopp bis zur Mitte der nächsten kurzen Seite (und damit anfangs durch nur eine Ecke!).

3 Parade zum Schritt, loben, ausruhen.

2.6 Der Motor sitzt hinten

Geraderichten ist die Überwindung der natürlichen Schiefe des Pferdes durch gymnastizierende Arbeit und durch regelnde Hilfengebung derart, dass beim gerade gerichteten Pferd die Hinterfüße den Vorderfüßen in etwa auf der gleichen Linie folgen und die Körperlängsachse (Wirbelsäule) des Pferdes der (geraden oder gebogenen) Bewegungslinie (Hufschlag) weitestgehend angepasst ist.

Der Schub beider Hinterbeine wirkt gleichmäßig, weitestgehend in gerader Richtung und voll gegen die Vorhand. Der Motor sitzt (wie bei einem guten Sportwagen) hinten.

Zielsetzungen der gerade richtenden Arbeit sind die gleichmäßige Bewegungsfügigkeit des Pferdes für Wendungen nach rechts und links sowie die gleichmäßige Beanspruchung der Beine beider Seiten.

Takt

Trabarbeit abseits der Bande

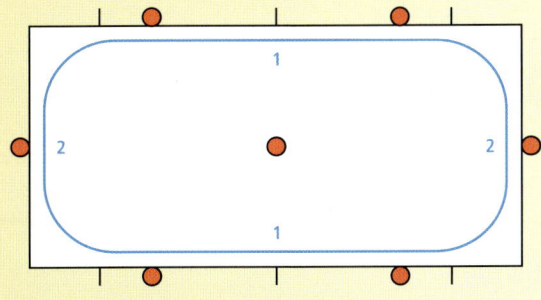

Ganze Bahn auf dem zweiten oder dritten Hufschlag.

1 Lange Seite im Arbeitstempo leichttraben, am Wechselpunkt aussitzen, Tempo verkürzen.

2 Kurze Seite ausgesessen im verkürzten Tempo, nach der zweiten Ecke der kurzen Seite zulegen, Arbeitstrab, leichttraben.

Auf korrektes Reiten des Hufschlags in den Ecken und die Gerade an der kurzen Seite achten.

Losgelassenheit

Demi-Volte Renversée

Vielleicht üben Sie zur Abwechslung und im Vorgriff auf Ihren nächsten Frankreichurlaub einmal diese lösende Übung, die dort sogar in Dressurprüfungen verlangt wird.

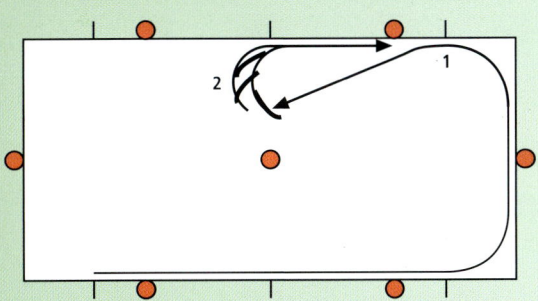

Linke Hand, Schritt, am Wechselpunkt abwenden.

Ähnlich einer Vorhandwendung in der Bewegung gegen die Bande wenden, wobei die Vorhand auf einem Kreisbogen (ca. 4 m Durchmesser) tritt.

Anlehnung

Schlangenlinien durch die Bahn

Die Schlangenlinie beginnt bei der Mitte einer kurzen Seite und endet bei der Mitte der gegenüberliegenden kurzen Seite. Sie besteht aus X Bogen (jeweils eine halbe Volte, in einem 20 × 40-Viereck bei vier Bogen also halbe Volten mit einem Durchmesser von 10 m) und Geraden, auf denen das Überreiten der Mittellinie senkrecht zu dieser erfolgt. Die Schlangenlinie durch die Bahn wird im Schritt und in abgekürzten/versammelten Trab- und Galopptempi geritten. Der Wechsel der Stellung, des Galopps und das Umsitzen beim Leichttraben sind jeweils beim Überschreiten der Mittellinie auszuführen.

(Früher wurde die Mittellinie schräg überritten, sodass die Schlangenlinie eine fast unmittelbare Aneinanderreihung von Bogen bzw. gekrümmten Linien mit kurzen verbindenden Geraden war.)

Ziel dieser Übung ist die gleichmäßige Gymnastizierung auf beiden Händen.

Anlehnung

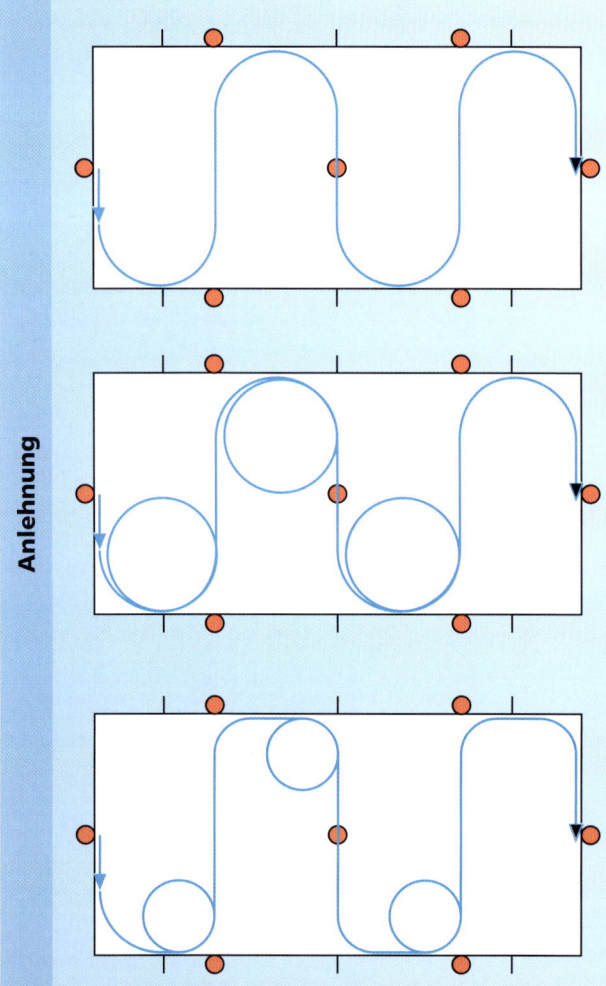

Schlangenlinie durch die Bahn, vier Bogen

Schlangenlinie durch die Bahn, vier Bogen

Falls das (junge) Pferd noch nicht sicher an den Hilfen steht und das kurze Zusammenstellen auf den Bogen nicht ausreicht, um ohne Schwanken im Geradeaus bis zur gegenüberliegenden Seite zu kommen:

Vor dem Einbiegen auf die Gerade eine große Volte zwischenschalten, um Takt und Versammlung zu sichern.

Schlangenlinie durch die Bahn, vier Bogen

Beim weiter geförderten Pferd kann man die Hufschlagfigur so deformieren, dass drei kleinere Volten (Durchmesser min. 6 m) abwechselnd auf beiden Händen geritten werden können, wodurch die Geraderichtung gezielt gefördert wird.

Die Übung kann auch im Galopp geritten werden, Galoppwechsel (einfach oder fliegend) beim Überreiten der Mittellinie.

Schwung

Trabverstärkungen

Im *Mitteltrab* gewinnt das Pferd durch größeren Raumgriff mehr Boden (die Hinterhufe treten über die Spur der Vorderhufe), ohne in der Trittfolge eiliger zu werden. Der kräftige Schub der Hinterbeine muss das Pferd zum leichten Abfedern und freien Anheben der Vorderbeine bewegen. Die korrekte Haltung bleibt bei erkennbarer Rahmenerweiterung erhalten.

Der *starke Trab* ist die höchste Steigerung der Vorwärtsbewegung im Trab und zeigt größtmöglichen Schwung, Schub und Raumgriff (die Hinterhufe fußen deutlich über die Spur der Vorderhufe) im Einklang mit der entsprechenden Rahmenerweiterung. Diese wird durch das Vorlassen der Nase und durch das Dehnen des Halses erreicht.

Beim Zulegen tendieren vor allem noch nicht ausreichend geförderte Pferde dazu, hinten breit zu werden, also mit den Hinterbeinen nicht gegen und unter, sondern neben den Schwerpunkt zu treten. In diesem Fall sollte man nicht durch fortgesetztes falsches Üben erst Fehler antrainieren, sondern die Anforderungen etwas zurücknehmen, gesicherte Voraussetzungen schaffen und erst daraus die Trabverstärkungen verlangen.

Hierzu z.B. im Schulterherein die verschmälerte Basis hinten sichern und daraus zulegen.

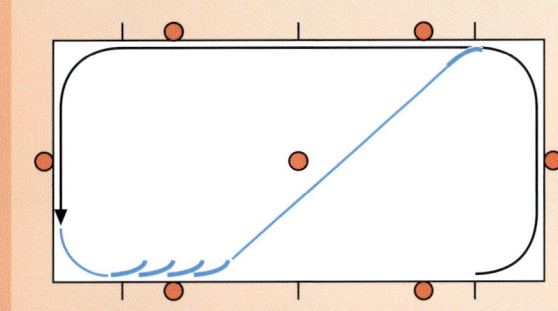

Schwung

Trab, linke Hand. Deutlich in die zweite Ecke der kurzen Seite hineinreiten (erhöhte Versammlung und Biegung).

Ca. fünf Tritte Schulterherein.

Daraus auf die Diagonale gehen, auf dieser Zulegen zum Mitteltrab oder zum starken Trab.

Entwicklung des Schulterherein im Galopp aus dem Zirkelvergrößern

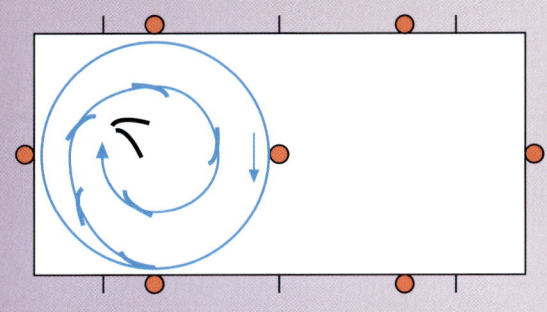

Geraderichten

Rechte Hand im Trab auf dem Zirkel.

Zirkel verkleinern.

Parade zum Schritt.

Halbe Pirouette im Schritt.

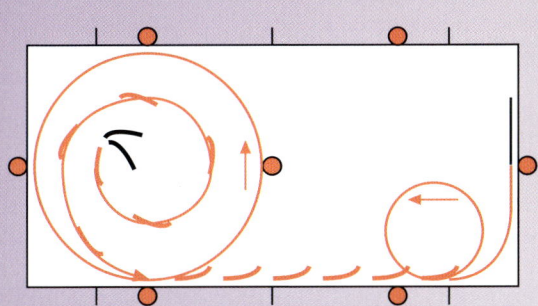

Angaloppieren.

Zirkel vergrößern.

Beim Erreichen der Bande Übergang zum Schulterherein durch Verstärkung der Biegung.

Vor der kurzen Seite eine Volte.

Mitte der kurzen Seite Schritt.

Schaukel

Die Schaukel ist ein mehrmaliges Vor- und Rückwärtsrichten des Pferdes ohne Unterbrechung des Bewegungsablaufes, also ohne Beitreten der Hinterhand. (Schaukel 6-4-4 bedeutet z. B. sechs Tritte rückwärts, vier Schritte vorwärts, vier Tritte rückwärts, alles ohne Halten.)

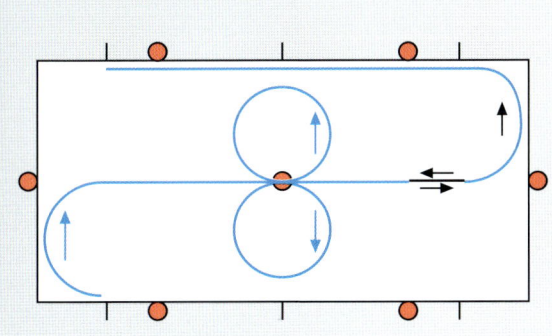

Versammlung

Schaukel

Zur Vorbereitung und Sicherung der Versammlung auf die Mittellinie gehen, vom Mittelpunkt ausgehend Volte rechts, Volte links.

Auf Höhe der Zirkelpunkte Halten.

Schaukel.

Aus dem Halten »vom Fleck weg« antraben.

Ganze Bahn, lange Seite Mitteltrab.

2.7   Außengalopp

Der Galopp ist eine schwungvolle Gangart im Dreitakt mit sechs Phasen der Fortbewegung und einem Moment der freien Schwebe. Im Handgalopp greift das innere Beinpaar weiter vor.

Im Außengalopp greift das der Bande nähere Beinpaar weiter vor, das Pferd geht mit leichter Stellung nach außen zur Bande hin (wodurch das der Bande nähere Beinpaar zum inneren Beinpaar wird). Das Pferd bleibt mit Vor- und Hinterhand auf dem Hufschlag, die Ecken dürfen jedoch geringfügig abgerundet werden. Voraussetzung für das erste Reiten des Außengalopps ist, dass das Pferd den notwendigen Versammlungsgrad erreicht hat, im Handgalopp sicher an den Hilfen steht und für einige Galoppsprünge im versammelten Galopp gehen kann.

Takt

Konterschulterherein

Diese Gegenlektion des Schulterherein unterscheidet sich vom Schulterherein nur dadurch, dass die Vorhand an der Bande die äußere Linie betritt, wohingegen die Nachhand – in die Bahn gestellt – die innere Linie einhält. Das Pferd bewegt sich nach der seiner Kopfstellung und Biegung entgegengesetzten Seite mit der Hinterhand auf etwa dem zweiten Hufschlag, die Vorhand ist mindestens einen halben Schritt vom Hufschlag des äußeren Hinterbeines entfernt und zur Bande gewendet. Die inneren Füße treten vor und über die äußeren.

Die Zielsetzungen sind wie beim Schulterherein, zusätzlich gilt diese Übung als Korrekturmittel, da das Pferd bei gegen die Wand gestelltem Kopf eine übermäßige Biegung des Halses (Lockerung) vor dem Widerrist vermeidet, dem durch die Wand unterstützten seitwärts treibenden Schenkel williger folgt und dadurch eher korrekt gebogen werden kann.

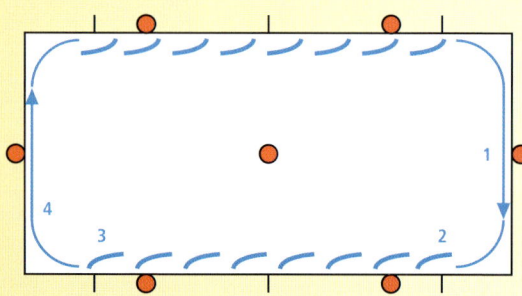

Konterschulterherein

1 Ganze Bahn, rechte Hand.

2 Lange Seiten zweiter Hufschlag, aussitzen, Konterschulterherein.

3 Am Wechselpunkt Geradeaus.

4 Ecken und kurze Seiten leichttraben.

Losgelassenheit

Angaloppieren aus dem Zirkel vergrößern

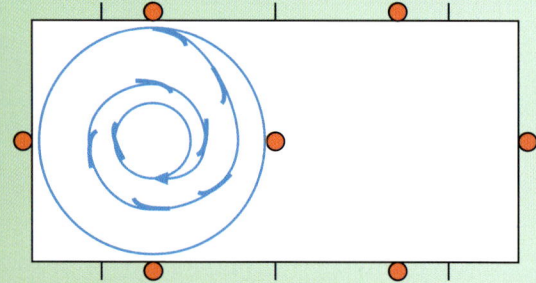

Rechte Hand im Trab auf dem Zirkel.

Zirkel verkleinern (Vorhand geht voraus auf dem Weg nach innen).

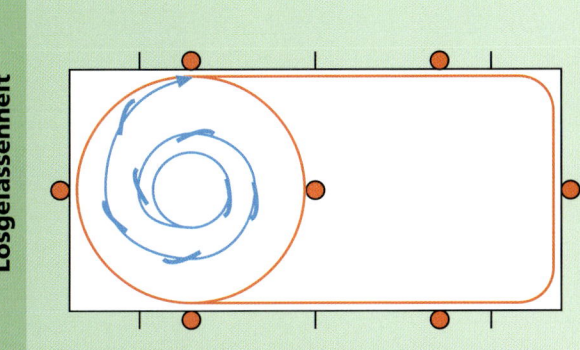

Losgelassenheit

Zirkel vergrößern im Trab (Vorhand geht voraus auf dem Weg nach außen).

Beim Erreichen der Zirkellinie angaloppieren.

Ganze Bahn, lange Seite zulegen, kurze Seite einfangen, lange Seite zulegen.

Falls das Pferd dabei von den Hilfen kommt und Unordnung entsteht, im Galopp bleiben, auf den Zirkel gehen, Zirkel verkleinern und vergrößern.

Viertel-Schrittpirouette auf der Hufschlagfigur der Schlangenlinie durch die Bahn

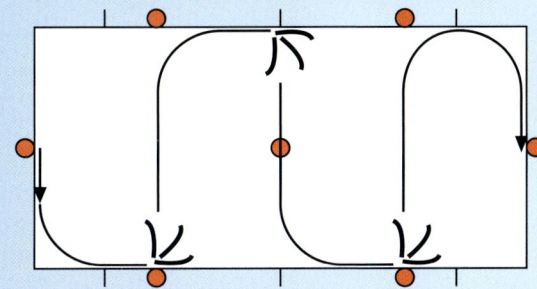

Anlehnung

Im Schritt Schlangenlinie durch die Bahn, dabei jeden zweiten Bogen (anfangs mit, später ohne Halten) durch eine Viertelwendung auf der Hinterhand ersetzen, um diese im Wechsel auf beiden Händen zu üben.

Diese Reprise erinnert das Pferd an die verwahrende Bedeutung des äußeren Schenkels und bereitet so den Außengalopp vor.

Aus dem Zirkel wechseln ohne Galoppwechsel

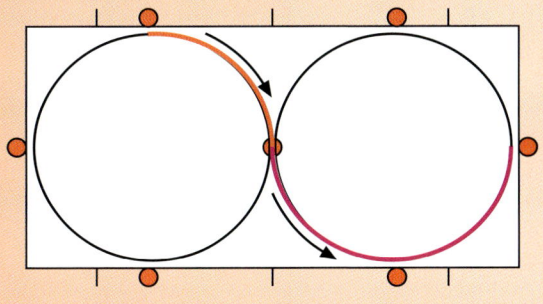

Schwung

Rechte Hand im versammelten Galopp auf dem Zirkel (Rechtsgalopp = Handgalopp).

Aus dem Zirkel wechseln ohne Galoppwechsel.

Außengalopp
(anfangs mit leichter Außenstellung und nur bis zur Mitte der kurzen Seite; dort Parade zum Schritt, loben, ausruhen).

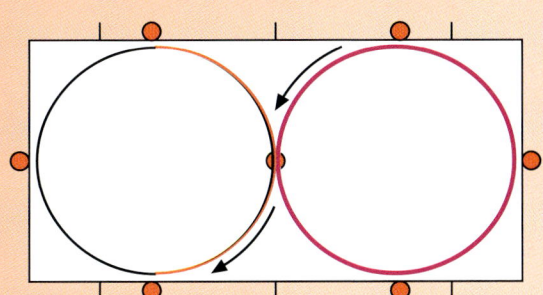

Aus dem Zirkel wechseln ohne Galoppwechsel.

Einmal herum auf dem Zirkel im Außengalopp.

Wieder aus dem Zirkel wechseln, um ohne Galoppwechsel wieder auf dem Zirkel rechte Hand im Handgalopp zu reiten.

Ggf. nach erfolgter Beruhigung Mitte der kurzen Seite zur Erholung im Galopp Zügel aus der Hand kauen lassen.

Volten

Das Pferd hatte bei vielen Übungen gelernt, richtig anzugaloppieren und im Handgalopp zu gehen. Beim Außengalopp wird das Pferd also zuerst glauben, dass es etwas Ungehöriges tut, und sich aufregen, wenn es nicht versucht, durch Davoneilen dieser Situation zu entfliehen oder umzuspringen mit der Gefahr, im Kreuzgalopp zu landen.

Deshalb sollen hier ganz bewusst in dieser an den Außengalopp anschließenden Übung psychische und physische Ruhe gesucht und Harmonie wiederhergestellt werden.

Pferde fühlen sich wohl im Bekannten, in der guten Ordnung. Sie reagieren mit Aufregung und Angst, wenn sie gegen das Gelernte verstoßen.

Geraderichten

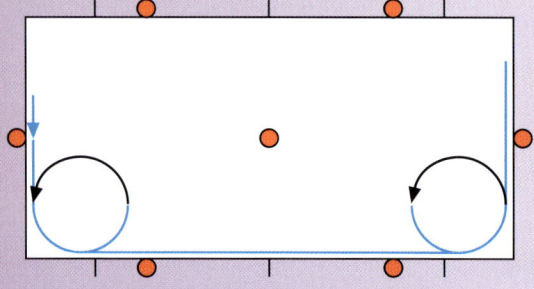

Volten im Trab-Schritt-Trab-Wechsel

Linke Hand im Trab, nach der Ecke auf die 10-m-Volte abwenden, zum Schritt durchparieren, in der Parade die Versammlung und auf der halben Volte im Schritt die Biegung sichern und dann, wenn die Voraussetzungen gegeben sind und die Bande als »fremde Hilfe« nahe ist, wieder antraben. Ggf. zwei oder drei Volten unmittelbar nacheinander an derselben Stelle reiten.

8-m-Volte mit einer Bodenstange als »zweiter Bande«

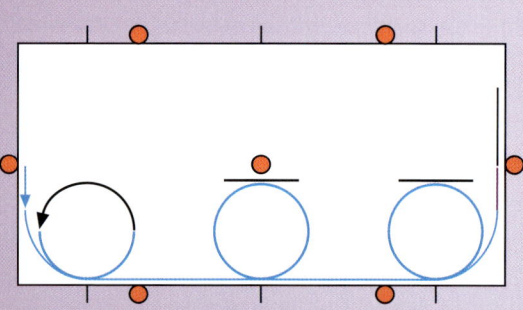

Zunächst eine bekannte Volte im Schritt-Trab-Wechsel, dann insbesondere bei enger werdenden Volten Bodenstangen als Führungshilfen benutzen.

Dabei wird als Orientierungshilfe für den Reiter und zur Unterstützung der (sonst zu kräftig zu gebenden) Hilfen eine Bodenstange parallel zur Bande gelegt. Der Abstand zwischen Bodenstange und Bande entspricht dem Durchmesser der Volte.

Außengalopp

Wenn auf den Volten Zwanglosigkeit, Geraderichtung und Versammlung wieder gesichert sind, kann man erneut Außengalopp üben.

Versammlung

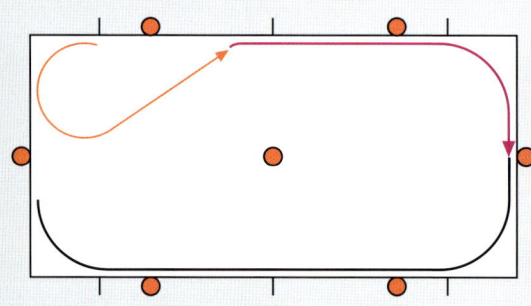

Aus der Ecke kehrt

Linke Hand im versammelten Galopp.

Aus der zweiten Ecke der langen Seite kehrt (Kehrtvolte 8–10 m) ohne Galoppwechsel.

Außengalopp bis zur Mitte der nächsten kurzen Seite (und damit anfangs durch nur eine Ecke!).

Parade zum Schritt, loben, ausruhen.

2.8   Traversalen

Traversalen sind Vorwärts-Seitwärts-Verschiebungen des Pferdes auf Diagonalen. Das Pferd ist wie im Travers um den inneren Schenkel gebogen und in die Bewegungsrichtung gestellt; es geht, Vorhand geringfügig voraus, parallel zur Bande. Traversalen werden im versammelten Trab oder Galopp geritten.

Man unterscheidet:
- Ganze Traversale (entlang der Wechsellinie durch die ganze Bahn)
- Halbe Traversale (von der Mittellinie zur Bande bzw. von der Bande zur Mittellinie)
- Doppelte halbe Traversale (von der Bande zum Mittelpunkt und zurück zur Bande), nur auf einem 20 × 60-Viereck
- Zickzack-Traversale entlang der Mittellinie, wobei die seitliche Entfernung zur Mittellinie im Trab in Metern und im Galopp in einer bestimmten Anzahl von Sprüngen zu jeder Seite festgelegt wird.

Zielsetzung bei den Traversalen ist wie beim Schulterherein und beim Travers die Förderung von Gerade-richtung, Durchlässigkeit und Tragkraft, doch eignen sich Traversalen besonders
- zur Erhaltung des Schwungs im Travers
- zur Erhöhung der Schulterfreiheit nach vorwärts und seitwärts
- als Prüfung für die gleichmäßige Gymnastizierung des Pferdes auf beiden Seiten in der Zickzack-Traversale.

Takt

In die Ecke kehrt

Diese Übung nutzt die Unterstützung der Bande beim Herstellen der für die Kehrtvolte nötigen Versammlung, Stellung und Biegung. Die Bande erklärt dem Pferd hinreichend den der Situation angemessenen Bewegungsablauf. Werden gleichzeitig die richtigen Hilfen geben, so lernt es deren Bedeutung und damit die vom Reiter über die Hilfen kommunizierte Information zu verstehen.

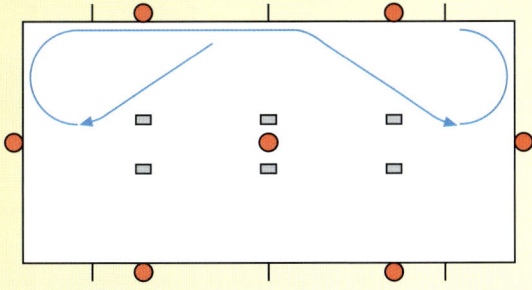

In die Ecke kehrt

Im Trab und bei ausreichender Förderung des Pferdes im Galopp zu reiten.

Losgelassenheit

Volten

Die Kegel zwingen den Reiter zu konsequenter Hilfengebung, um exakte Hufschlagfiguren zu reiten. Dem Pferd geben sie Orientierung und helfen so, bereits mit weniger Hilfengebung das Gewollte zu erreichen.

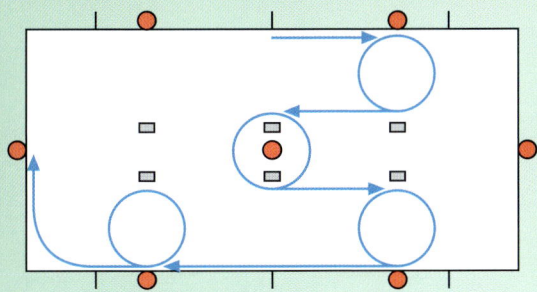

Volten mit Hilfe von Kegeln

Kegel jeweils etwa 2 m beiderseits der Mittellinie aufstellen. Volten zwischen Bande und Kegel bzw. um zwei Kegel herum reiten.

Losgelassenheit

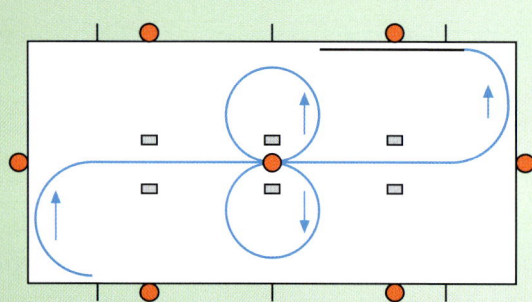

Von der Volte zur Acht

Ebenfalls mit Hilfe der Kegel von der Mittellinie aus zwei Volten aneinander anschließend reiten.

Anlehnung

Aus dem Rückwärtsrichten im versammelten Tempo angaloppieren

Im Arbeitstrab auf die Mittellinie gehen.

Im Mittelpunkt halten.

Fünf Tritte rückwärts richten.

Daraus ohne Halten (vom Fleck weg) im versammelten Tempo links angaloppieren.

Schwung

Traversalen

Ein Ziel der Traversalen ist die Förderung der Tragkraft hinten als Basis für die Schwungentfaltung. Abseits der Bande sollte bei den Traversalen (anders als im Travers) auch die Erhaltung des Schwungs in dieser Haltung leichter möglich sein.

Trotzdem besteht die Gefahr, dass das Pferd im Seitengang den ausdrucksvollen, regelmäßigen Takt seiner Tritte verliert, eilig wird oder schleppenden Gang zeigt. Deshalb sollten rechtzeitig der Travers aufgegeben und das Pferd im Übergang auf die Volte und in das Schulterherein an die vortreibende Bedeutung des inneren Schenkels erinnert werden. Auf der Geraden sollten durch Zulegen Frische und Freiheit des Ganges wiederhergestellt werden.

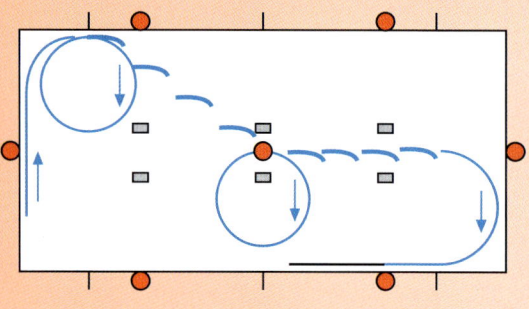

Rechte Hand im Trab.

Am Wechselpunkt Volte rechts.

Halbe Traversale bis X.

Bei X Volte rechts.

Daraus Schulterherein rechts auf der Mittellinie.

Rechte Hand, im Trab nach vorn versammeln, am Zirkelpunkt Schritt, loben, erholen.

Schwung

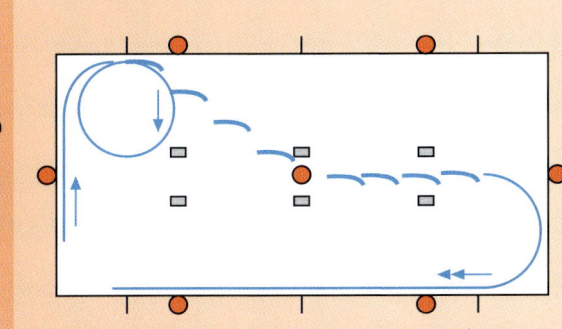

Rechte Hand im Trab.

Am Wechselpunkt Volte rechts.

Halbe Traversale bis X.

Daraus Schulterherein rechts auf der Mittellinie.

Rechte Hand, im Trab nach vorn versammeln, an der langen Seite Mitteltrab.

Zickzack-Traversalen

Zickzack-Traversalen sind Training und Test für die gleichmäßige Gymnastizierung auf beiden Händen.

Geraderichten

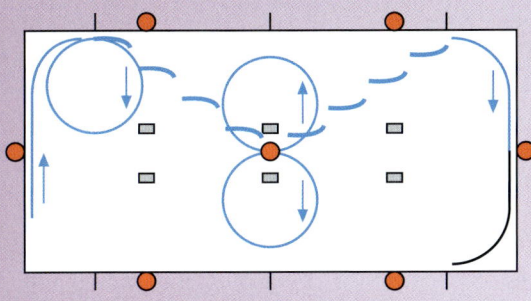

Rechte Hand im Trab.

Am Wechselpunkt Volte rechts.

Halbe Traversale bis X.

Bei X Volte rechts, Volte links (Acht).

Halbe Traversale links bis zum Wechselpunkt.

Rechte Hand, im Trab nach vorn versammeln, Schritt, loben, erholen.

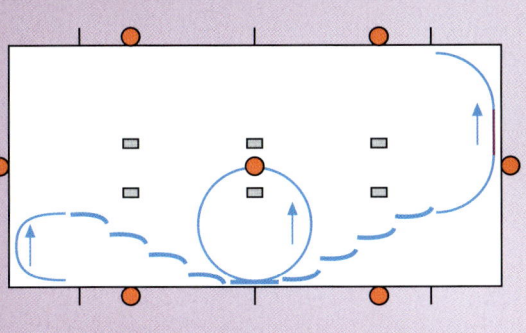

Rechte Hand im Trab.

Aus der Ecke kehrt.

Zur Mitte der langen Seite traversieren.

Auf großer Volte links nach vorn versammeln.

Richtung Mittellinie traversieren.

Geradeaus linke Hand, im Trab nach vorn versammeln, Schritt, loben, ausruhen.

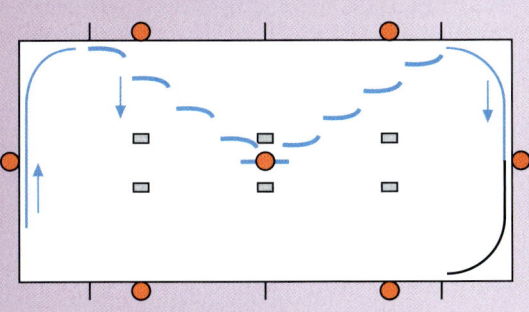

Rechte Hand im Trab.

Halbe Traversale bis X.

Bei X kurz geradeaus/umstellen bis zum kurzzeitigen Schulterherein, daraus

halbe Traversale links bis zum Wechselpunkt.

Rechte Hand, im Trab nach vorn versammeln, Schritt, loben, erholen.

Schlangenlinie durch die Bahn im Galopp ohne Galoppwechsel

Für eine korrekte Hufschlagfigur sind Ihnen jetzt die Kegel im Wege. Falls Sie aber die notorische Abneigung einiger Dressurreiter gegen Holz überwinden und Kompromisse schließen würden, könnten die Kegel als Führungshilfe auf den Geraden dienen. Außerdem muss sich das Pferd in Vorbereitung auf Turniere an solche Begrenzungseinrichtungen gewöhnen.

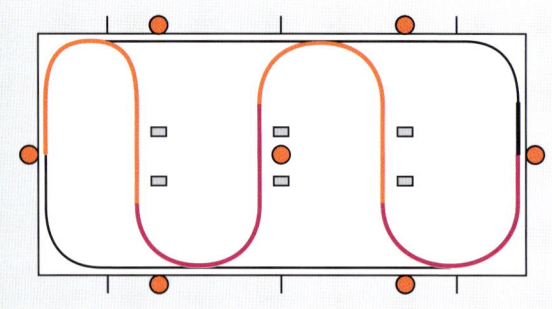

Schlangenlinie durch die ganze Bahn.

Rechte Hand im versammelten Galopp, Schlangenlinie durch die ganze Bahn, dabei zwei Bogen im Außengalopp.

Mitte der kurzen Seite Parade zum Schritt, loben, ausruhen.

(Seitliche Beschriftung: Versammlung)

2.9   Allzeit bereit zum Vorwärts

Autohersteller sprechen manchmal von aktiver Sicherheit und meinen, dass das Auto ausreichend motorisiert sei, um im Ernstfall auch einmal die Flucht nach vorn antreten zu können.

Wer einmal ein Pferd geritten hat, das sich durch Rückwärtskriechen, Kopf-zwischen-die-Beine-Stecken oder Steigen der reiterlichen Einwirkung zu entziehen versucht, der weiß, wie wertvoll »Sekundengehorsam und Bewegungsfügigkeit« gerade in Bezug auf die vortreibenden Hilfen und im Antritt nach vorn sind.

Voraussetzung ist, dass das Pferd korrekt an den Hilfen steht oder geht, also in einer Haltung, die den Reiter zur Hilfengebung und das Pferd zum richtigen Antreten in jeder Gangart befähigt. Es erwartet – auf den Reiter konzentriert – dessen Hilfen zum Antreten.

Aus dem korrekten Halten »startet« das Pferd direkt in der gewünschten Gangart, ggf. ist der erste Tritt ein Trabtritt oder ein Galoppsprung.

Zirkelarbeit im Schritt-Trab-Galopp-Wechsel

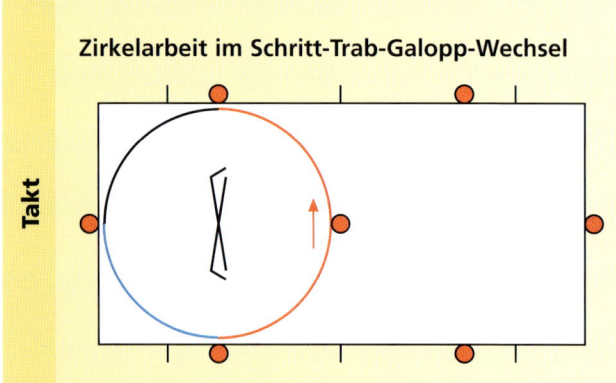

Linke Hand, auf der geschlossenen Zirkelseite etwa ein Viertel des Zirkels im Schritt und im Trab.

Offene Zirkelseite im Galopp.

und dann wieder von vorn im Schritt.

Jeweils auf zügigen Übergängen in die nächsthöhere Gangart bestehen.

(Seitliche Beschriftung: Takt)

Losgelassenheit

Vorhandwendung in Verbindung mit einem Sprung (Couvert, 60 cm hoch)

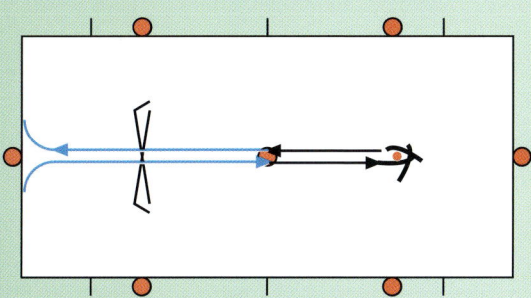

Rechte Hand im Trab auf die Mittellinie gehen, über den Sprung, im Mittelpunkt Schritt, Vorhandwendung in der Bewegung links, im Mittelpunkt antraben, zurück über den Sprung usw.

Durch den Zirkel wechseln

Das »Wechseln durch den Zirkel« ist ein Handwechsel innerhalb eines Zirkels auf der Linie einer halben Acht, beginnend beim ersten Zirkelpunkt einer langen Seite. Das Wechseln durch den Zirkel erfolgt im Schritt und in verkürzten/versammelten Trab- und Galopptempi. Der Wechsel der Stellung, des Galopps und das Umsitzen beim Leichttraben erfolgen in der Zirkelmitte.

Einfacher Galoppwechsel

Der einfache Galoppwechsel besteht aus den Übungsteilen:
- Übergang vom Galopp zum Schritt, direkt ohne zwischengeschaltete Trabtritte
- Drei bis fünf klare Schritte
- Entschlossenes Angaloppieren.

Anlehnung

Im versammelten Galopp mit einfachem Galoppwechsel durch den Zirkel wechseln.

Auf der offenen Zirkelseite zulegen.

Auf der geschlossenen Zirkelseite versammelter Galopp.

Wieder im versammelten Galopp mit einfachem Galoppwechsel durch den Zirkel wechseln.

(Beim einfachen Galoppwechsel auf einem ordentlichen ersten Galoppsprung »vom Fleck weg« bestehen).

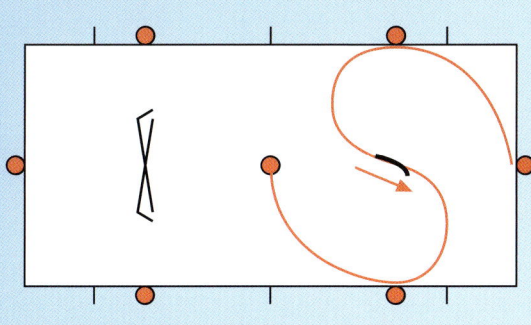

Schwung

Galoppwechsel über dem Sprung.

Auf dem gerade geübten Hufschlag des Wechselns durch den Zirkel lässt sich dann auch der Galoppwechsel über dem Sprung üben.

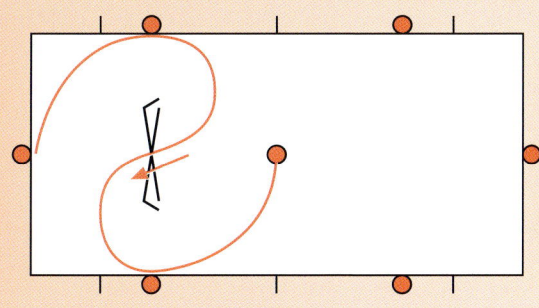

Schwung

Halbe Traversale in Verbindung mit einem Sprung (Couvert, 60 cm hoch)

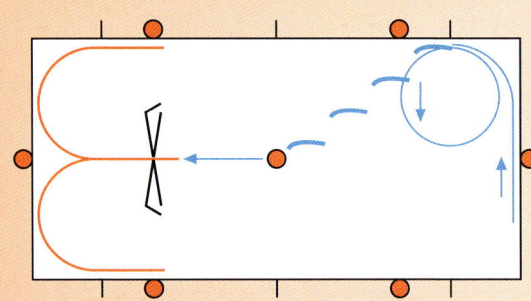

Linke Hand im Trab.

Am Wechselpunkt Volte links.

Halbe Traversale bis X.

Geradeaus auf der Mittellinie, Springen (Couvert oder Oxer, ca. 80 cm hoch).

Im Galopp (wie gelandet) rechts/links weiterreiten.

Geraderichten

Vorbereitung der Galopptraversale durch Zirkelverkleinern und -vergrößern im Galopp

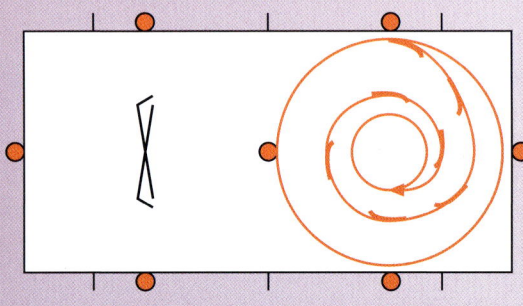

Rechte Hand im Galopp.

Zirkel verkleinern: Vorhand geht voraus auf dem Weg nach innen.

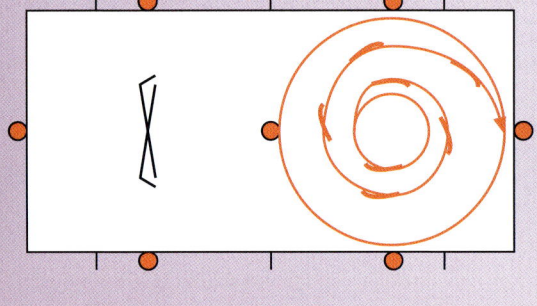

Zirkel vergrößern: Vorhand geht voraus auf dem Weg nach außen.

Etwa Mitte der kurzen Seite den Hufschlag wieder erreichen.

Ganze Bahn.

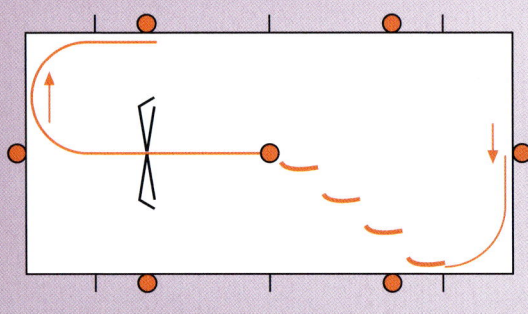

Ab dem Wechselpunkt halbe Traversale bis X.

Geradeaus auf der Mittellinie ohne Aufregung über den Sprung weitergaloppieren.

Nach dem Sprung rechts/links weiterreiten wie gelandet.

Parade zum Schritt, loben, erholen.

(Anschließend Übung gleichermaßen auf der linken Hand.)

Ganze Traversale

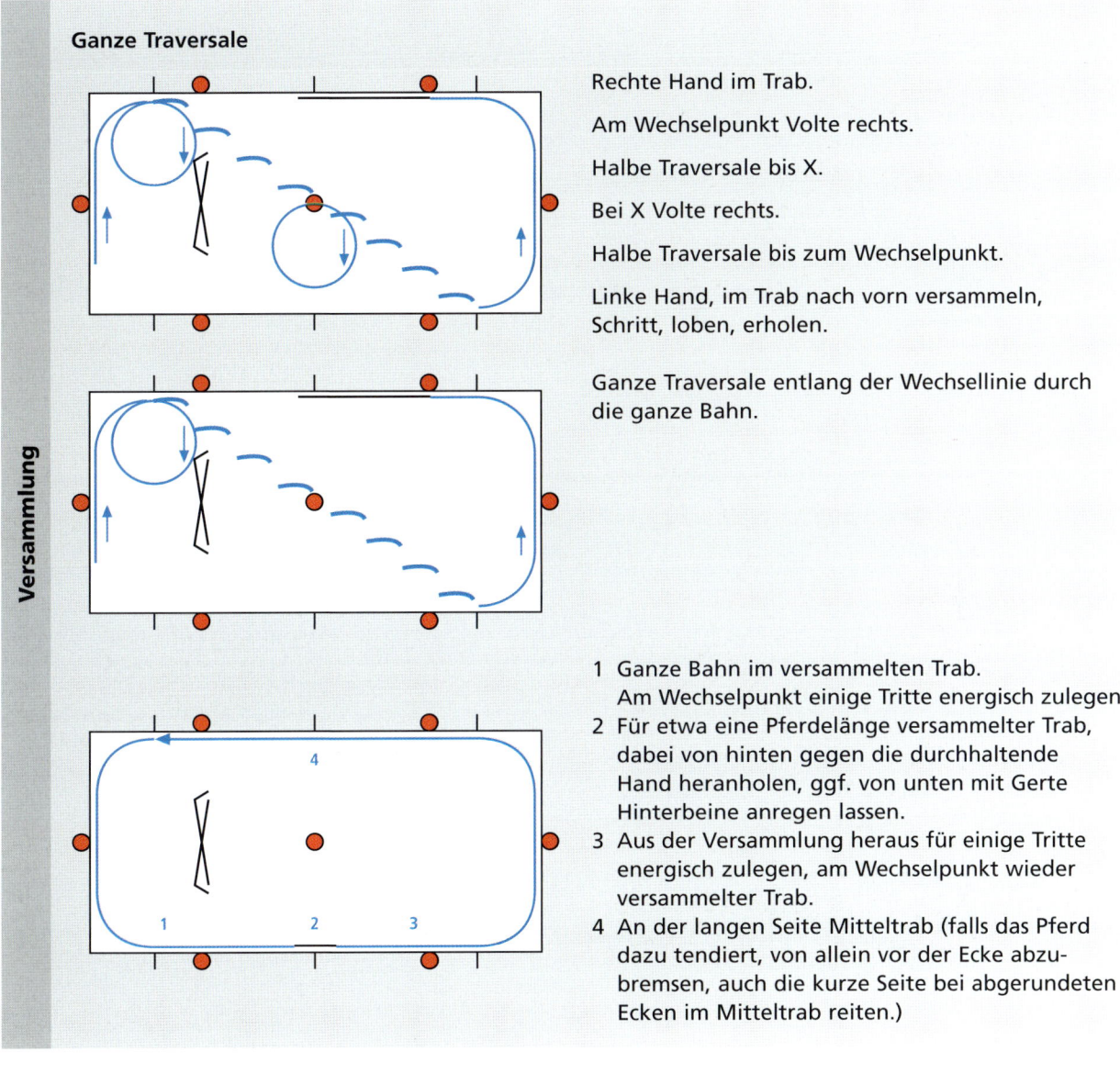

Versammlung

Rechte Hand im Trab.

Am Wechselpunkt Volte rechts.

Halbe Traversale bis X.

Bei X Volte rechts.

Halbe Traversale bis zum Wechselpunkt.

Linke Hand, im Trab nach vorn versammeln, Schritt, loben, erholen.

Ganze Traversale entlang der Wechsellinie durch die ganze Bahn.

1 Ganze Bahn im versammelten Trab.
  Am Wechselpunkt einige Tritte energisch zulegen.
2 Für etwa eine Pferdelänge versammelter Trab, dabei von hinten gegen die durchhaltende Hand heranholen, ggf. von unten mit Gerte Hinterbeine anregen lassen.
3 Aus der Versammlung heraus für einige Tritte energisch zulegen, am Wechselpunkt wieder versammelter Trab.
4 An der langen Seite Mitteltrab (falls das Pferd dazu tendiert, von allein vor der Ecke abzu- bremsen, auch die kurze Seite bei abgerundeten Ecken im Mitteltrab reiten.)

2.10 Der fliegende Wechsel

Der fliegende Galoppwechsel erfolgt während der Schwebephase derart, dass der bisherige innere Hinterfuß nach dem Moment der freien Schwebe als neuer äußerer Hinterfuß zuerst auffußt, ihm folgen das diagonale Beinpaar und dann der neue innere Vorderfuß. Schul-/dressurmäßig wird der fliegende Wechsel ruhig, im Takt, auf gerader Linie, fließend nach vorn gesprungen.

Der dressurmäßige fliegende Wechsel ist, insbesondere weil auf gerader Linie und ruhig gesprungen, eine Weiterentwicklung des natürlichen Bewegungsangebotes des Pferdes, das den fliegenden Wechsel auf der Weide meist im Übergang zwischen zwei gebogenen Linien anfangs überdeutlich und bocksprungartig oder als verlängerten Galoppsprung springt. Ein solcher natürlicher fliegender Wechsel kann bei der Springausbildung, weil weniger Versammlung voraussetzend, bereits früher erreicht werden.

Gerade und ohne Schwanken gesprungen aber ist der dressurmäßige fliegende Wechsel eine Lernlektion, bei der das Pferd Neues verstehen muss. Gekonnt ist er Test für die Geraderichtung auf hohem Niveau.

Ausführung:

Bewegungsablauf des Pferdes	Hilfen des Reiters
Das Pferd galoppiert auf gerader Linie, ohne zu schwanken.	Geradestellen bzw. anfänglich ggf. auch leichte Konterstellung. Halbe Parade (Treiben gegen die passiv anstehende Hand).
Den fliegenden Galoppwechsel springt das Pferd fließend und gelassen in gut erkennbarer Vorwärtstendenz gerade gerichtet mit gesenkter Kruppe in einem erhabenen Sprung. Dabei erfolgt das Umspringen der Vorder- und Hinterbeine im Moment der freien Schwebe.	Hilfen zum Angaloppieren beginnen in dem Augenblick, in dem das Pferd mit dem führenden Vorderfuß auffußt (also im Linksgalopp mit dem linken Vorderfuß), um in der unmittelbar daran anschließenden Schwebephase das Umspringen zu bewirken.
Das Pferd galoppiert auf gerader Linie ruhig weiter, ohne zu schwanken.	Der Reiter freut sich und fühlt sich im Sattel wohl.

Die nachstehenden Übungen sind nicht als ein Tagesprogramm, sondern als Anregungen zum Üben des fliegenden Wechsels gedacht, die Sie in Ihr jeweiliges Tagesprogramm einbauen können.
Falls bei einem Turnier eine Aufgabe Außengalopp verlangt, sollte an den Tagen zuvor auf das Üben des fliegenden Wechsels verzichtet werden.

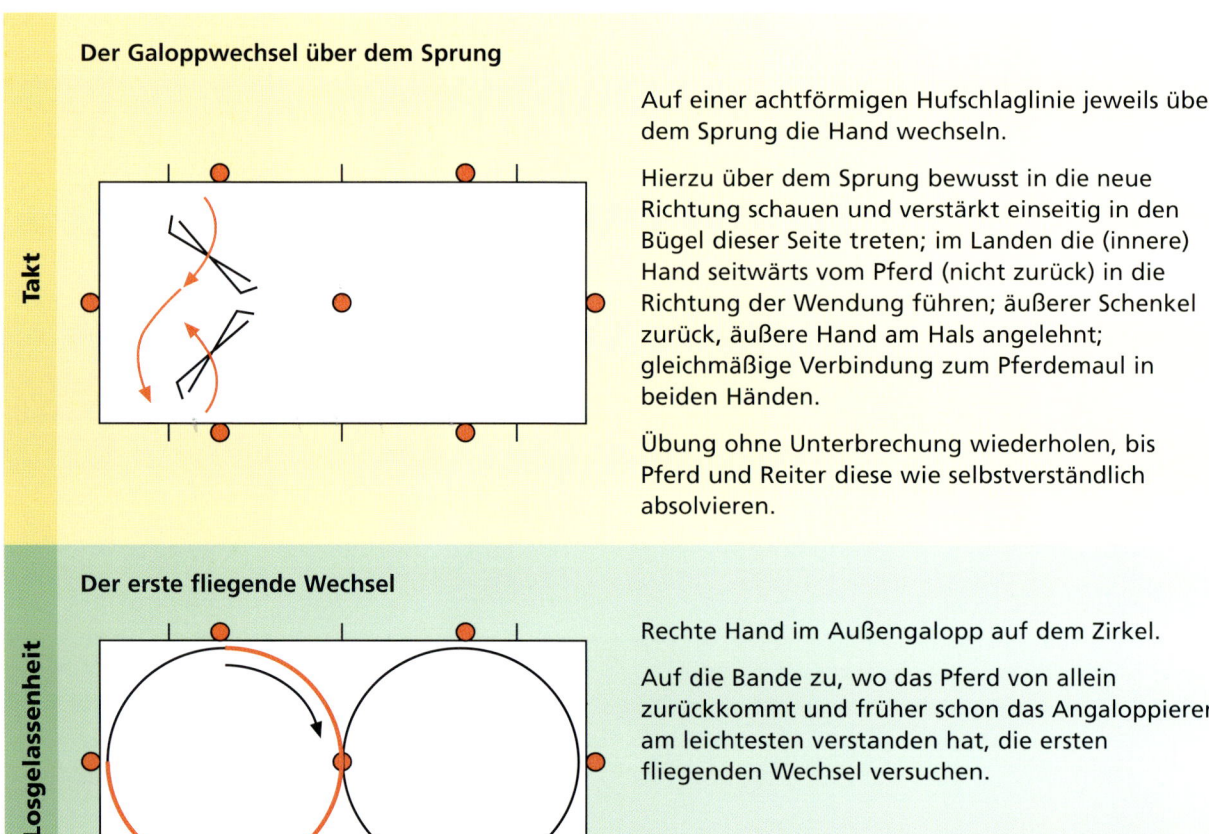

Takt

Der Galoppwechsel über dem Sprung

Auf einer achtförmigen Hufschlaglinie jeweils über dem Sprung die Hand wechseln.

Hierzu über dem Sprung bewusst in die neue Richtung schauen und verstärkt einseitig in den Bügel dieser Seite treten; im Landen die (innere) Hand seitwärts vom Pferd (nicht zurück) in die Richtung der Wendung führen; äußerer Schenkel zurück, äußere Hand am Hals angelehnt; gleichmäßige Verbindung zum Pferdemaul in beiden Händen.

Übung ohne Unterbrechung wiederholen, bis Pferd und Reiter diese wie selbstverständlich absolvieren.

Losgelassenheit

Der erste fliegende Wechsel

Rechte Hand im Außengalopp auf dem Zirkel.

Auf die Bande zu, wo das Pferd von allein zurückkommt und früher schon das Angaloppieren am leichtesten verstanden hat, die ersten fliegenden Wechsel versuchen.

Losgelassenheit

Der natürliche Galoppwechsel

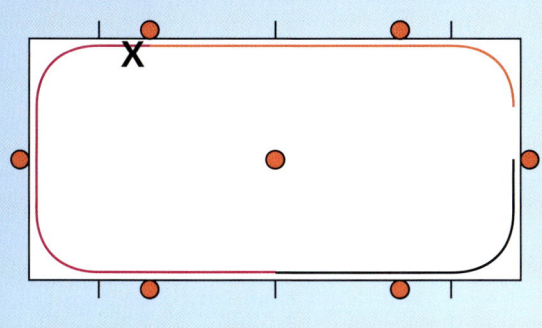

Aus dem Zirkel wechseln, dabei fliegender Galoppwechsel.

Rechte Hand im Galopp auf dem Zirkel.

Im Mittelpunkt fliegender Wechsel.

Danach Ruhe!

Mitte der kurzen Seite Parade zum Schritt, loben, ausruhen.

(Falls Sie ein Springpferd ausbilden, könnten Sie eine Bodenstange auf den Mittelpunkt legen und fliegenden Wechsel über diese Stange reiten; falls Sie einen Dressurspezialisten ausbilden, sollten Sie den fliegenden Wechsel zunächst nicht auf gebogenen Linien, sondern wegen der späteren Serienwechsel nur auf der Geraden üben.)

Anlehnung

Der fliegende Wechsel aus dem Außengalopp

Zur ersten Belehrung des Pferdes:

Schritt, rechte Hand, ganze Bahn.

Mitte der langen Seite im Außengalopp angaloppieren.

a) Nach der kurzen Seite am Wechselpunkt mehrmals einfachen Galoppwechsel mit nur einem Zwischentritt reiten.

b) An derselben Stelle aus dem Außengalopp erster fliegender Wechsel.

Übung an mehreren Tagen wiederholen.

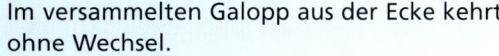

Im versammelten Galopp aus der Ecke kehrt ohne Wechsel.

Außengalopp.

Mitte der kurzen Seite fliegender Wechsel.

Anlehnung

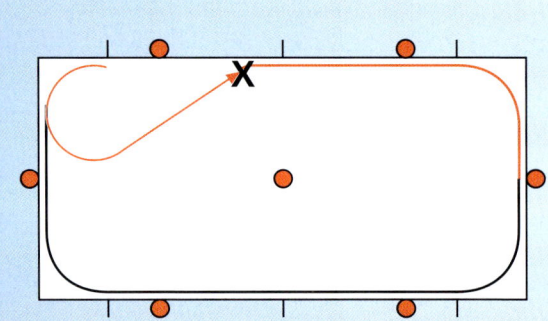

Im versammelten Galopp aus der Ecke kehrt.

Fliegender Wechsel.

Schwung

Der fliegende Wechsel auf der Wechsellinie durch die halbe oder ganze Bahn

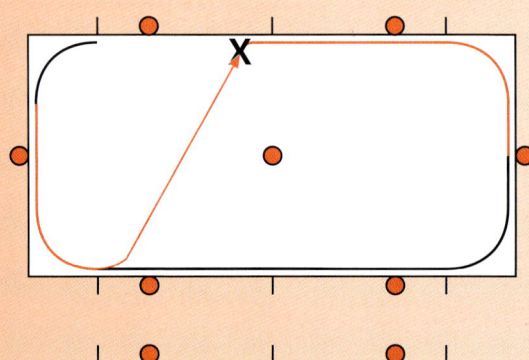

Durch die halbe Bahn wechseln mit fliegendem Wechsel.

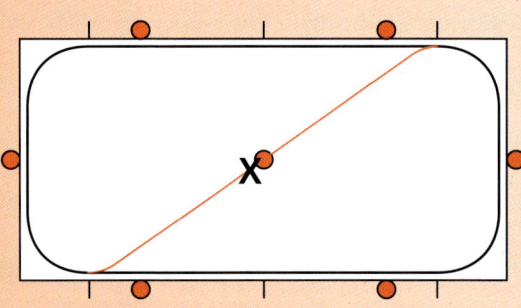

Durch die ganze Bahn wechseln mit fliegendem Wechsel im Mittelpunkt.

Geraderichten

Der fliegende Wechsel aus der Galopptraversale

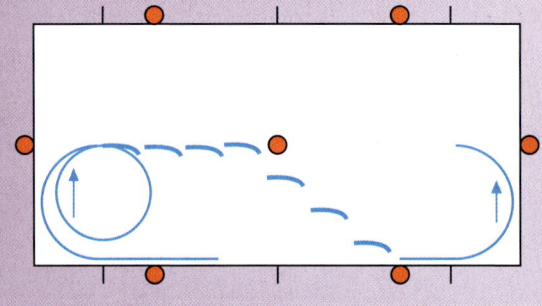

Rechte Hand im Trab.

Auf die Mittellinie abwenden.

Volte rechts.

Einige Tritte im Trab, Schulterherein rechts.

Halbe Traversale rechts zur Bande.

Geraderichten

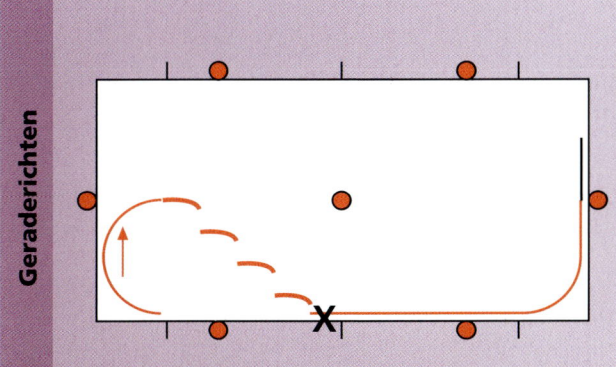

Im versammelten Galopp aus der Ecke kehrt.

Galopptraversale.

Bei Erreichen der Bande fliegender Wechsel.

Der fliegende Wechsel beim Überreiten der Mittellinie auf der Schlangenlinie durch die Bahn

Versammlung

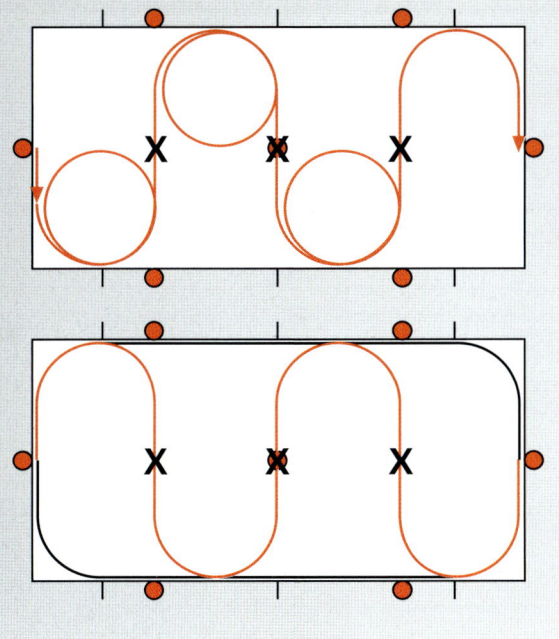

Anfangs große Volten zwischenschalten, um Ruhe herzustellen sowie Takt und Versammlung zu sichern.

Schlangenlinie durch die ganze Bahn, vier Bogen,

fliegende Wechsel beim Überreiten der Mittellinie.

3   Technisch im Parcours

Eine vielleicht enttäuschende Botschaft vorweg: Reiten über Hindernisse – richtig gemacht – ist ganz einfach auch nur reiten. Gesunden Pferden dürfen wir durchaus die Arbeit über Sprünge abverlangen, die oft damit verbundenen Aufgeregtheiten aber, die sollten wir den Pferden ersparen und dem staunenden Publikum auf der Galerie überlassen.

Hat ein Pferd beim Springen erst einmal schlechte Erfahrungen gemacht, braucht es viel Arbeit, die abdressierende Wirkung solch schlechter Erfahrungen wieder zu überwinden. Bei der Springausbildung ist außerdem immer zu bedenken: Die Zahl der verfügbaren Sprünge ist wegen der begrenzten Belastbarkeit der Pferdebeine beschränkt. Deshalb ist mit den verfügbaren Sprüngen haushälterisch umzugehen. Dies und die Vermeidung schlechter Erfahrungen für das Pferd als »Muss« verlangen – mehr als bei der Dressurarbeit mit der dort sehr viel höheren Wiederholhäufigkeit der Übungen und dem geringeren Risiko zu schlechten Erfahrungen – ein ausgesprochen planvolles Vorgehen. »Gleich richtig machen« ist das unbedingte Muss für die Springausbildung vor allem auch des jungen Pferdes. Die Hilfe eines erfahrenen Ausbilders gerade für die ersten Sprünge eines Pferdes ist deshalb allemal eine gute Investition.

3.1   Ziele des Reitens über Hindernisse

Reiten war in der vor-automobilen Zeit (und ist in der klassischen Auffassung immer noch) primär das gemeinsame Zurücklegen eines Weges von einem Ort zu einem anderen durch Pferd und Reiter.

Entsprechend ist auch das Reiten über Hindernisse primär Reiten:
- rhythmisches, gleichmäßiges, flüssiges Traben oder Galoppieren und Einhalten eines passenden (ausreichend hohen) Grundtempos (weil Bremsen und Beschleunigung unnötig Kraft kosten und Wegezeiten »notwendiges Übel« sind)
- durchlässige Annahme der Hilfen zu Änderungen der Gangarten, des Tempos, der Richtung (Wendungen), des Galopps

- Anreiten der Hindernisse in der Mitte (weil die Pferde dann weniger leicht vorbeilaufen können und im Gelände in der Mitte meist der Boden am besten und hinderliche Äste und ähnliches seltener sind)
- passendes Anreiten/Treffen des günstigsten Absprungpunktes (um dem Pferd einen kräftesparenden und sicheren Sprung in einer optimalen Parabel [nicht hubschrauberähnlich zu steil nach oben, nicht zu früh und damit unnötig weit] zu ermöglichen)
- Springen als ein »etwas« höherer/weiterer Galoppsprung zwischen normalen Galoppsprüngen, dabei
- risikoloses Überwinden der verschiedenartigsten Hindernisse (vertrauensvolles, harmonisches, fehlerloses Sich-Fliegen-Lassen)
- gerades Landen, um daraus ein flüssiges, harmonisches Weiterreiten in der vom Reiter anzugebenden Richtung zu ermöglichen und um ggf. mit der passenden (vorgeschriebenen) Anzahl von Galoppsprüngen bis zum nächsten passenden Absprung über ein folgendes Hindernis zu kommen.

Springreiten ist kein Ersatz für den Abbau von Reiz und Risiko im Alltag durch soziales Netz, Sicherheits-Fahrgastzelle im Auto und andere Errungenschaften. Der Sportkamerad Pferd hat einen Reiterkameraden verdient, der ihm unangenehme Erfahrungen bestmöglich erspart. Springreiter mit Kamikaze-Einstellung mögen der Rache der Sportfunktionäre anheim fallen, die die »Resolution zur reiterlichen Haltung gegenüber dem Pferd/Pony«[4] verfasst und deren Durchsetzung gelobt haben.

3.2   Voraussetzungen für das Reiten über Hindernisse

3.2.1   Ausrüstung von Reiter und Pferd

Beim Reiten über Hindernisse ist ernsthafter als bei der Dressurarbeit mit Überraschungen, wie z.B. mit einem Sturz, und Widersetzlichkeiten zu rechnen.

---

4) vgl. LPO 1.1.2000 S. 203 f.

Schlechte Erfahrungen eines Pferdes, einmal beim Springen gemacht, haben meist nachhaltigere Auswirkungen als bei der Dressurarbeit. Die Vorbereitungen sind deshalb besonders umsichtig und gewissenhaft zu treffen.

Zur Ausrüstung des Pferdes gehören:
- ein Spring- oder Vielseitigkeitssattel: Gurt und Steigbügelriemen reißfest, offenes Bügelschloss bzw. Sicherheitsbügel (um im Fall eines Sturzes nicht mit dem Fuß im Bügel und am Pferd hängen zu bleiben)
- eine Trense: Wenn mit unbeherrschter Handeinwirkung des Reiters zu rechnen ist, sollte ein möglichst dickes Gebiss gewählt werden
- zum Schutz der Beine je nach Situation: Bandagen, Gamaschen, Streichkappen, Springglocken
- Stollen bei glattem Boden (z.B. feuchte Wiese)

Zusätzlich können u.a. vorgesehen werden:
- gleitendes Ring-Martingal. Da sich Pferde über dem Sprung mit den Vorderbeinen in dem Stück vor dem Sattelgurt verfangen können, sollte dieses möglichst eng anliegen (neuere Konstruktionen sind gummiartig und einem Vorderzeug ähnlich). Das Martingal sollte so lang geschnallt sein, dass es bei einer »Besichtigung« des Parcours durch das Pferd mit etwas hoch genommener Nase noch nicht wirkt. Das Martingal ist nur eine vorsorgliche Einrichtung für den Fall, dass sich das Pferd kämpferisch durch Hochnehmen des Kopfes der Einwirkung des Reiters entziehen will
- ein Bauchlatz (großes, hartes Lederstück am Gurt), um über dem Sprung ein Schlagen der Vorderhufe/ Eisen/Stollen gegen den Bauch zu verhindern (und damit die eifrige Vorderbeintechnik zu erhalten)
- bei zurückrutschendem Sattel: Vorderzeug
- bei kaltem Wetter: Decken (vor der Arbeit für warme Muskeln, nach dem Reiten zum Abschwitzen und gegen Erkältungen)
- bei hinter der Bewegung bleibenden Reitern: ein Halsriemen zum Festhalten (besser als im Zügel hängen)

Im Übrigen halten die Reitsportgeschäfte gegen gutes Geld fragwürdige Hilfszügel, Spezialgebisse und Ähnliches bereit, die Sie kaufen können – und hoffentlich nie benutzen werden. Aber es gibt auch Fachgeschäfte mit guter Beratung und allerlei Nützlichem. Ihre »Einkaufskompetenz« entscheidet!

Zur Ausrüstung des Reiters gehören:
- Reithosen, die auch im leichten Sitz und über dem Sprung zwischen Knie und Sattel keine Naht haben und keine Falten werfen (also keine »Stehhosen«!)

- gute Stiefel/Schuhe (Sohlen!), die möglichst nicht in den Bügeln hängen bleiben
- Reitkappe/Helm (bruch- und splittersicherer Reithelm mit Drei- oder Vierpunktbefestigung): risikomindernd, versicherungstechnisch meist notwendig und wegen des Schwitzens darunter das von mir meistgehasste Utensil. Hier hat bislang der Erfindergeist versagt
- vorsorgliche und angemessene Bewaffnung: eher stumpfe Sporen, kurze Gerte (mitnehmen oder zumindest bereithalten)

Regelungen zur Ausrüstung von Reiter und Pferd auf Turnieren finden sich in der LPO und im Aufgabenheft Reiten der Deutschen Reiterlichen Vereinigung e.V. (FN).

3.2.2 Rittigkeit des Pferdes

Das Ziel des Parcoursbauers ist es, das Teilnehmerfeld einer Prüfung möglichst über Springfehler und/oder die gebrauchte Zeit so zu differenzieren, dass eine eindeutige Platzierung möglich wird. Als Nebenziel wird er versuchen, dass zumindest der Sieger ohne Springfehler bleibt und auch bei schwachen Paaren unschöne Bilder vermieden werden. Da trotz immer größerer und besserer Teilnehmerfelder Höhe, Weite und (tunlichst pferdefreundliche) Formgebung bei den Hindernissen nicht beliebig erschwert werden können, müssen die Parcoursbauer die Schwierigkeiten immer mehr in die Wege zwischen den Hindernissen und in die Distanzen packen.
Das Aufgabenheft Reiten[5] enthält Parcoursvorschläge für Springreiter-Wettbewerbe und für Stilspringprüfungen mit Standardanforderungen.
Bei leichteren Prüfungen und solchen für junge Pferde und Reiter, insbesondere Stilspringen, kommt es – auch im Hinblick auf den Tierschutz und zur Vermeidung unschöner Bilder durch wildes Gejage – immer weniger auf Fehler und Zeit und immer mehr auf die Rittigkeit des Pferdes und seine Springmanier bzw. auf Sitz und Einwirkung des Reiters, die harmonische Erfüllung der gestellten Aufgabe und den Gesamteindruck an.
Schließlich erfordert – auch schon beim reinen Freizeitreiten über Hindernisse – der Wunsch zur Erhaltung der Gesundheit von Reiter und Pferd eine ausreichende Rittigkeit des Pferdes. Nur noch wenige Irrende glauben, als Springreiter mit ihren Spring-

---

5) Aufgabenheft Reiten, Hrsg.: Deutsche Reiterliche Vereinigung e.V. (FN), 1. Auflage, September 1999, S. 17 ff. und S. 201 ff.

pferden auf dressurmäßige Arbeit (Springdressur, Arbeit zwischen den Hindernissen, Arbeit auf der Flachen) verzichten zu können. Einige mehr allerdings glauben, ohne klassische Dressurarbeit auszukommen und auch auf Sonderwegen erfolgreich sein zu können. Schlaufzügelakrobaten, Kneblern, arbeitsscheuen Wegabkürzern und anderen Unbelehrbaren sei eine Rückkehr auf den Pfad der Tugend empfohlen.

Als Ziel der Arbeit formuliert Paul Weier: »Es soll ein gelöstes, lebhaftes, zufriedenes, innerlich ruhiges und zutrauliches Pferd erzogen werden, das bereit ist, mit seinem Reiter zusammenzuarbeiten, seine Signale zu verstehen und ein Maximum von seiner Fähigkeit einzusetzen.«

Paul Weier zitiert William Steinkraus:

»Der Zweck der Dressurlektionen ist ja, ein geschmeidiges und gehorsames Pferd im Gleichgewicht zu erhalten, etwas, das ebenso erwünscht ist beim Reitpferd wie beim Springpferd. Es stellt sich die Frage, welches das eigentlich Wesentliche für das Springpferd sei.

Primär dies, dass der Reiter imstande sein muss, die Vorwärtsbewegung und den Schwung des Pferdes weich und in gleichmäßiger Abstufung zu beherrschen; das Pferd muss genau und korrekt wenden können, und es ist ein großer Vorteil, wenn es einen korrekten, einmaligen fliegenden Wechsel ausführen kann. Die Wendung auf der Vor- und Hinterhand, Schenkelweichen und korrekte halbe und ganze Paraden sind unerlässliche Grundlagen zur Erreichung dieser Ziele. Der Grad der Versammlung, der vom Pferd verlangt werden muss, ist jedoch etwas geringer als derjenige, der vom Dressurpferd verlangt wird. Wir müssen beim Springpferd einen relativ strengen Maßstab anlegen, was den unmittelbaren Gehorsam anbelangt.«

3.2.3 Hirn, Herz, Sitz und Einwirkung des Reiters

»Der faulende Fisch stinkt zuerst vom Kopf.« Das gilt eigentlich für alle nicht richtig funktionierenden hierarchischen Gebilde und damit natürlich auch für das Über-/Unterordnungsverhältnis von Reiter und Pferd. Das Pferd muss einerseits und primär die positive Erfahrung gemacht haben und behalten, dass (von sehr vereinzelten Ausnahmen abgesehen) schon nichts Unangenehmes passieren wird, wenn der Reiter einen Sprung anreitet und das Pferd gehorsam springt. Andererseits darf sich das Pferd nicht bei zwar risikoarmem, aber stupidem Springen über immer die glei-

chen Klamotten langweilen und das Interesse und den Spaß an der Sache verlieren. Der Reiter muss also sein Pferd stets aufs Neue vor interessante, aber mit größter Wahrscheinlichkeit gut lösbare Aufgaben stellen.

Um dieses Ziel zu erreichen, kann und sollte zumindest der weniger erfahrene Reiter sich und sein Pferd einem guten Ausbilder anvertrauen und diesem das Vor-Denken überlassen. Auch bei bester Anleitung gilt der Grundsatz, dass ein unerfahrener Reiter auf ein erfahrenes Lehrpferd gehört und ein unerfahrenes Pferd unter einen erfahrenen Reiter. Gerade im Springen ist es fast unmöglich, Pferd und Reiter als »Anfänger« gleichzeitig ausbilden zu wollen.

Ist man beim Springen (leider) auf sich allein (und einen vielleicht noch weniger erfahrenen »Hindernisdienst«) gestellt, sollte man alle erdenkliche Mühe auf das Vor-Denken verwenden, um nicht nach unangenehmen Erfahrungen für das Pferd und sich selbst allzu nachdenklich werden zu müssen. Das Springen des Pferdes beginnt im Kopf des Reiters! Er muss im Wissen um das Können von Pferd und Reiter die Aufgabenstellung überlegen, die Hindernisse, das Pferd und sich selbst vorbereiten. Auch bei einem ausgefeilten Übungsprogramm für die nächste Stunde und perfekter Vorbereitung muss er von Situation zu Situation überlegen, ob der Plan noch passt oder die Situation ein Umplanen erfordert.

Herz braucht der Springreiter in den Bedeutungen von Mut und Kondition. Mut: weil ein ängstlicher Reiter das in analoger Kommunikation geschulte Pferd nicht belügen kann. Kondition: um das Pferd unterstützen zu können oder es zumindest nicht mehr als unbedingt nötig zu stören.

Wenn Springreiten auch im Galopp ein Reiten über Hindernisse werden soll, muss zu Verstand und Herz noch das Gefühl für das zum Pferd passende Grundtempo kommen, das ggf. besonders zu schulen und in Vorbereitung auf Leistungsprüfungen mit vorgeschriebenem Tempo auf einer Zeitstrecke zu erarbeiten ist. Der Reiter muss den leichten Sitz mit seinen verschiedenen Ausprägungen der Entlastung gelernt haben und dabei im Gleichgewicht sitzen. Er muss in der Lage sein, das Pferd auch im leichten Sitz an den Hilfen zu halten. Auf unebenem Boden ist die Balance des Reiters besonders wichtig, da er sich jederzeit der sich ändernden Schwerpunktlage des Pferdes anpassen muss.

Das im leichten Sitz gerittene Pferd geht mit etwas erweitertem Rahmen. Auf unebenen Boden, auf ein Bergauf und Bergab sowie auf auftauchende Hindernisse reagiert das Pferd mit einer Erweiterung/Veren-

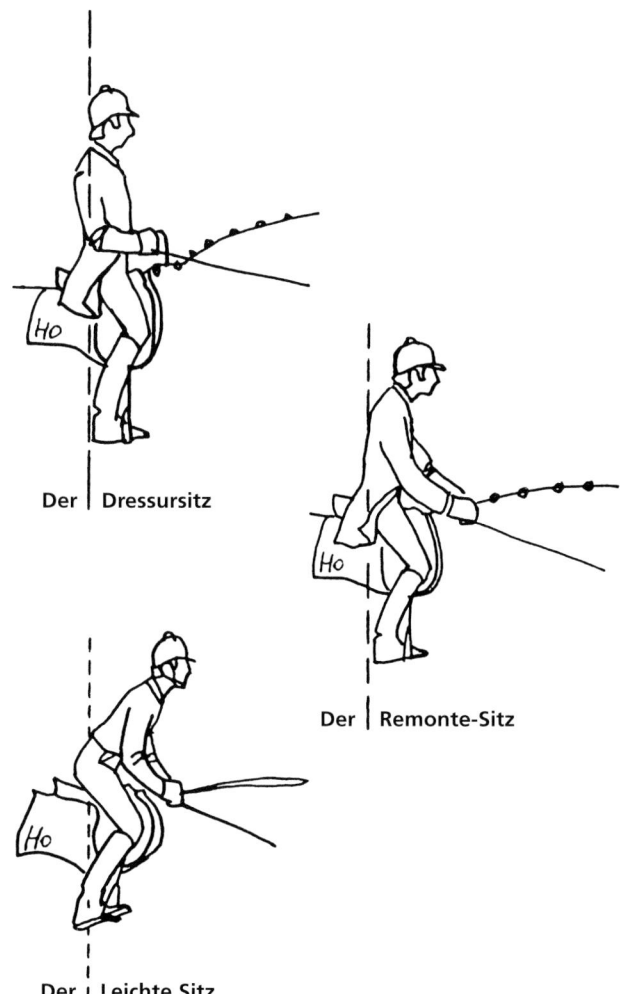

Der | Dressursitz

Der | Remonte-Sitz

Der | Leichte Sitz

gung des Rahmens und insbesondere auch mit ge-dehntem/verkürztem Hals als Balancierstange. Der Reiter muss deshalb die Hand etwas tiefer nehmen und aus lockeren Schultern/Ellbogengelenken heraus mitgehend eine stete und weiche Anlehnung ohne Störung des Gleichgewichts des Pferdes sichern. Strit-tig ist, ob die Hände am Mähnenkamm aufgestützt bzw. am Hals angelegt werden dürfen oder nicht, da manche (z.B. Paalmann[6]) meinen, dass das Aufstützen/Anlegen der Hände das geschmeidige Mitgehen mit der Hand verhindern/bremsen/beeinträchtigen würde. Eine aufgesetzte Hand kann jedenfalls nicht regulie-rend wirken.

Aus dem elastischen und ausbalancierten leichten Sitz entwickelt sich das geschmeidige Mitgehen des Rei-ters im Sprung.

---

6) vgl. Paalmann, A.: Springreiten, 5. Aufl., Stuttgart 1981, S. 141

Wenn der Sprung nichts anderes ist als ein etwas höherer/weiterer Galoppsprung zwischen zwei »nor-malen« Galoppsprüngen, dann bedarf es zum Sprin-gen keiner besonderen oder andersartigen Einwir-kung des Reiters, nur des Mitkommens (eher passiven Mitbalancierens) mit dem Pferd über dem Sprung. Seine positive Wirkung erzielt oder verfehlt der Reiter viel früher, nämlich bei der vorausgehenden dressur-mäßigen und gymnastizierenden Arbeit des Pferdes, beim richtigen oder falschen Aufbau der Hindernisse und beim richtigen oder falschen Reiten weit vor dem Hindernis. In der Schlussphase des Anreitens gegen den Sprung kann er eigentlich nur noch Ruhe be-wahren und auf die zuverlässige Mitarbeit seines ver-trauensvollen Pferdes – und damit auf seine eigene, vorbereitende Arbeit – vertrauen.

3.2.4   Die Aufgabenstellung

3.2.4.1   Parcours/Geländestrecke

Parcours/Geländestrecke ist der Weg, der vom Start bis zum Ziel zurückzulegen ist. Seine Länge wird über die Mitte der Hindernisse gemessen unter besonde-rer Beachtung des Weges in den Wendungen (§ 505, 3 LPO).

Die Aufgabenstellung beinhaltet also Geländeforma-tion, Gangart und Tempo, Hindernisse und die Kom-bination dieser Elemente:

Strecke

Die Aufgabenstellung beginnt mit der Wahl des Ortes, an dem geritten werden soll:

– Halle
– Außenplatz
– Gelände, Wald, Wiese
– asphaltierte Straßen, Wege
– glatter und vereister Boden
– tiefer Boden, Sumpf
– bergauf, bergab
– Wasser (Einritt, Einsprung, im Wasser, Schwimmen, Ausritt, Aussprung)

Hindernisse

Die Hindernisse müssen Achtung gebietend und fair sein. Bei Hoch- und Hochweitsprüngen muss mindes-tens ca. das obere Viertel des zu überwindenden Teils des Hindernisses abwerfbar oder das ganze Hindernis umwerfbar sein (vgl. § 507 LPO). Bei Oxern darf aus Sicherheitsgründen hinten nur eine einzelne Stange aufliegen.

Für Geländeprüfungen müssen die Hindernisse fest (nicht abwerfbar), Achtung gebietend, fair und dem Gelände angepasst sein. Sichergestellt sein muss, dass Geländehindernisse, deren Konstruktion das Herausführen eines Pferdes nach Verweigerung oder Sturz nicht ermöglicht, schnell abgebaut werden können (vgl. § 633 LPO).

Für die Aufgabenstellung stehen »im Werkzeugkasten« folgende »Mittel« zur Verfügung:
– Startbox (für Geländeprüfungen)
– Flaggen (rechts rot, links weiß), (Pflicht-)Tore
– (gelbe) Richtungspfeile
– Fänge
– Absprungerleichterungen, Taktstangen, Taxierhindernisse
– Bodenstangen, Bodenricks
– Steilsprung
– Hochweitsprung (Oxer, Triplebarre, Dachsprung, Fächersprung)
– Gatter
– Mauer
– Wall, Billard
– Aufsprünge, Absprünge, Tiefsprünge
– Graben, Wassergraben
– Pulvermanns Grab

3.2.4.2 Gangart und Tempo

Über Bodenstangen kann im Schritt, Trab und Galopp geritten werden. Gesprungen wird aus dem Trab oder Galopp.

Auf Turnieren wird für Springprüfungen in der Halle ein Tempo von 300–350 m/min und im Freien ein Tempo von 350–400 m/min gefordert. Im Training sollte mit dem jungen Pferd, aber auch allgemein zur Gymnastizierung und ggf. zur Korrektur überwiegend eher langsamer (Trab 200 m/min und Galopp 250 m/min) geritten und erst vor dem Turnier das dort geforderte Tempo erreicht werden.

Es empfiehlt sich, auf einer abgesteckten, mehrmals zu durchreitenden Strecke (etwa Oval auf Wiese 300 m) mit Unterstützung eines »Zeitnehmers« auf Zeit zu reiten und dabei ein sicheres Gefühl für das Tempo (Grundtempo beim Reiten über Sprünge) zu entwickeln. Maßgeblich ist aber am Ende nicht die Stoppuhr, sondern das zum jeweiligen Pferd passende Grundtempo.

Die Länge eines Galoppsprunges hängt individuell vom einzelnen Pferd ab, mit höherer Geschwindigkeit werden aber auf jeden Fall auch die Galoppsprünge länger.

Tempo	»Normale« Länge des Galoppsprunges
300 m/min	3,00 m
350 m/min	3,30 m
400 m/min	3,60 m

Der Galoppsprung des Pferdes wird auch durch äußere Gegebenheiten beeinflusst, die somit bei der Einschätzung der Distanzen und beim Aufbau der Hindernisse berücksichtigt werden sollten:

Eher fleißiger Galopp mit mehr Bodengewinn (die Distanzen »werden enger«)	Eher verhaltener Galopp mit weniger Bodengewinn (die Distanzen »werden weiter«)
im Freien	in (kleiner) Halle
in Richtung Stall oder Ausgang	vom Stall bzw. Ausgang weg
feste und elastische (federnde) Böden	tiefe und rutschige Böden, loser (rollender) Sand
bergab	bergauf
über bekannte Hindernisse (bei wiederholtem Springen über den gleichen Weg neigen Pferde dazu, von Mal zu Mal eiliger zu werden)	vor neuen oder wenig freundlichen Hindernissen

3.2.4.3 Kombinatorik

Zur Aufgabenstellung werden die Abstände zwischen den Hindernissen und die Art der aufeinander folgenden Hindernisse selbst kombiniert.

Der *Abstand* zwischen den Hindernissen wird am Boden gemessen, und zwar vom Fuß eines Sprunges (Landeseite, Stangenmitte) bis zum Fuß des folgenden Sprunges (Absprungseite, Stangenmitte).

Früher wurde für das Überwinden mittlerer bis höherer Hindernisse in flottem Tempo der Absprungpunkt etwa so weit vor dem Hindernis gesehen, wie dieses hoch war, bei Hochweitsprüngen ggf. zuzüglich der halben Breite des Hindernisses. Heute reitet man eher dichter an das Hindernis heran. Insbesondere bei Gymnastiksprüngen und Reihen im ruhigeren Tempo zum Rundmachen der Pferden bei stärker unterspringender Hinterhand wird bei dichterem Heranreiten die zum Abheben und Abspringen vermehrt geforderte Hinterhand gekräftigt.

Für niedrige Hindernisse im flüssigen Galopp geritten ist zu berücksichtigen, dass Absprungstrecke + Landestrecke in Summe nicht viel kürzer sein können als ein Galoppsprung, also zusammen mindestens ca. 2,50 m betragen müssen. Der »richtige« Abstand zwischen zwei Hindernissen wird annähernd bestimmt als Summe aus:

- Landestrecke = Höhe des gesprungenen Steilsprungs bzw. Höhe des gesprungenen Oxers zuzüglich seiner halben Breite
- einem Galoppsprung = z.B. 3,00 m
- Absprungstrecke = Höhe des nächsten Steilsprungs bzw. Höhe des nächsten Oxers zuzüglich seiner halben Breite.[7]

Falls jedoch die Psychologie die Physik schlägt und Reiter und Pferd vor dem respektgebietenden Oxer den Galoppsprung kürzer und den Absprungpunkt dichter legen, so sollte die Distanz verkürzt werden. Zur Orientierung nachstehende Tabellen:

Abstände zwischen Bodenstangen im Schritt	0,80 m
Abstände zwischen Bodenstangen im Trab	1,20–1,50 m
Taktstange aus dem Trab	1,80–2,50 m
Taxierhindernis (bis 50 cm hoch) aus dem Trab, ein Galoppsprung bis zum niedrigen Hindernis (bis 80 cm hoch)	ca. 5,50 m
Taktstange aus dem Galopp	3,00–4,00 m

Als rhythmische Distanzen bei einem flüssigen Ritt gelten (bei leichten Sprüngen, max. Höhe 1,20 m; max. Breite 1,25 m):

Halle	(Tempo 300 m/min)			
Galopp-sprünge zwischen	Steil – Steil	Steil – Oxer	Oxer – Steil	Oxer – Oxer
0 (In-and-Out)	3,00 4,00			
1 maximal	6,00 8,00	+ 0,25 8,00	+ 0,50 8,00	+ 0,80 8,00
2 maximal	9,00 11,00	+ 0,25 11,00	+ 0,50 11,00	+ 0,80 11,00
3	13,50 15,00			
4	17,00 18,50			
5	20,50 22,00			
6	24,00 25,50			

Freiland	(Tempo 350–400 m/min)			
Galopp-sprünge zwischen	Steil – Steil	Steil – Oxer	Oxer – Steil	Oxer – Oxer
0 (In-and-Out)	3,00 4,00	3,00 4,00	3,00 4,00	3,00 4,00
1 maximal	7,20 8,00	+ 0,25 8,00	+ 0,50 8,00	+ 0,80 8,00
2 maximal	10,50 11,00	+ 0,25 11,00	+ 0,50 11,00	+ 0,80 11,00
3	14,25 15,25			
4	18,00 19,00			
5	21,50 22,50			
6	25,00 26,00			

Eine *Distanz* i.e.S. ist der Weg zwischen zwei (einzelnen) Hindernissen, auf dem das Pferd jeweils drei, vier, fünf, sechs oder mehr Galoppsprünge benötigt. Benötigt das Pferd nur einen oder zwei Galoppsprünge, so spricht man von einer *Kombination*. Auf Turnieren beträgt hier der Abstand mindestens 6,50 m und höchstens 12 m (vgl. § 508, 1 LPO). Entsprechend der Anzahl der Hindernisse unterscheidet man zwei-, drei- oder mehrfache Kombinationen.

Bei *offenen Kombinationen* ist der Reiter nach einem eventuellen Sturz oder Ungehorsam des Pferdes verpflichtet, erneut alle Hindernisse der Kombination zu überwinden, also auch die bereits einmal überwundenen.

Die Richter müssen festlegen, ob eine Kombination als *geschlossene Kombination* gilt und die Entscheidung auf der Parcoursskizze angeben; andernfalls gilt die Kombination als offen. Bei *geschlossenen Kombinationen* und geschlossenen Kombinationsteilen ist

---

7) Ich gehe dabei davon aus, dass der höchste Punkt einer Flugparabel über dem Oxer in der Mitte des Oxers liegt. Damit wären – gleiche Höhe eines Oxers und eines Steilsprungs sowie ökonomische Springpraxis des Pferdes unterstellt – der höchste Punkt der Flugparabel beim Oxer höher als beim Steilsprung und damit auch Absprung- und Landestrecke länger. Ich befinde mich damit im Widerspruch zu den Darstellungen in den Richtlinien für Reiten und Fahren, Band 1, S. 133, und Band 2, S. 171 f., wo der Abstand zwischen Steil – Steil weiter angegeben wird als bei Steil – Oxer. Vgl. Richtlinien für Reiten und Fahren, Hrsg. Deutsche Reiterliche Vereinigung e.V. (FN), Band 1, 26. Auflage, und Band 2, 12. Auflage.

Couvert

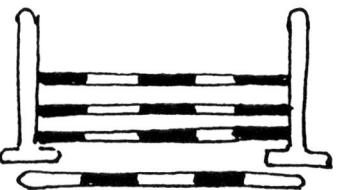 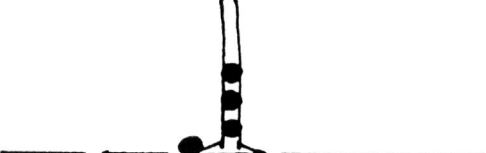

Steilsprung

 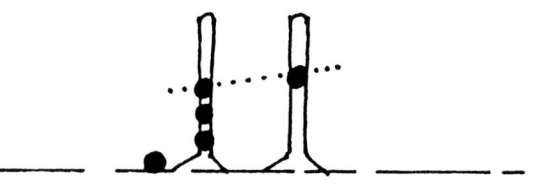

Oxer

 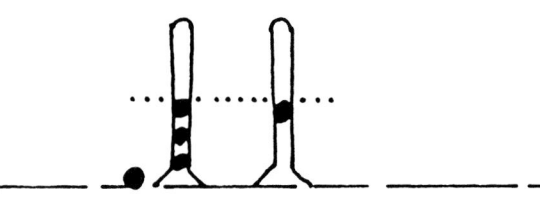

Parallel-Oxer

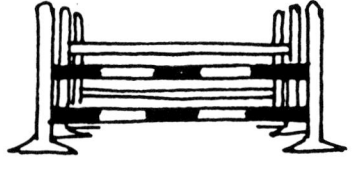 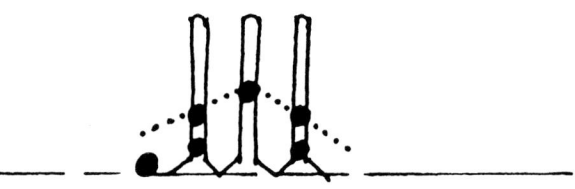

Dachsprung

Über Stangen im Trab

Über Stangen im Galopp

Der höchste Punkt der Flugparabel liegt über der Mitte des Steilsprungs und des Oxers

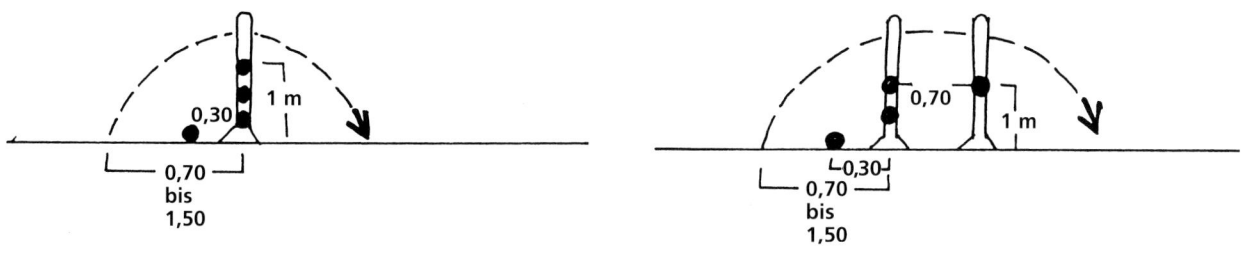

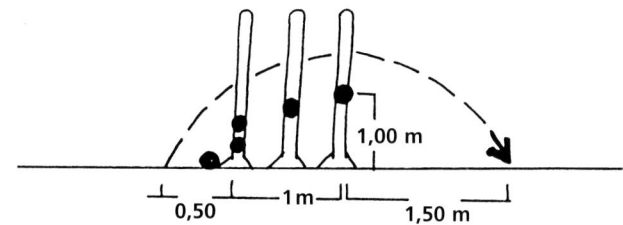

Bei der Triplebarre liegt der höchste Punkt der Flugparabel über der letzten Stange, der Landepunkt relativ weit hinter dem Hindernis

der Reiter nach einem eventuellen Ungehorsam des Pferdes verpflichtet, den Parcours (nur) durch Sprung über die noch nicht überwundenen Hindernisse fortzusetzen. Springt ein Teilnehmer auf einer anderen Seite als der vorgeschriebenen aus der Kombination heraus oder verlassen Pferd und/oder Reiter die Kombination infolge eines Sturzes, erfolgt Ausschluss des Teilnehmers.

Von **In-and-Outs** spricht man, wenn zwei Hindernisse in so kleinem Abstand voneinander stehen, dass das Pferd dazwischen keinen Galoppsprung macht, sondern sofort nach dem Landen wieder abspringt.

Beim Springen über passend aufgebaute *Reihen* (meist von mehr als drei Hindernissen) brauchen sich Reiter und Pferd nach dem Anreiten (vorzugsweise im Trab) des ersten (kleinen) Hindernisses nicht mehr auf das Anreiten zu konzentrieren und können Rhythmus, Geschmeidigkeit und Geschicklichkeit in der Bewegung zwischen und über den Sprüngen üben bzw. genießen.

Wegen der unterschiedlichen Anforderungen ist neben den Abständen auch zu berücksichtigen, wie und in welcher Reihenfolge Steilsprünge, Hochweitsprünge und Carree-Oxer hintereinander kombiniert werden. So wird z.B. das flüssige Gehen unterstützt, wenn in einer zweifachen Kombination der Steilsprung vor dem Oxer und in einer dreifachen Kombination zuerst zwei Galoppsprünge und erst zwischen dem zweiten und dritten Hindernis ein Galoppsprung verlangt werden.

Bei der Aufgabenstellung ist immer zu bedenken: Die Zahl der bei der Ausbildung verfügbaren Sprünge ist wegen der begrenzten Belastbarkeit der Pferdebeine beschränkt. Deshalb ist mit den verfügbaren Sprüngen haushälterisch umzugehen. Dies und die Vermeidung schlechter Erfahrungen für das Pferd als »Muss« verlangen – mehr als bei der Dressurarbeit mit der dort sehr viel höheren Wiederholhäufigkeit der Übungen und dem geringeren Risiko zu schlechten Erfahrungen – ein ausgesprochen planvolles Vorgehen. Der Ausbilder/Reiter sollte also im Grunde vor jedem Sprung überlegen, wozu gerade dieser Sprung dienen soll, und die Übung möglichst risikoarm entsprechend der Mittel-Zweck-Relation gestalten.

Zweck	Mittel
Vertrauen des Pferdes	langsame Steigerung: Aufbau (einladend – unfreundlich, schmal – breit, voll – leer)

Zweck	Mittel
Vertrauen des Pferdes	Höhe (niedrig – hoch)
	Oxer-Tiefe (eng – weit)
	Gewöhnung (Zeigen – ggf. Führpferd – aus enger Wendung und damit fast überraschend)
	Gangart (Trab – Galopp)
	Tempo (ruhig – schnell)
	Distanz passend (eher eng – weit)
Trittsicherheit	Boden (Sand – Wiese; eben – uneben; hart – weich; trocken – nass)
	Wendungen (weit – eng)
	Gelände (eben – wellig)
	Bodenstangen – Bodenricks
Kondition	allmähliche Verlängerung der Reprisen
	Ausdauertraining (lange Reprisen in ruhigem Grundtempo: Schritt, auch Führmaschine, Trab, Galopp)
	Intervalltraining (Sprints, Klettern)
	kleine Reihen – einzelne Sprünge – ganzer Parcours – Geländeritt
Sprung- und Schnellkraft	kraftvolles Abspringen aus ruhigem Tempo (aus dem Trab, aus der Wendung)
	In-and-Outs
	langsame Steigerung (Weite, Höhe)
Taxiervermögen	Verändern, allmähliches Weglassen der Absprungerleichterungen
	Verändern der Distanzen
	»luftiger« Bauen, ggf. einzelne Stangen in »einsamer« Höhe
Bascule (Hergabe des Rückens durch Aufwölbung und Dehnung aus dem Widerrist heraus)	Reihen mit eher engen Abständen
	Springen von (kleinen) Oxern aus dem Trab
Vorderbeintechnik	engere Distanzen
	Steilsprünge
Hinterbeintechnik	Kräftigung der Rückenmuskulatur (Zügel-aus-der-Hand-kauen-Lassen; Bergauf- und Bergabreiten; Klettern; Bodenrickarbeit)
	aus ruhigem Tempo
	leichte Hochweitsprünge
	In-and-Outs
Sauberkeit (Vermeidung von Springfehlern)	Bascule, Vorder- und Hinterbeintechnik
	richtigen Absprung treffen
	Touchieren (beachte LPO!)

Zweck	Mittel	Zweck	Mittel
Aufmerksamkeit und Reaktionsvermögen	kurze, konzentrierte Übungen (keine Überbeanspruchung, Ermüdung) Hindernismaterial wechseln	Aufmerksamkeit und Reaktionsvermögen	Distanzen, Höhe, Weite verändern Halle, Außenplatz, Gelände wechseln auf fremden Plätzen üben

3.3 Vorbereitung für das Springen

Zum Heranführen junger Pferde an die Springaufgaben und im späteren Training nutzt man Freispringen, Springen an der Hand (umstritten), Arbeit über Bodenstangen und Cavaletti sowie Gymnastikreihen.

3.3.1 Freispringen

3.3.1.1 Definition

Beim Freispringen überwindet das Pferd ohne Reiter und ohne Führung (z.B. durch eine Longe) Hindernisse auf einer durch geeignete seitliche Begrenzungen vorgegebenen Bahn. Das Freispringen hat seine wesentliche Bedeutung in der Grundausbildung des Pferdes. Beim ausgebildeten Pferd dient es vor allem der Abwechslung in der Arbeit, der Förderung der Springfreude und der Gymnastizierung, bedingt auch der Korrektur von Fehlern (bei Pferden, die sich nicht fliegen lassen, die nicht mittaxieren oder bereits verdorben ängstlich/heftig vor dem häufig einplumpsenden Reitergewicht zu fliehen versuchen). Die Korrekturwirkung des Freispringens kann, so sie überhaupt erzielbar ist, nachhaltig natürlich nur dann sein, wenn auch beim Springen unter dem Reiter zweckmäßig gearbeitet wird.

3.3.1.2 Voraussetzungen

Ausrüstung des Pferdes mit Halfter (Trense: mit um den Hals geschlungenen Zügeln, gesattelt: Steigbügel entfernt oder z.B. mit einem Übergurt gut befestigt), Gamaschen und Sprungglocken. Das relativ lose Halfter birgt eine gewisse Unfallgefahr (Hängenbleiben) und sollte wo möglich weggelassen werden. Erforderlichenfalls eine Decke für den Weg.
Geschlossene Springbahn, freundliche Hindernisse (bzw. passende Hindernisfolgen); Bande, Fänge oder Couloir als durchlaufende Abgrenzung beiderseits der Hindernisse, um den Pferden den Weg über die Hindernisse zu weisen; Belohnungseimer (Haferschwinge) und Platz zum Einfangen des Pferdes.
Üblicherweise sind in der Bahn ein erfahrener Ausbilder (Peitschenführer, am Hindernis) und (vor allem bei unerfahrenen Pferden) zwei Gehilfen, einer zum Anführen des Pferdes auf das Hindernis zu und einer zum Einfangen und Belohnen des Pferdes nach dem Hindernis bzw. bei freier Bewegung in der (20 × 40 m) Bahn jeweils etwa in der Zirkelmitte, um dem Pferd den Weg zu weisen.

a beim Pferd	b beim Ausbilder
Anfängliche Gewöhnung an die Arbeit mit dem Menschen.	Der Ausbilder hat genügend Kenntnisse und Einfühlungsvermögen, um Charakter und Veranlagung, Ausbildungsstand und aktuelle Verfassung des Pferdes so zu würdigen, dass er das Freispringen situativ richtig und zielführend gestalten kann.

3.3.1.3 Zielsetzungen

a für das Pferd	b für den Ausbilder
Fördern der natürlichen Bewegung und insbesondere des natürlichen Gleichgewichts im Galopp.	Beobachten und Verstehen des »ungestörten« Pferdes in der Bewegung und seiner Springveranlagung bzw. seiner Stärken und Schwächen am und über dem Sprung.
Fördern des Selbstbewusstseins und des Vertrauens in die Umgebung bei langsamer Steigerung der Anforderungen (von Woche zu Woche).	
Förderung des Vertrauens in die Arbeit mit dem Menschen und der Bereitschaft zur Mitarbeit.	
Förderung der Freude am Springen, der Aufmerksamkeit und des Reaktionsvermögens, insbesondere bei unselbstständigen, bedächtigen Pferden.	Abwechslung im Trainingsablauf – einmal nicht reiten müssen?
Förderung bzw. Korrektur des Taxiervermögens, der Beintechnik. Springen ohne Reitergewicht und ohne »Störung« durch den Reiter.	Gezielter Aufbau, spezifische Distanzen, Gymnastikreihen

3.3.1.4 Ausführung

Das Pferd betritt gelassen die Springbahn (Halle), wartet geduldig, bis der Führer den Führzügel gelöst hat und das Pferd in die Selbstständigkeit entlässt.	Evtl. anfängliche Belohnung (Hafer aus der Schwinge), um das Pferd zunächst zu ruhigem Verweilen zu veranlassen und ihm gleich zu zeigen, von wem es sich nach dem Sprung einfangen lassen soll.
Freies Herumlaufen, um Vertrauen in die Umgebung zu gewinnen. Traben, ggf. auch Bocken, zur Lösung und zum Aufwärmen.	Ruhe und Zeit, nur erforderlichenfalls beruhigende oder aufmunternde Einflussnahme.
Ein einzelnes kleines und sehr einladendes Hindernis, möglichst mit einer Absprunghilfe (Stange, kleines Kreuz oder Cavaletti) etwa 7 m davor.	Ruhiges Zeigen des Hindernisses; Heranführen in zügigem, aber ruhigem Trab, behutsames Loslassen, angemessenes Treiben (Stimme, Peitsche zeigen etc.)
Das Pferd meistert die gestellten Aufgaben in natürlicher Balance, macht sich die Abstände eher durch ein Ausgleichen nach vorn passend und springt mit guter Bascule (Widerrist ist im Scheitelpunkt der Sprungparabel der höchste Punkt). Mit zunehmender Gewöhnung wird das Pferd die Aufgaben immer selbstständiger lösen.	Variation und sehr allmähliche Steigerung der Anforderungen (Höhe, Weite, Art der Sprünge wie Steilsprung, Oxer, Triplebarre und der Distanzen in der Gymnastikreihe) auf beiden Händen (z.B. Handwechsel von Woche zu Woche). Anführen und Einfangen werden in geschlossener Bahn überflüssig. Der Peitschenführer wird nur noch die Hindernisse/die Reihe mit der Peitsche (anfangs während des Aufwärmens und dann zum Umbau) »sperren« bzw. freigeben müssen.

Das Pferd beendet die Arbeit mit einem angenehmen Erlebnis und ist dankbar für die erhaltene Belohnung.	Zum Schluss ggf. Reduzierung der Anforderungen auf ein für das Pferd sehr bequemes Niveau, Aufhören mit einem guten Ergebnis und berechtigtem Lob.
Das Pferd kehrt zufrieden, ruhig und trocken in den Stall zurück.	Ggf. abschließendes Führen, bis das Pferd in den Stall gebracht werden kann.

3.3.1.5 Fehler und Abhilfe

Verletzungsgefahr durch schlecht geschlossene Ausgänge, unverdeckte Spiegel, gefährliche Hindernisse (insbesondere unbenötigte, leere Auflagen oberhalb der obersten Stange).	Frühzeitig den Pferdeverstand einschalten.
Unruhe, Lärm, Ungeduld, Ungeschicklichkeit beim Anführen des Pferdes gegen das Hindernis, nicht rechtzeitiges Loslassen, unnötiger und unsachgemäßer Einsatz der Peitsche.	s.o.
Unfairer Aufbau (unpassende Distanzen, zu viel Holz, Farbe und Formen).	s.o.
Überforderung (zu hoch, zu weit) und Überbelastung der Beine und des Kreislaufs (zu viele Sprünge, zu lange in schneller Bewegung oder in Aufregung).	Den blödsinnigen Ehrgeiz lassen, denn für Höhenrekorde ohne Reiter gibt es keine Medaillen, allenfalls hohe Kaufpreise von unerfahrenen Käufern.
Langeweile (immer gleiche Sprünge, gleiche Hand).	Als Profi den Beruf oder als Amateur den Sport wechseln.
Pferd stürmt gegen die Hindernisse.	Ausführliches Bewegen vor dem Springen.
Tempo zu schnell, Sprünge zu flach, Sprünge unterlaufen.	Ruhiges Anführen, springen lassen, einfangen, loben, ruhiges Anführen …
In Kombinationen ein Galoppsprung zu wenig.	Zuerst nur einzelne Hindernisse (kurz, ca. 10–15 m hinter der zweiten Ecke einer kurzen Seite) und erst nach Beruhigung/»Ermüdung« Distanzen verlangen.
Tempo zu langsam.	Aufmunternde Hilfen (Stimme, Peitsche).
Pferd wird vor den Sprüngen langsamer, landet im Sprung.	Hindernis nicht kurz nach der Ecke, sondern Mitte der langen Seite.
In Kombinationen ein Galoppsprung zu viel.	Reihen mit von Hindernis zu Hindernis weiter werdenden Distanzen.

Beim Freispringen gilt Safety First: Ecken mit Stangen abrunden und mit geeignetem Material, z.B. Fängen, den Weg für das Pferd möglichst präzise vorschreiben.
Bei dem Aufbau auf der nächsten Seite macht eine Taktstange das Pferd aufmerksam, ein Cavaletti definiert die richtige Distanz zum leichten Steilsprung (möglichst ein Couvert), von dem aus dann die Distanz zum schwierigsten Sprung, einem Oxer, passen müsste.

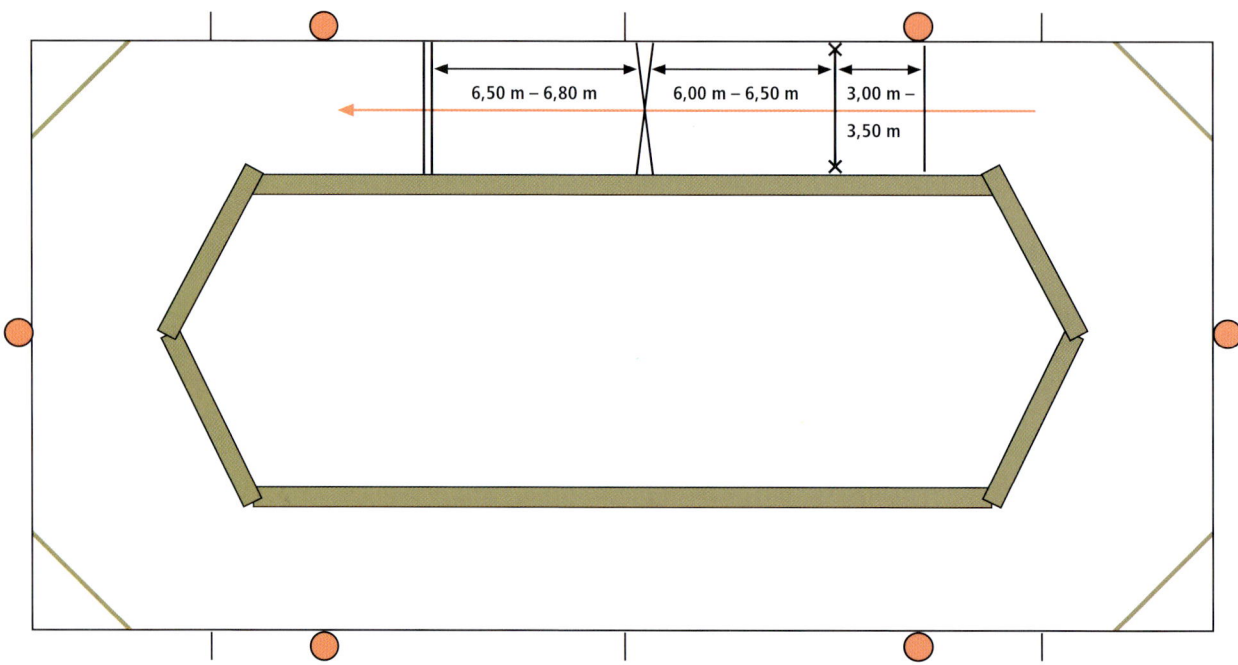

Bei einem Pferd, das laurig geht, den Absprung zu nahe am Hindernis sucht (den Sprung unterläuft) und verweigert oder Vorhandfehler macht, eine Reihe mit sich verlängernden Galoppsprüngen bauen. Den abschließenden Steilsprung erst später hinzufügen und dabei die Distanz langsam verlängern, ggf. mit Stimme aufmuntern.

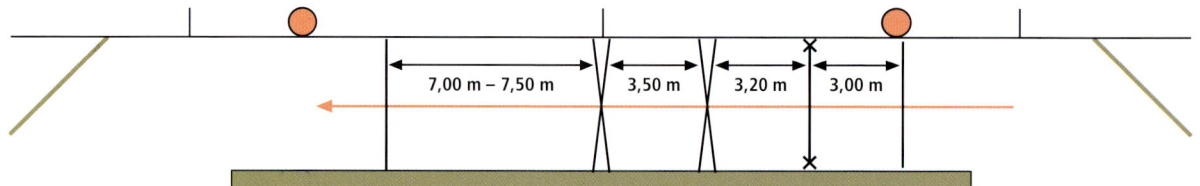

Bei einem Pferd, das den Absprung zu früh/zu groß wählt und dabei zu Hinterhandfehlern neigt, eine Reihe mit sich verkürzenden Abständen bauen. Den abschließenden Oxer zunächst weiter stellen und dann die Distanz (z.B. durch Verbreitern des Oxers durch Vorziehen der vorderen Stange) langsam verkürzen.

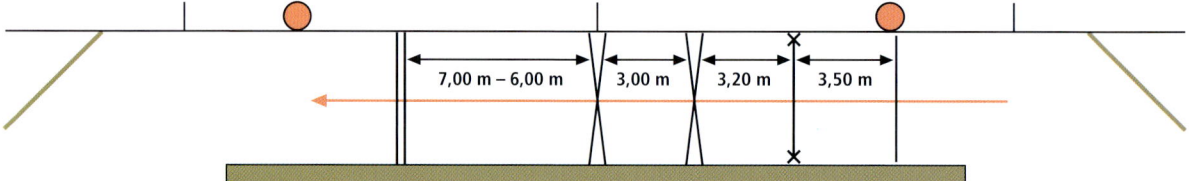

3.3.2 Springen an der Hand

3.3.2.1 Definition

Unter Springen an der Hand versteht man in erster Linie das Longieren über ein einzelnes Hindernis. Das Springen ist umstritten, weil die Pferde tendenziell ohne Rücken springen, wenn z.B. ohne ausreichendes Lösen die Pferde stürmen und der Longenführer an der Longe ziehen muss.

3.3.2.2 Voraussetzungen

a beim Pferd	b beim Ausbilder
Das Pferd sollte insbesondere mit Kappzaum (die Longe darf nicht am Gebiss befestigt werden), erforderlichenfalls beweglichem Hilfszügel (Gogue, dann ggf. die Longe im englischen Reithalfter einhängen) und immer mit Beinschutz (Gamaschen, Sprungglocken) richtig ausgerüstet sein.	Der Ausbilder muss den Platz (am besten die beiden Zirkel einer 20 × 40-Halle) zum abwechselnden Longieren mit und ohne Sprung gut vorbereitet haben. Der Sprung sollte an seiner Außenseite einen Fang haben bzw. an der Bande angelehnt sein. Er muss so gebaut sein, dass die Longe nicht hängen bleiben kann.
Da das Springen auf dem Kreisbogen eine einseitige und damit besondere Belastung (insbesondere innerer Hinterfuß im Absprung) bedeutet, muss der Bewegungsapparat hinreichend gekräftigt sein.	Der Ausbilder muss die besondere/einseitige Belastung des Pferdes richtig einschätzen können und diese Arbeit gezielt und dosiert einsetzen.
Das Pferd sollte die disziplinierte Arbeit an der Longe, insbesondere auch das »Verlegen« des Longierzirkels, gut beherrschen.	Der Longenführer muss gut longieren können. Er sollte gewöhnt sein, den Longierzirkel durch einige Schritte parallel zum Pferd so zu verlegen, dass dies ohne Verlust der Anlehnung (ohne Durchhängen der Longe) möglich ist.
Das Pferd sollte durch vorausgehendes Spazierengehen (mit Führzügel, Longe) über Stangen oder Bodenunebenheiten und kleine Gräben im Gelände an die Arbeit/das »Springen« an der Hand gewöhnt sein.	
Bevor in einer Stunde mit der Galopparbeit an der Longe und dem Springen begonnen wird, muss das Pferd in Schritt und Trab ausreichend gelöst sein.	Als Voraussetzung für das Springen im Galopp an der Longe nennt Gogue (einer der wenigen Befürworter), dass das Pferd die Versammlung im Galopp auf der Volte beherrscht.[8]

3.3.2.3 Zielsetzungen

a für das Pferd	b für den Ausbilder
Selbstständiges Springen durch das (junge) Pferd. Gegenüber dem Freispringen lernt das Pferd beim Springen an der Hand eher, ruhig und gewandt zu springen, und gewöhnt sich an, das Hindernis genau zu betrachten.[9]	Wenn der Ausbilder sein Pferd insgesamt gerne, viel und gut an der Hand ausbildet, dann ist das Springen an der Hand auch ein konsequenter und relativ chancenreicher erster Schritt zur Springausbildung. Aber nur dann!
Korrigierende Gymnastizierung bei einseitiger Steifheit (des Sprunggelenkes) durch Springen auf dem Zirkel (das innere Hinterbein des gebogenen Pferdes muss zum Absprung stärker untergeschoben werden und im Absprung den überwiegenden Teil der Last tragen).	Das Pferd tut sich ohne Reitergewicht zwar leichter (Vorteil), aber gerade bei der Korrekturarbeit ist auch mit Widersetzlichkeit und Unruhe zu rechnen, die an der Hand schwerer zu beherrschen sind als unter dem Reiter (Nachteil).

---

8) vgl. Gogue, R., Die Arbeit an der Longe, 2. Auflage, Berlin und Hamburg, 1988, S. 91 f.
9) vgl. Gogue, R., a.a.O., S. 82 f.

a für das Pferd	b für den Ausbilder
Korrektur von Vorhandfehlern durch Springen auf dem Zirkel (das innere Vorderbein des gebogenen Pferdes kommt früher an die Stange und muss höher angewinkelt werden, wenn das Pferd ein Anschlagen vermeiden will).	s.o.

3.3.2.4 Ausführung

Das Pferd tritt, an der Longe geführt, im Schritt über eine einzelne, am Boden liegende Stange (die möglichst quer zum Hufschlag an der Bande liegt).	Zunächst durch Anführen mit der Longe und später durch Verlegen des Longierzirkels wird das Pferd zum Überschreiten einer einzelnen Bodenstange angeregt.
Beim Longieren im Trab wird der Longierzirkel gelegentlich so zu der sonst etwas abseits liegenden (einzelnen) Stange verschoben, dass das Pferd über die Bodenstange trabt.	Durch Verlegen des Longierzirkels wird das Pferd zum Traben über eine einzelne Bodenstange angeregt.
Das Pferd trabt an der Longe über bis zu vier Bodenstangen im Abstand von 1,2–1,5 m (in der Mitte der Stangen gemessen).	Der Ausbilder erhöht langsam die Zahl der Bodenstangen, indem er jeweils eine hinzufügt.
Das Pferd trabt an der Longe über bis zu drei Bodenricks (maximale Höhe 0,25 m).	Der Ausbilder ersetzt sukzessive die Bodenstangen (bei der letzten in der Reihe beginnend) durch Bodenricks.
Springen eines einzelnen Hindernisses, zunächst ausschließlich aus dem Trab.	Durch Verlegen des Longierzirkels wird das Pferd zum Springen über ein einzelnes Hindernis angeregt. Ausschließlich aus dem Trab. Zunächst einzelne Stange, Höhe max. 50 cm, später alle Arten von Hindernissen.
Springarbeit im Galopp (s. Trab).	Der Ausbilder hat als Voraussetzung gesichert: versammelter Galopp auf der Volte und ruhiges und diszipliniertes Arbeiten des Pferdes an der Hand. Zunächst: Galopp auf der Volte (z.B. in der Ecke der Bahn), durch Verlegen der Volte an den Sprung (an der Bande in der Mitte der kurzen Seite) heranführen.

3.3.2.5 Fehler und Abhilfe

Die Longe ist im Gebiss eingehakt, der Longenführer kommt insbesondere beim Landen nicht mit und gibt einen (rückwärts wirkenden, vom Pferd als Strafe empfundenen) Ruck ins Maul.	Pferd erst an das Hindernis heranführen, wenn die Voraussetzungen gesichert sind und ein diszipliniertes Überwinden mit großer Wahrscheinlichkeit zu erwarten ist. Weich mitgehen, Longe nicht im Gebiss, sondern am Kappzaum oder im Reithalfter einhängen.

Der Ausbilder lässt sein Pferd längere Zeit auf dem Zirkel immer wieder über den gleichen Sprung gehen und verschleißt es unnötig.	Hirn einschalten!
Das Pferd verweigert hartnäckig, wird hektisch etc.	Gogue [10] lesen und den Rat für den mühsamen und langwierigen Weg beherzigen. Von vorn anfangen oder das Springen an der Hand lassen.

3.3.3 Arbeit über Bodenstangen und Bodenricks (Cavaletti)

3.3.3.1 Definition

Bei dieser Arbeit lässt man das Pferd frei, an der Hand (Longe) oder unter dem Reiter über mehrere (am Boden liegende) Stangen oder Bodenricks im Schritt oder Trab treten bzw. im Galopp springen, wodurch das Pferd in der Fußfolge der drei natürlichen Gangarten durch Abstand und Höhe der Stangen in kontrollierten Bewegungsabläufen gezwungen wird, höher als gewöhnlich abzufußen und dadurch auch fester und bestimmter wieder auf dem Boden aufzusetzen.

Abstand zwischen den Stangen (Wiederholungen):

im Schritt: 0,80 – 1,10 m

im Trab: 1,20 – 1,50 m (zunächst drei Ricks, dann auf bis zu fünf Ricks steigern)

im Galopp: 3,00 – 4,00 m (drei Ricks genügen, maximal zehnmal durchreiten)

Dauer: Auch beim trainierten Pferd sind zehn Minuten viel!

3.3.3.2 Voraussetzungen

Material: Stangen dick (Aufmerksamkeit erregend), rund (beim Anstoßen Verletzungen vermeidend) und hart (splittersicher). Günstigste Länge 2–4 m (bei längeren Stangen ist es schwieriger, die Pferde mittig gerade gehen zu lassen). Als »Ständer« haben sich Kreuze bewährt (durch Drehen verstellbare Höhe von 15 cm über 30 cm bis 50 cm). Stangen haben den Nachteil der niedrigen Höhe und des Wegrollens beim Anstoßen oder (gefährlicher) beim Darauftreten. Der Boden muss eben (ohne Löcher) sein und sollte federnd, nicht zu tief und nicht rutschig sein. Die Beine des Pferdes sollten durch Gamaschen oder Bandagen, ggf. auch durch Sprungglocken, geschützt sein.

a beim Pferd	b beim Reiter
Das Pferd sollte anfänglich ausreichend gelöst sein (Freilaufen, Reiten ohne Bodenricks).	Hinreichend gefestigter leichter Sitz.

3.3.3.3 Zielsetzungen

a für das Pferd	b für den Reiter
Kräftigung der Muskeln.	Freude an der »besonderen« Aufgabe.
Lockerung der Muskeln, insbesondere der Rückenmuskulatur, wenn mit tiefer Halseinstellung über die Cavalettis geritten wird.	Geschmeidiges Eingehen in die Bewegung des Pferdes nach vorn (Nachgeben der Hände), um dem Pferd das Ausbalancieren zu ermöglichen.

---

10) Gogue, René: Die Arbeit an der Longe, 2. Auflage, Berlin und Hamburg, 1988

a für das Pferd	b für den Reiter
Trittsicherheit und Ausbalancieren unter dem Reitergewicht.	Unabhängiger (leichter) Sitz.
Dressurmäßige Förderung der Grundgangarten Schritt und Trab (Takt).	Gefühl für den schwingenden Pferderücken.
Aufmerksamkeit (Intelligenz) und Taxieren, selbstständiges Lösen von Aufgaben.	Blick für die Distanz.
Vertrautheit mit »Hindernissen« (Ruhe und Gelassenheit).	Vertrautheit mit »Hindernissen« (Ruhe und Gelassenheit).

3.3.3.4 Ausführung

Das Grundtempo bleibt vor, über und nach den Bodenricks gleichmäßig. Das Pferd schreitet, trabt oder galoppiert über die Bodenricks, wölbt dabei den Rücken leicht dem Reiter entgegen und dehnt den Hals als Balancierstange leicht vorwärts-abwärts.	Bestimmtes, aber über den Stangen eher passives Geradeausreiten, Vorwärtsreiten. Blick nach vorn, über das letzte Cavaletti gerichtet. Zumindest über den Bodenricks leichter Sitz zur Entlastung des Rückens, erhöhten Schwung durch federnde Hüft-, Knie- und Fußgelenke abfangen. Mit dem Oberkörper in die Bewegung des Pferdes eingehen, um mit tiefen Händen dem Pferd die vorübergehend tiefere Halseinstellung zu ermöglichen. Nach den Bodenricks Oberkörper aufrichten und ggf. leichttraben oder weich einsitzen.

3.3.3.5 Fehler und Abhilfe

Taktverlust beim Übergang vom Leichttraben zum leichten Sitz vor den Cavalettis.	Der Übergang zum leichten Sitz fällt aus dem Aussitzen leichter als aus dem Leichttraben; ggf. lieber im Leichttraben über die Bodenstangen.
Leichttraben mit deutlichem Einsitzen.	Zum Leichttraben über Bodenricks gibt es unterschiedliche Auffassungen. Zu vermeiden ist sicher ein Einsitzen (deutliches Berühren des Sattels mit dem Gesäß) und die damit verbundene Beeinträchtigung des freien Spiels der Rückenmuskulatur des Pferdes. Im Zweifelsfall vorzuziehen ist ein deutlicher leichter Sitz über den Bodenricks im Schritt, Trab und Galopp.
Das Pferd kommt im Trab über den Cavalettis »ins Laufen«.	Tempo regulieren; Bodenstangen/Cavalettis auf gebogener Linie (z.B. auf dem Zirkel) reiten, bis Ruhe bewahrt wird.

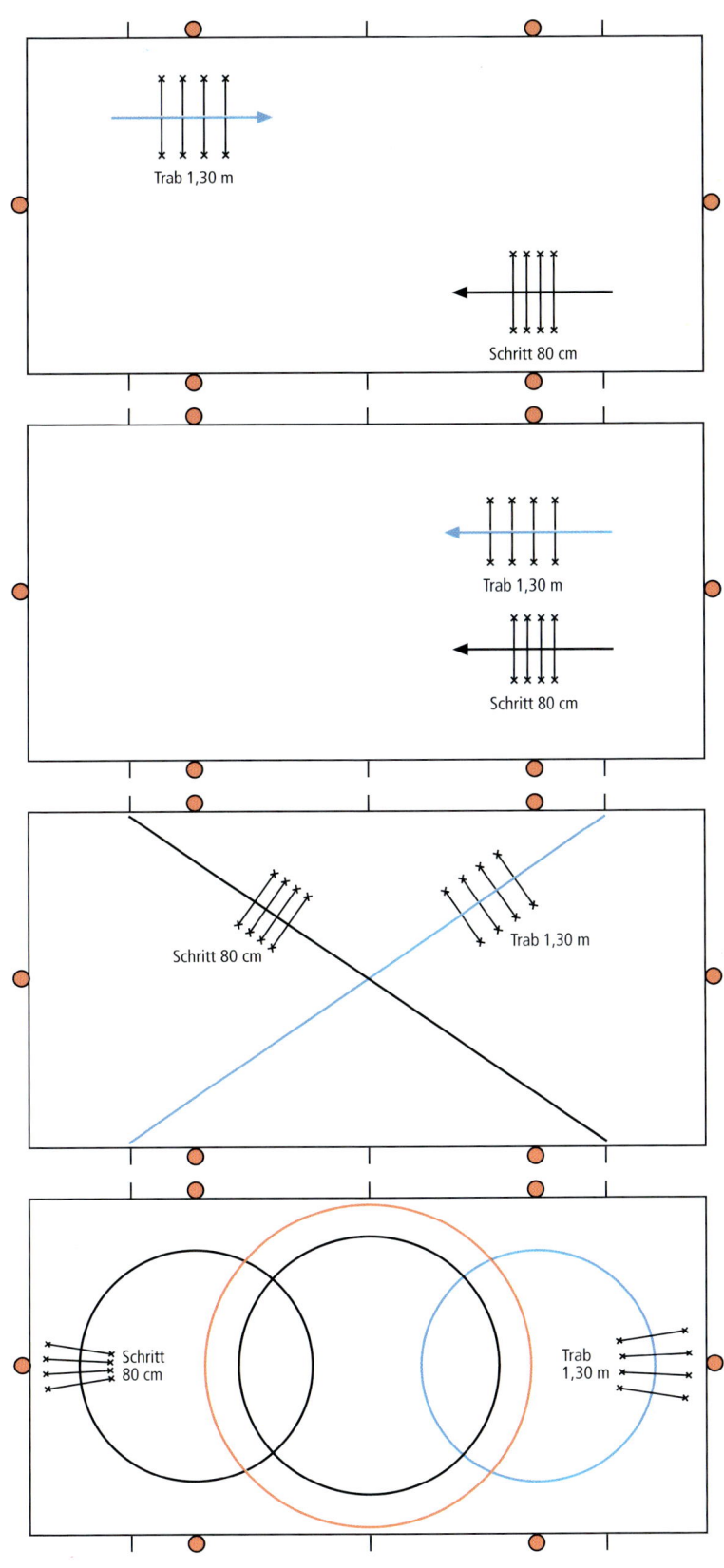

Alternativer Cavaletti-Aufbau für Schritt und Trab

Der Cavaletti-Aufbau sollte so erfolgen, dass das Reiten anderer Hufschlagfiguren möglich bleibt und Stangengegner, die die Halle mitbenutzen, möglichst wenig inkommodiert werden.

Das abwechselnde Reiten von Cavalettis im Schritt und Trab erzieht das Pferd zur Aufmerksamkeit.

Abstand zwischen den Stangen (Wiederholungen):
- im Schritt: 0,80–1,10 m
- im Trab: 1,20–1,50 m (zunächst drei Ricks, dann auf bis zu fünf Ricks steigern)
- im Galopp: 3,00–4,00 m (drei Ricks genügen, maximal zehnmal durchreiten).

Cavaletti-Variationen im Schritt und im Trab

Schritt: ca. 80 cm von Stange zu Stange

Verändern sollte man immer zuerst das letzte Cavaletti der Reihe.

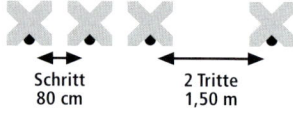

Für eine Veränderung kann man z.B. das letzte Cavaletti einer Reihe auf einen Abstand von 1,50 m wegziehen und damit den Abstand auf zwei Tritte vergrößern.

Die Höhe sollte man im Schritt nur wenig verändern (durch Drehen des Cavalettis), damit der Takt erhalten bleibt.

Trab: ca. 1,30 m von Stange zu Stange

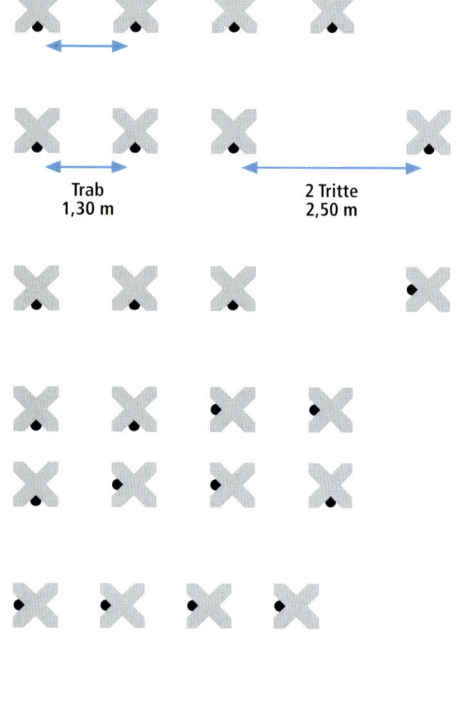

Beim jungen Pferd sollte man die Veränderung der Höhe auch im Trab nur vorsichtig einsetzen.

Reifere Pferde kann man dann hinsichtlich der Aufmerksamkeit und Beanspruchung (über halbhochgestellte Cavalettis) stärker fordern.

Schließlich kann man Dressurpferde aussitzen, im versammelten Tempo die Abstände (auf ca. 1,10 m) verkürzen und über halbhohe Cavalettis (bis maximal 35 cm) die »Aktion« verbessern.

Durch ein Verlängern der Abstände (nur auf der Geraden und allmählich auf bis zu 1,50 m) kann man das Pferd auch zu einem stärkeren Ausgreifen im Mitteltrab veranlassen. (Starker Trab sollte wegen der Verletzungsgefahr über Cavalettis nicht geritten werden.)

Cavaletti-Variationen im Galopp

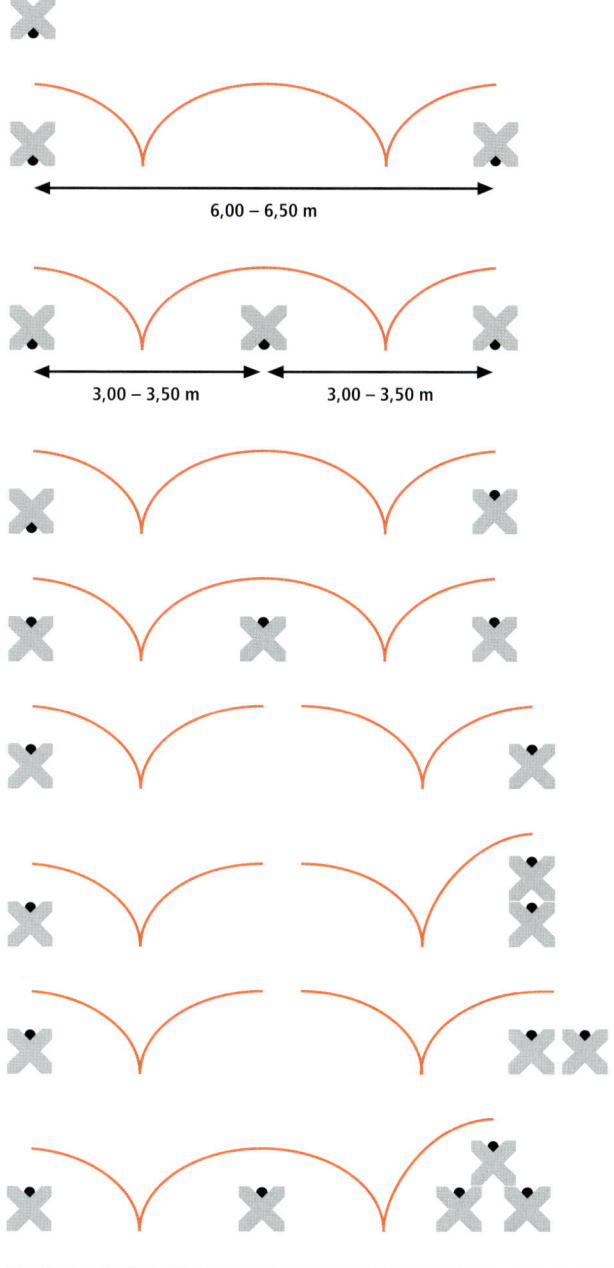

Verändern sollte man immer zuerst das letzte Cavaletti der Reihe.

Das Ziel ist ruhiges Galoppieren über die Stangen. Deshalb beginnt man beim jungen Pferd zunächst mit einer Bodenstange.

Zur ersten Steigerung legt man mit einem Abstand von 6,00 – 6,50 m eine zweite Bodenstange. Dabei macht das Pferd je einen Galoppsprung über jede Stange und einen Galoppsprung zwischen den Stangen.

Wenn das Pferd in Ruhe diese Anforderungen bewältigt, kann man die Distanz auf 3,00 – 3,50 m verkürzen (In-and-Out).

Überwindet das Pferd die Bodenstangen ruhig und flüssig, werden allmählich die Anforderungen auf volle Cavalettihöhe gesteigert.

Jetzt sollte das Pferd mit den Cavalettis keine Probleme mehr haben. Abwechslung in den Distanzen, Höhen und Kombinationen bilden den Übergang zum Springen leichter Reihen.

Dabei kommt es zunächst auf flüssiges Vorwärts (bei komfortabel weiten Distanzen von z.B. 6,50 m) an.

Später werden die Distanzen verkürzt und dabei durch ruhige Gymnastik Kraft, Technik und Geschicklichkeit gefördert.

Warnhinweis: Die graphischen Darstellungen in diesem Buch zeigen Cavalettis alter Bauform, wobei die Stange fest mit dem Kreuz verbunden ist. Diese Bauform birgt erhebliche Risiken, insbesondere dann, wenn solche Cavalettis aufeinander gestellt werden. Nach Möglichkeit deshalb neuere Bauformen mit loser Stange bzw. statt aufeinander gestellter Cavalettis Ständer und Stangen benutzen.

3.3.4   Gymnastikreihen

3.3.4.1   Definition

Gymnastikreihen sind Folgen relativ niedriger Hindernisse, wobei nach einem ersten (niedrigen, meist aus dem Trab gesprungenen) Taxierhindernis für den sicheren Einsprung die weiteren Hindernisse in passenden Abständen (In-and-Out, ein oder zwei Galoppsprünge) angeordnet sind.

3.3.4.2   Voraussetzungen

a beim Pferd	b beim Reiter
Das Pferd hat gelernt, willig und ruhig über Bodenstangen und Cavalettis zu gehen.	Hinreichend gefestigter leichter Sitz und Hilfengebung.
Das Pferd geht nach lösenden Übungen und dressurmäßiger Arbeit (Abreiten) willig und zuverlässig an den Hilfen.	Gefühl für die Belastbarkeit des Pferdes (und das rechtzeitige Aufhören nach erfolgreicher Arbeit vor der Ermüdung/Überanstrengung des Pferdes).

3.3.4.3   Zielsetzungen

a für das Pferd	b für den Reiter
Vertrauen zum Springen (geringes Fehlerrisiko, da in der Reihe ohne Taxierprobleme).	Vervollkommnung des Springsitzes (z.B. auch durch Springen mit in die Hüften gestemmten oder hinter dem Rücken verschränkten Armen bei über dem Hals verknoteten Zügeln).
Förderung der Freude am Springen, der Aufmerksamkeit und des Reaktionsvermögens.	Gewöhnung an höhere und weitere Sprünge (ohne Taxierprobleme bei in der Reihe passenden Distanzen).
Förderung bzw. Korrektur des Taxiervermögens, der Beintechnik. Springen bei nur geringer Einwirkung/»Störung« durch den Reiter.	Gezielter Aufbau, spezifische Distanzen. Verbesserung des Taxiervermögens durch allmähliche Verlängerung der Distanz auf zwei, drei und mehr Galoppsprünge am Ende der Reihe.

3.3.4.4   Ausführung

Aus dem Trab (später auch aus dem Galopp) wird ein niedriges Hindernis (Couvert/Bodenrick Höhe ca. 50 cm) angeritten, über das man das Pferd einen (ersten) Galoppsprung machen und dann über das/die folgende/n Hindernis/se weitergaloppieren lässt.

Der Reiter reitet im Leichttraben/im leichten Sitz mittig und ausreichend frisch (im Arbeitstempo) gegen das erste Hindernis und sichert dann eher passiv in der Hilfengebung, dass das Pferd mit ausreichendem Vorwärts und mittig auf geradem Weg durch die Reihe geht.

3.3.4.5   Fehler und Abhilfe

Das Pferd trabt über das erste Hindernis.

Hindernis erhöhen, damit das Pferd abspringt und im Galopp weitergeritten werden kann.

Das Pferd geht das erste Hindernis nicht gerade und mittig an.	Als erstes Hindernis einen Couvertsprung aufbauen, der von Pferden eher mittig gesprungen wird.
Das (heftige) Pferd galoppiert vor dem ersten Hindernis an (mit der Folge, dass der auf ein Springen aus dem Trab ausgelegte Abstand zum nächsten Hindernis zu eng wird und nicht passt).	Gründlich abreiten, Pferd im Trab sicher an die Hilfen stellen. Taxierhindernis aus einer Wendung (Volte) anreiten. Ggf. drei Bodenstangen im Trababstand vor das Taxierhindernis legen.
Der Reiter bleibt hinter der Bewegung.	Anfangs in den Halsriemen/in das Martingal/an die Mähne fassen.
Der Reiter führt sein Pferd vorzeitig seitlich aus der Reihe heraus.	Außer in absoluten Notfällen sollte man niemals aus einer Reihe oder einer Kombination seitlich herausreiten, da sich das Pferd diesen (einfacheren) Weg schnell merkt. Reihen vom ersten zum letzten Sprung konzipieren, hintere Sprünge erst nach und nach aufbauen!

Der Übergang von der Cavalettiarbeit zur Gymnastikreihe

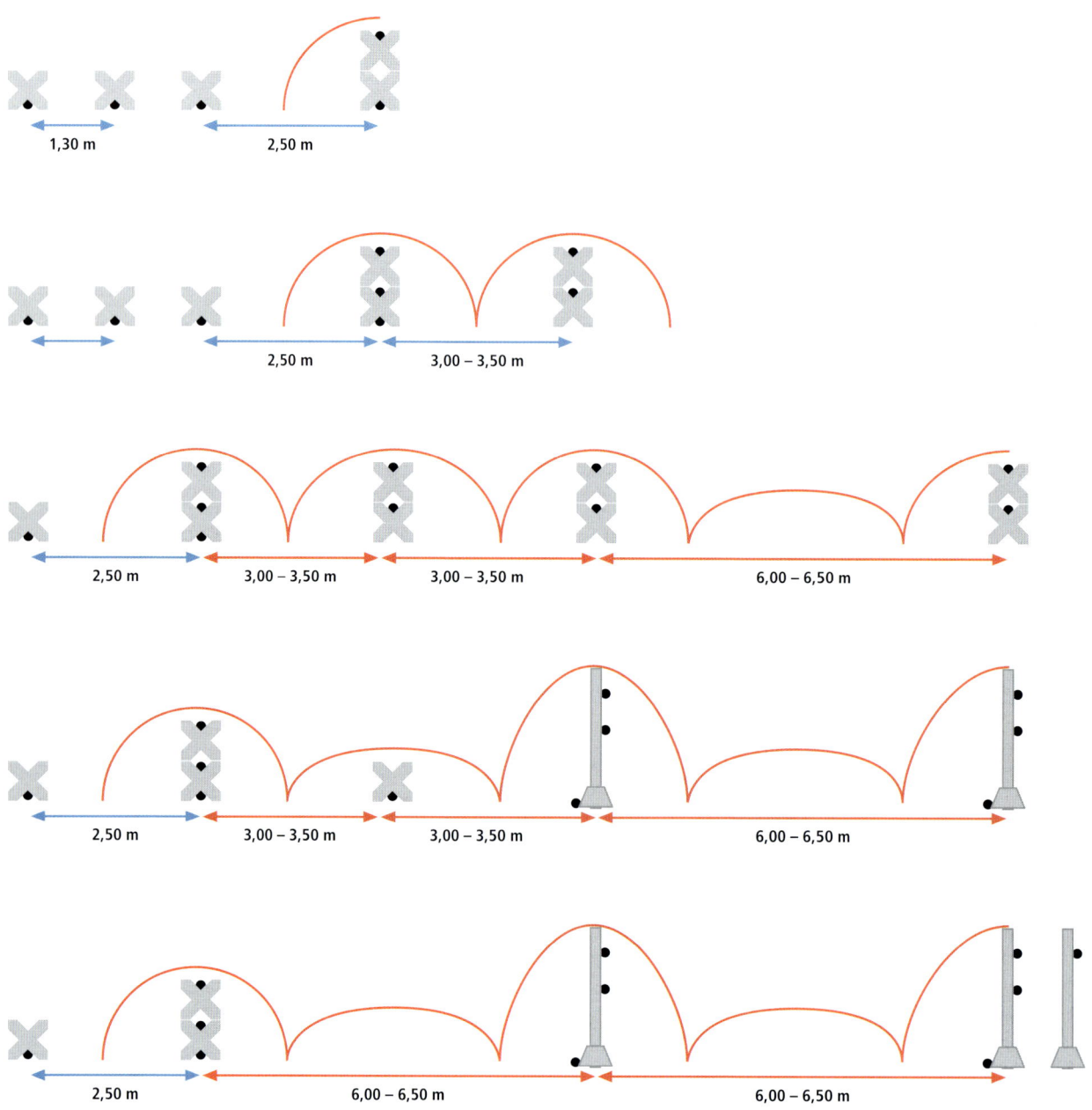

Die Anforderungen sollten langsam (von Woche zu Woche) gesteigert werden.

In jeder Stunde sollte zunächst leicht begonnen werden. Die Stangen für die Steilsprünge in der untersten Reihe können Sie z.B. für das dritte und vierte Durchreiten auflegen und für den sechsten Durchgang die Oxerstange hinzufügen.

Es ist günstig, bei steigenden Anforderungen an Höhe und Distanz das Hindernismaterial zunächst konstant zu halten. Aufeinander getürmte Cavaletti bergen allerdings ein Unfallrisiko und sollten nur bedingt eingesetzt werden.

Der Aufbau einer zielorientiert und leicht zu variierenden Gymnastikreihe

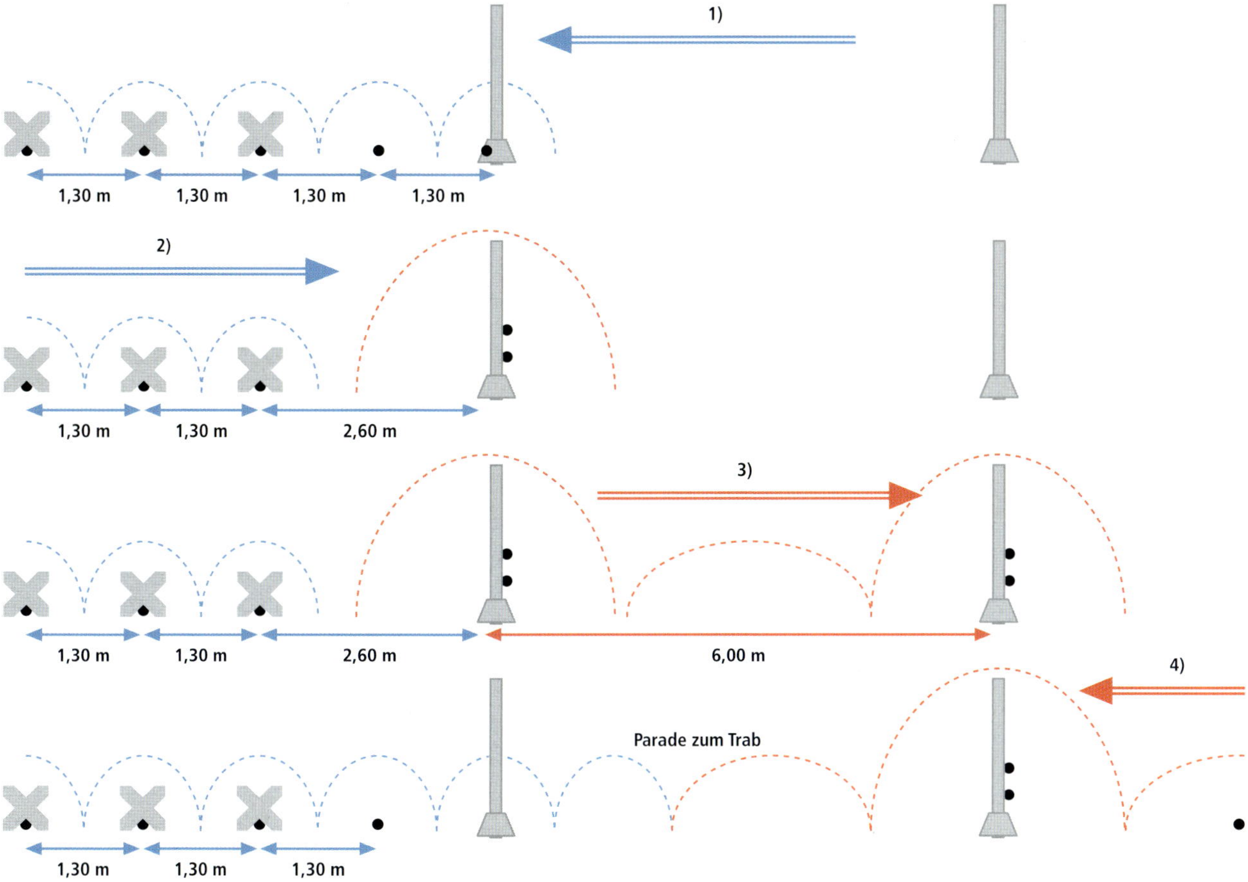

1)

1,30 m   1,30 m   1,30 m   1,30 m

2)

1,30 m   1,30 m   2,60 m

3)

1,30 m   1,30 m   2,60 m   6,00 m

4)

Parade zum Trab

1,30 m   1,30 m   1,30 m

In jeder Stunde sollte zunächst leicht begonnen werden. Es ist aber sinnvoll, sich vorher die Reihe im »Endausbau« der Stunde vorzustellen und vorzubereiten.

1 Sie beginnen mit Bodenstangen im Trab von rechts nach links.
2 Sie legen zwei bisher als Bodenstange genutzte Stangen auf den Ständer (z.B. als Couvert oder Steilsprung bis 50 cm) und reiten von links nach rechts im Trab über drei Bodenstangen mit anschließendem Steilsprung.
3 Sie nehmen zwei (bislang in Reserve gehaltene) Stangen und erweitern die Reihe um einen zweiten Steilsprung im Abstand von 6,00 m (ein Galoppsprung). Falls Ihr Pferd nun etwas heftig geworden ist (das kommt bei häufigem Durchreiten von Reihen vor), nehmen Sie nun noch die Übung 4 zur Korrektur.
4 Sie entfernen vom linken Steilsprung die Stangen (nehmen eine als vierte Bodenstange links und eine als Absprungerleichterung/Vorlegestange vor dem Steilsprung rechts). Sie reiten nun von rechts im Galopp über den Steilsprung und parieren sofort danach (möglichst sanft) zum Trab, um ordentlich über die Boden-stangen zu kommen. Beim zweiten oder dritten Durchgang wird das Pferd die Lektion begriffen haben, bereits ruhig gegen Steilsprung gehen und (fast) von allein zum Trab zurückkommen.

Abschließend sollten Sie zum Test noch einen leichten, einzeln stehenden Sprung reiten.

Warnhinweis: Falls Sie nicht sicher sind, Ihr Pferd direkt nach dem Sprung zum Trab parieren zu können, sollten Sie den Abstand zwischen den beiden Sprüngen von vornherein auf zwei Galoppsprünge auslegen, also 9–10 m. Sie haben dann bei Übung 4 einen längeren Bremsweg zur Verfügung.

3.4   Technisches Reiten

In Gymnastikreihen werden Pferd und Reiter durch das leichte Taxierhindernis als Einsprung und den »passenden« Aufbau der Reihe gleichsam »zwangsweise« richtig geführt. Eine reiterliche Einwirkung ist nur bedingt nötig. Dies wird anders, wenn Hindernisse einzeln anzureiten oder weiter voneinander entfernt sind. Hier ist reiterliche Einwirkung, ist »technisches Reiten« gefragt.

Reittechnische Einwirkung: Reiter und Pferd sollen zwar als »leistungsbestimmende Funktionseinheit«[11] den Parcours in flüssigem, optimalem Grundtempo und in vollkommener Harmonie fehlerfrei bewältigen. Der Reiter weiß aber (hoffentlich) vor dem Pferd um die gestellte Aufgabe, ihre spezifischen Schwierigkeiten und kennt den optimalen Lösungsweg. Durch reittechnisches Einwirken auf das Pferd schafft er (z.B. durch Aufnehmen und Wegewahl) die Voraussetzungen und steuert/regelt das Pferd auf diesem Lösungsweg. Seine Einflussnahme z.B. auf das Tempo, die Richtung, den Versammlungsgrad oder die Länge der Galoppsprünge soll immer vorbereitend sein und die Flüssigkeit des vorwärts orientierten Rittes nicht stören. So verschafft der vorausschauend einwirkende Reiter dem Pferd die Ausgangsposition, aus der heraus es mit aktiver Aufmerksamkeit die eigentliche Aufgabe (den Sprung) dann weitgehend selbstständig und möglichst komfortabel und sicher lösen kann. In der arbeitsteilig zu bewältigenden Gesamtaufgabe (dem Parcours) hat der Springreiter eine *Managementaufgabe*, die Hauptlast der eigentlichen Arbeit aber liegt bei dem Pferd.

Springtechnik (Manier) des Pferdes: Der günstigste Bewegungsablauf im Sprung ist dann gegeben, wenn der Schwerpunkt des Pferdes ökonomisch (ohne Überspringen und nicht mit hängenden Beinen, also möglichst niedrig) über das Hindernis »fliegt«. Ein solcher Bewegungsablauf ist gekennzeichnet durch:
- eine optimale Sprungparabel, bei der der Scheitelpunkt über der Mitte des Hindernisses, Absprung-

und Landepunkt in gleichen Abständen vor bzw. hinter dem Hindernis liegen
- in der Schwebephase losgelassener, gewölbter Rücken und vorwärts-abwärts gestreckter Hals, sodass der Widerrist des Pferdes über der Mitte des Hoch-/Hochweitsprungs zum höchsten Punkt wird
- Streckung der Hinterbeine im Absprung, Beugung/Anwinkelung der Beine über dem Hoch-/Hochweitsprung
- Über einem Weitsprung (Graben, Wassergraben) trägt das Pferd den Kopf etwas höher (keine Bascule) und streckt die Vorderbeine nach vorn.

Springtechnik (Sitz und Einwirkung) des Reiters: Der günstigste Bewegungsablauf im Sprung ist dann gegeben, wenn der Schwerpunkt des Reiters möglichst stetig über und möglichst nahe bei dem Schwerpunkt des Pferdes gehalten und somit ein harmonisches Fließgleichgewicht um einen gemeinsamen Schwerpunkt erreicht wird. Mit seiner eher passiven »Einwirkung« im Sprung darf der Reiter einerseits das Pferd nicht stören, andererseits soll er so weit die Verbindung zum Pferd (mit Schenkeln, Knie und Zügeln) behalten, dass dieses nicht »allein gelassen« wird und nach dem Sprung richtig an den Hilfen weitergeritten werden kann. Ein solcher Bewegungsablauf ist gekennzeichnet durch:
- den richtigen leichten Sitz
- ein Nachgeben der Hand in Richtung Pferdemaul unter Beibehaltung einer leichten Anlehnung
- eine gewichtsmäßige Beeinflussung zum Landen im richtigen Galopp (Blick in die zu reitende Richtung, geringfügig verstärktes Treten in den inneren Bügel).

Technisch im Sinne »zweckmäßiger Anordnung« ist beim Springen auch die Aufgabenstellung (der Parcoursbau) selbst. Einerseits sollen dabei das Pferd nicht überfordert und seine Freude am Springen erhalten werden, andererseits soll es gerade im Bereich seiner (bisherigen) relativen Schwächen durch geeignete Aufgabenstellung gefördert und durch gezielte (leichte Über-)Beanspruchung gymnastiziert werden. Bei Turnieren kommt das Erfordernis hinzu, den Sieger von den Platzierten und diese wiederum von den nicht platzierten zu unterscheiden.

---

11) vgl. Oese, E., Pferdesport, 3. Auflage, Berlin, 1979, S. 369

4 Tagesschwerpunkte Springen

Nachstehend ist jeweils unter einer bestimmten Themensetzung für einzelne Tage ein Hindernisaufbau vorgeschlagen. Hindernishöhen sind für den Gymnastikteil mit ca. 60–90 cm und sonst bis zu 130 cm und einer Weite von bis zu 1,50 m angenommen.

Mit nur geringfügigen Umbauten lassen sich regelmäßig einzelne einführende Übungen und abschließend ein kleiner Parcours reiten. Die Vorübungen sollte man jeweils mehrfach durchreiten und ggf. so lange ohne Unterbrechung wiederholen, bis gleichmäßiges Traben oder Galoppieren im Rhythmus auch über die dazwischengestreuten Sprünge erreicht ist. Erholungspausen zwischen den Vorübungen nicht vergessen, dabei aber »dressurmäßig« weiterreiten und nicht fälschlich die Pferde im Schritt am hingegebenen Zügel auseinander fallen lassen! Einmal im Sattel sitzend, kann man nicht nicht reiten. Also reiten Sie, aber verantwortungsbewusst und richtig.

4.1 Vorwärts

4.1.1 Definition

Vorwärts bedeutet mit ausreichend hohem Tempo, flüssig und kontrolliert auf dem richtigen Weg und über die Sprünge dorthin, wo das Ziel ist.

4.1.2 Voraussetzungen

a. beim Pferd	b. beim Reiter
Gesundheit, Kondition, Vertrauen, dressurmäßige Ausbildung, ausreichendes Abreiten.	Kondition und Tempogefühl.

4.1.3 Zielsetzungen

a. für das Pferd	b. für den Reiter
Harmonisches Springen ohne unnötigen Kräfteverschleiß aus einem gleichmäßigen, ausreichend hohen Grundtempo heraus.	Einhaltung der vorgegebenen Zeit. »Bequemes« Reiten und Springen dadurch, dass man vom Pferd in die Bewegung und in das flüssige Springen mitgenommen wird.

4.1.4 Ausführung

Das Pferd galoppiert *taktmäßig*, gleich bleibender Rhythmus und gleich bleibende Länge des Galoppsprunges sichern das zeitliche und räumliche Gleichmaß der Bewegung als Voraussetzung für die kontrollierte Bewegung über die Strecke (vorgegebene Zeit, vorgegebene Anzahl von Galoppsprüngen, passende Distanzen) und insbesondere das gezielte Anreiten des Sprunges, d.h. das Treffen des Absprungpunktes.

Das psychisch und physisch entspannte Pferd galoppiert *losgelassen* und ohne zu eilen, d.h. durch zwangloses und unverkrampftes An- und Abspannen der Muskeln und mit schwingendem Rücken. Es lässt den Reiter geschmeidig sitzen und zum Treiben kommen.	Durch »aktives Reiten« zwischen den Sprüngen hält der Reiter das Pferd im leichten Sitz insbesondere mit dem vorwärts (ggf. leicht vorwärts-seitwärts) treibenden inneren Schenkel vor den Hilfen (Gefühl des Bergaufreitens) und erhält die rhythmische Bewegung.
Das Pferd galoppiert *schwungvoll*, bei kräftigem Impuls aus der Hinterhand nimmt die Rückenmuskulatur die Bewegung auf, in der Schwebephase schwingen die Gliedmaßen betont nach vorn durch. Das Pferd nimmt den Reiter gut in die Bewegung mit.	Die natürliche Bewegung des Oberkörpers im Rhythmus des Galopps überträgt sich über die Kniepartie treibend auf das Pferd. Beim Zulegen wirken die Unterschenkel (insbesondere die innere Wade) treibend und erhöhen somit den Fleiß und den Schub des Pferdes aus der Hinterhand.

4.1.5   Fehler und Abhilfe

Statt aus gleichmäßigem Tempo mit einem vergrößerten Galoppsprung über das Hindernis zu gehen, nimmt der Reiter das Tempo auf, um daraus das Pferd über das Hindernis »abzuschießen«.	Im Parcours gleich nach dem Landen auf passendes Grundtempo achten, zwischen den Hindernissen nicht zu schnell reiten (Pferd nicht von den Hilfen kommen lassen) mit der Folge, dann das Pferd vor dem Hindernis zurücknehmen zu müssen, statt aus eher ruhigem Tempo auf das Hindernis zulegen zu können. Aus ruhigem, aber ausreichendem Grundtempo mit Vertrauen in das Pferd den Sprung ohne übermäßiges Treiben anreiten.
Der Reiter »sitzt« im Anreiten auf den Sprung hart »ein« mit der Gefahr, dass die Galoppade gestört wird und das Pferd den Rücken wegdrückt, wodurch die Einwirkungsmöglichkeit des Reiters vermindert und die Gefahr des Vorbeilaufens erhöht werden.	Den leichten Sitz/Entlastungssitz in den unterschiedlichen Ausprägungen der Entlastung üben, situativ richtig das notwendige Maß der treibenden Einwirkung bestimmen und sanft von der Entlastung zur Belastung (oder umgekehrt) übergehen.
Der Reiter beugt sich – dem Zulegen des Pferdes vorauseilend – im leichten Sitz vor, und belastet damit die Vorhand unsinnig.	Korrekter leichter Sitz, Blick nach vorn.
Der Reiter gibt beim Zulegen vor dem Sprung die Anlehnung auf, das Pferd wird flach und hat dann Probleme, vorwärts-aufwärts abzudrücken.	Vor dem Sprung das Pferd nicht auseinander fahren, sondern »unter Spannung« halten, lieber auf Warten reiten und einen Zwischentritt zulassen.
Das Pferd wird auf den Sprung zu langsamer.	Neue Hindernisse ggf. vorher zeigen. Hindernisse in Richtung Stall springen. In der Dressurarbeit den Gehorsam auf die treibenden Hilfen (Respekt vor Wade/Sporn) sichern.

Das ansonsten vertrauensvoll springende Pferd bleibt (ausnahmsweise) stehen.	Kein Aufhebens machen! Falls das Hindernis neuartig war, ggf. zeigen. Bei niedrigen Hindernissen etwas rückwärts richten, aus einigen Trabtritten/aus dem Stand springen lassen. Höhere Hindernissen ggf. zurückbauen, erneut ruhig und konsequent anreiten, notfalls mit Taktstange aus dem Trab springen oder notfalls alle Stangen ganz auf den Boden legen und im Schritt und Trab darüber reiten.
Das Pferd verweigert häufig und hartnäckig.	Von einem guten Ausbilder korrigieren lassen.

Temporeiten

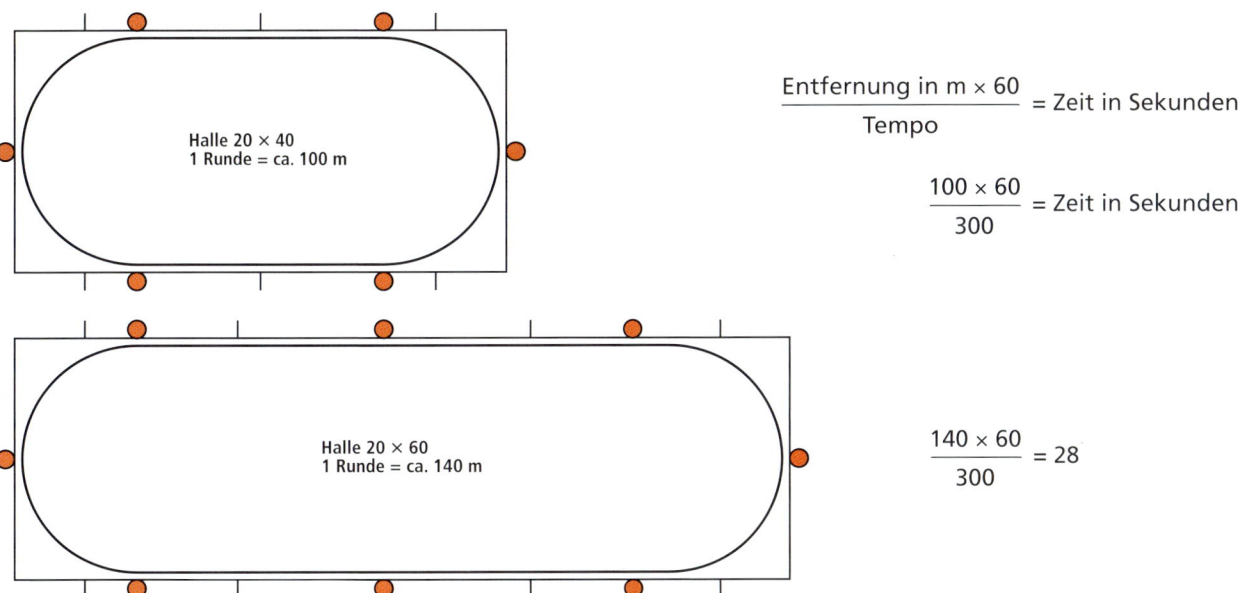

$$\frac{\text{Entfernung in m} \times 60}{\text{Tempo}} = \text{Zeit in Sekunden}$$

$$\frac{100 \times 60}{300} = \text{Zeit in Sekunden}$$

$$\frac{140 \times 60}{300} = 28$$

Temporeiten in der Halle

Beim Temporeiten in der Halle werden die Ecken abgerundet und die kurzen Seiten etwa auf der Zirkellinie durchritten.

In einer 20×40-Halle bedeutet eine »Runde« dann etwa 100 m. Will man im Galopp Tempo 300 (300 m/min) üben, so muss man in einer Minute die Halle dreimal umrunden.

In einer 20×60-Halle bedeutet eine Runde etwa 140 m. Hier darf man z. B. bei Tempo 300 für drei Runden etwa eine Minute und 24 Sekunden benötigen.

Temporeiten im Freien

Schöner ist, wenn man im Freien ein großes Oval mit einer Länge von etwa 300–500 m anlegen und von einem gemeinsamen, »fliegend« zu durchreitenden »Start« aus gemessen (z. B. mit dem Kilometerzähler des Fahrrades) die »Ziele« für 300 m, 350 m, 375 m und 400 m absteckt. Hier ergibt sich dann auch die Möglichkeit, mit Bodenstangen, Bodenricks oder noch besser kleinen Bürsten das Springen aus dem gleichmäßigen Tempo heraus zu üben.

Das Tempo für die Rennbahn bei einer großen Vielseitigkeitsprüfung der Klasse S beträgt übrigens 690 m/min (§ 620 LPO). Schneller sollten Sie nicht üben!

Falls Sie sich für Geländeprüfungen (Wegestrecken) oder für Distanzritte vorbereiten, sollten Sie das Temporeiten auch im Trab (und im Schritt) üben.

Vorwärts ist nicht alles, aber ohne Vorwärts ist beim Reiten alles nichts. Und ein fröhliches Vorwärts sollte es sein, Gehfreude wie auf der Weide, nicht angstgetriebene Flucht. Wie auch immer, Vorwärts muss es sein, ohne jeden Zweifel, auch über den Sprung. Kompromissfähig ist die Höhe des Hindernisses, die man vorübergehend reduzieren kann, aber nicht das Vorwärts über die Klamotten.

Beim langsamen Vertrautmachen mit den Hindernissen sollte das wiederholte Anreiten das Pferd zum selbstständigen, vorwärts orientierten Anziehen der Hindernisse ermuntern. Auch die relativ langen Geraden auf den Steilsprung und den Oxer zu sollten wie die relativ groß angelegten Zirkel (im Gegensatz zu engen Wendungen) das Vorwärts begünstigen. Schließlich nutzt diese Übung zur Verbesserung des Vorwärts, dass in der Reihe vom Pferd zunächst kürzere und dann zunehmend längere Galoppsprünge verlangt werden, also kräftiges Vorwärts für das Pferd schlicht auch das Angenehme ist.

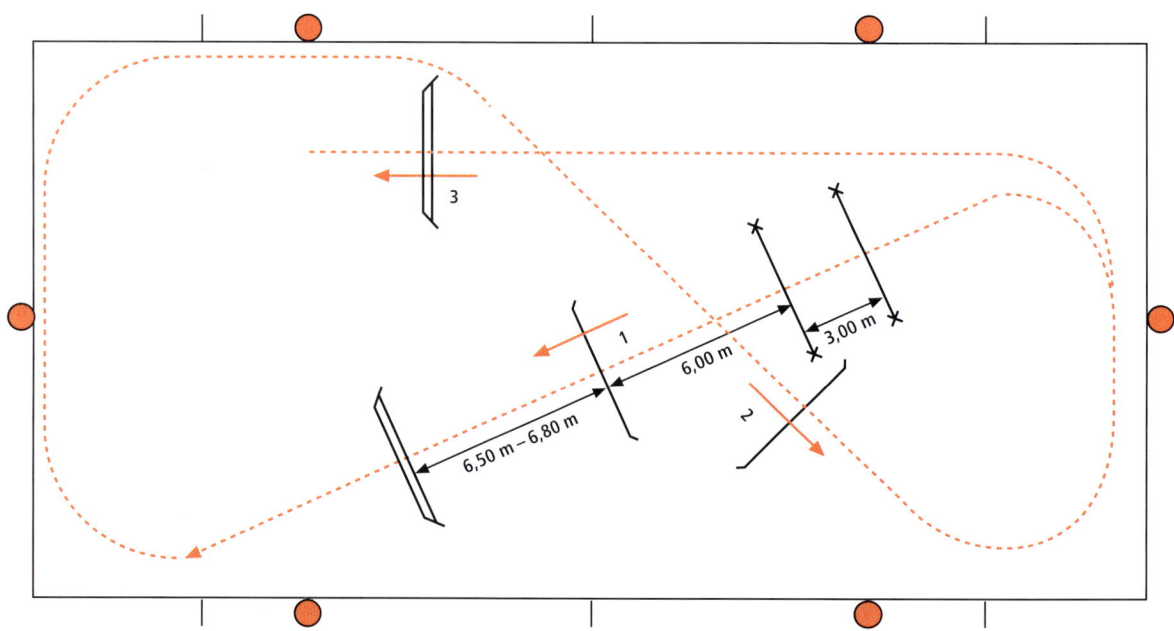

Vorübung 1

Über den leichten Trabsprung Gelassenheit (Vertrauen) als Voraussetzung für taktmäßiges Gehen herstellen.

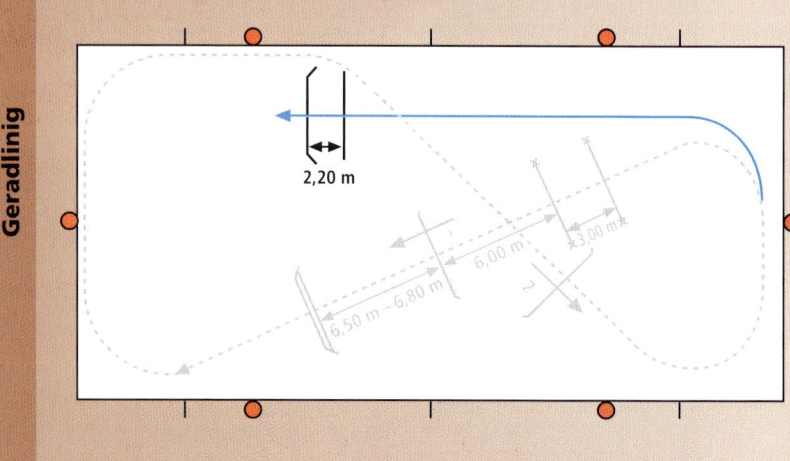

Die hintere Stange des Oxers als Trabstange im Abstand von ca. 2,20 m davor legen. Den verbleibenden Steilsprung (oder Couvert) zuerst auf eine Höhe von etwa 60 cm reduzieren.

Das Pferd mit ruhiger, aber konsequenter Hilfengebung auf geraden Linien vor, über und nach dem Sprung führen. Ausgesessen im ruhigen Trab eher passiv und abwartend sitzend über Trabstange und Sprung reiten.

Falls der Reiter zu früh im Sattel aufsteht (vor dem Pferd zu springen versucht), ohne Bügel reiten (lassen).

Ruhig und gelassen

Vorübung 2

Bei ruhigem Galoppieren auf dem Zirkel über Cavalettis Losgelassenheit sichern. Auf runden Zirkel achten. Da man niemals ohne wirklich große Not aus einer Hindernisreihe herausreiten soll, die Richtung auf diesem Zirkel nicht wechseln.

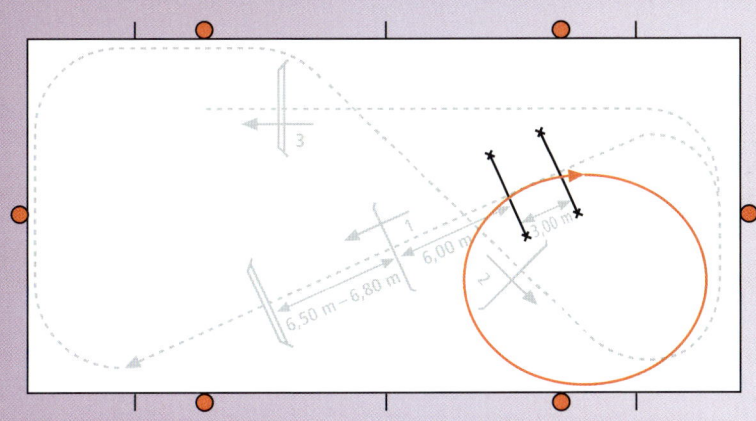

Rechte Hand auf einem kleinen Zirkel über die beiden Cavalettis galoppieren.

Stürmt das Pferd, auf der geschlossenen Zirkelseite eher aussitzen und versammeln, auf der offenen Zirkelseite und über die Cavalettis im korrekten leichten Sitz das Pferd ohne größere Einwirkung einfach machen lassen.

Geht das Pferd zu laurig, auf der geschlossenen Zirkelseite zulegen, auf der offenen Zirkelseite das Pferd wieder ruhig und ungestört über die Cavalettis galoppieren lassen.

Wendungen

Vorübung 3

Das Springen auf dem Zirkel kräftigt insbesondere die innere Hinterhand. Vom Reiter fordert diese Übung, äußeren Zügel und Schenkel gut dranzuhaben, damit das Pferd nicht nach dem ersten Sprung links am Oxer vorbeiläuft. So setzt diese Übung ein in Selbsthaltung an den äußeren Hilfen gehendes, gerade gerichtetes Pferd voraus und fördert die Geraderichtung weiter durch die spezifische Gymnastizierung in der Wendung.

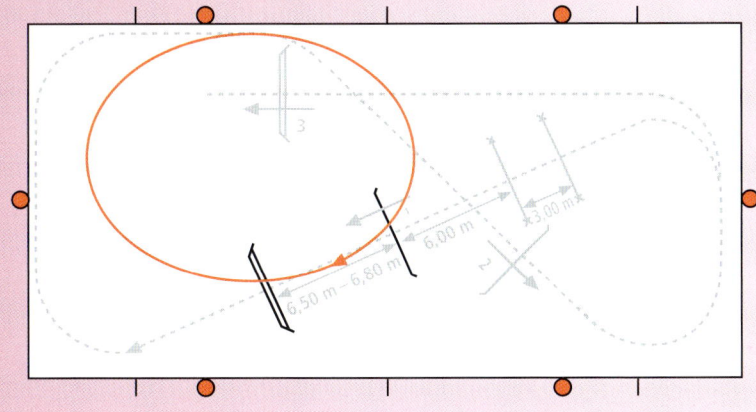

Auf ovalem Hufschlag im Galopp über Steilsprung (ca. 60 cm) und Oxer (60–80 cm) galoppieren.

Ggf. den Steilsprung zuerst als Couvert bauen, um die Mitte besser zu treffen.

Vorwärts

Vorübung 4

In der mit zunehmend längeren Galoppsprüngen zu reitenden Reihe lernt das Pferd, dass es nur vorwärts gehend passend an die Sprünge herankommt und vorwärts gehend letztlich das bequemere Leben hat.

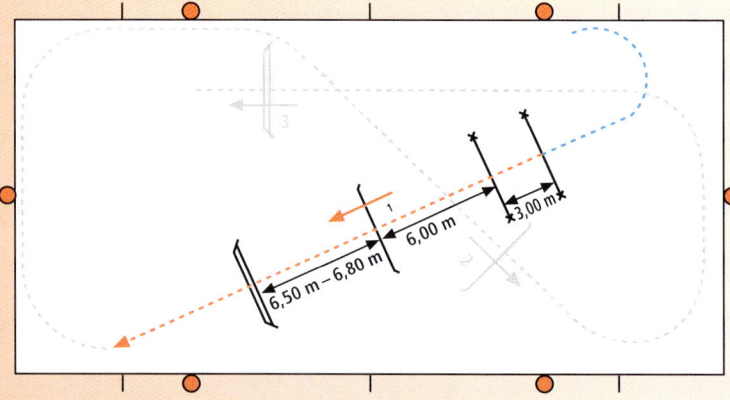

Im Trab in die Reihe hinein-reiten, ruhig ohne besonderes Treiben auf gerader Linie, die Hindernisse in der Mitte springend, durchgaloppieren.

Wegen des Hineinreitens im Trab den Abstand zwischen den Cavalettis leicht (z.B. auf 2,50 m) reduzieren.

Geradlinig

Zum Abschluss

Übung im Zusammenhang reiten.

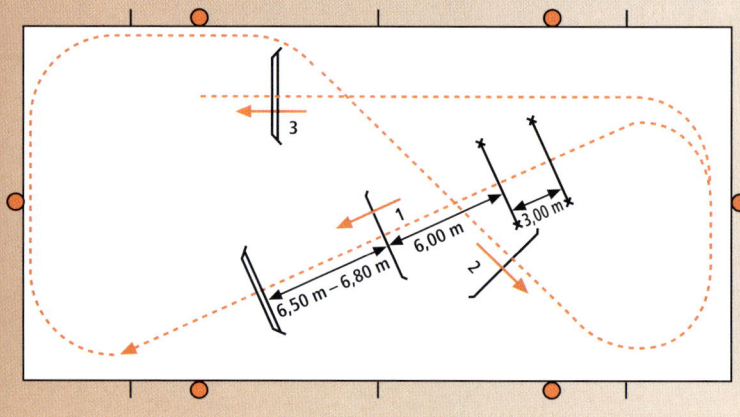

Hindernisse und Abstände wieder richten. Dann Parcours im Zusammenhang reiten. In der Reihe und auf die Einzelsprünge zu auf gerader Linie und ohne zu schwanken reiten, nach dem Sprung jeweils möglichst lange geradeaus weiterreiten.

Wenn die Übung zuverlässig absolviert wird, zum letzten Durchlauf Steilsprung und Oxer in der Reihe und den einzeln stehenden Oxer (3) höher ziehen.

Übungsalternative 3: Die innere Wade ist der sanfte Muntermacher

Dieser Parcours entspricht im Grundaufbau dem Standardparcours 1 für Stilspringprüfungen mit Standard-anforderungen. Hindernis 1 und 2 aus dem Trab mit Vorlegestange, die Hindernisse sind mit einem Kreuz gebaut und max. 80 cm hoch.[12]

Auch dieser Aufbau lässt sich im heimischen Training so nutzen, dass bei den Vorübungen bequeme Wege Gehfreude begünstigen.

Bei zwei der Vorübungen besteht die Möglichkeit, laurige Pferde munter zu machen und ihnen die vorwärts treibende Bedeutung des inneren Schenkel notfalls nachdrücklich zu erläutern.

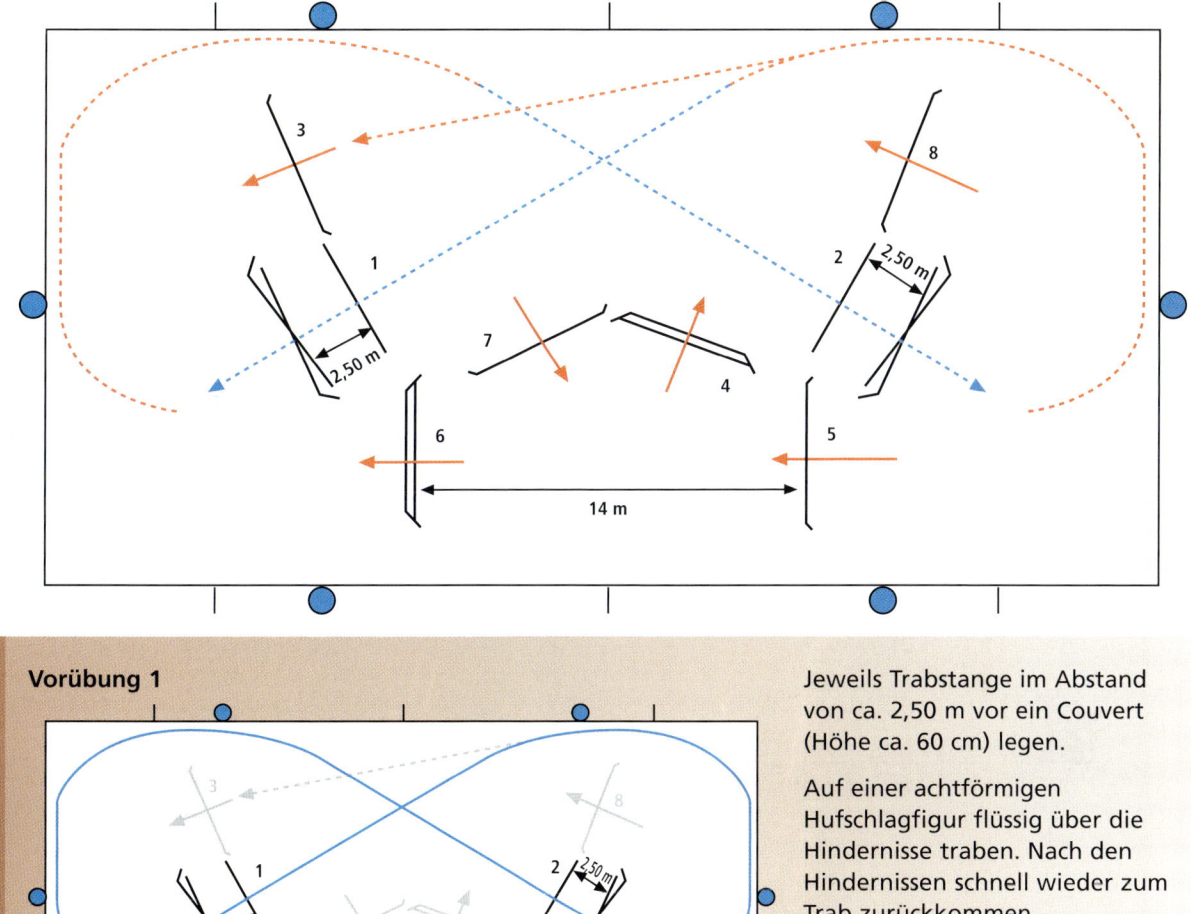

Ruhig und gelassen

Vorübung 1

Jeweils Trabstange im Abstand von ca. 2,50 m vor ein Couvert (Höhe ca. 60 cm) legen.

Auf einer achtförmigen Hufschlagfigur flüssig über die Hindernisse traben. Nach den Hindernissen schnell wieder zum Trab zurückkommen.

In der Wendung ggf. aussitzen und nach vorn versammeln.

Leichttraben, kurz vor den Taktstangen weich einsitzen oder im Springsitz reiten.

Handwechsel

Vorübung 2

Bei dieser Übung müssen jeweils über dem Sprung die Richtung und der Galopp gewechselt, also auf Landen im richtigen Galopp geachtet werden. Notfalls zum Trab parieren und erneut angaloppieren.

---

12) Aufgabenheft Reiten, Hrsg.: Deutsche Reiterliche Vereinigung e.V. (FN), 1. Auflage, September 1999, S. 204

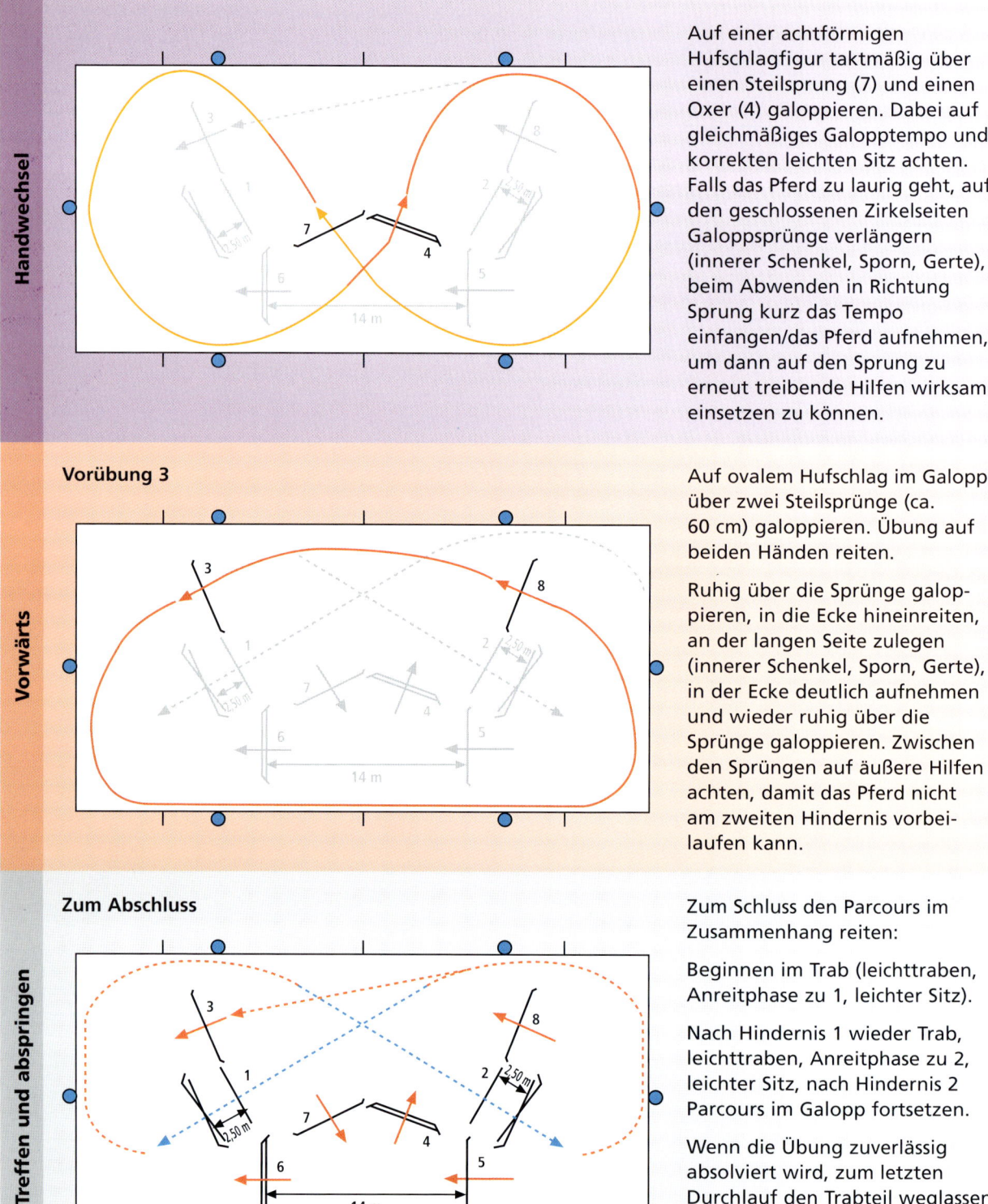

Handwechsel

Auf einer achtförmigen Hufschlagfigur taktmäßig über einen Steilsprung (7) und einen Oxer (4) galoppieren. Dabei auf gleichmäßiges Galopptempo und korrekten leichten Sitz achten. Falls das Pferd zu laurig geht, auf den geschlossenen Zirkelseiten Galoppsprünge verlängern (innerer Schenkel, Sporn, Gerte), beim Abwenden in Richtung Sprung kurz das Tempo einfangen/das Pferd aufnehmen, um dann auf den Sprung zu erneut treibende Hilfen wirksam einsetzen zu können.

Vorübung 3

Vorwärts

Auf ovalem Hufschlag im Galopp über zwei Steilsprünge (ca. 60 cm) galoppieren. Übung auf beiden Händen reiten.

Ruhig über die Sprünge galoppieren, in die Ecke hineinreiten, an der langen Seite zulegen (innerer Schenkel, Sporn, Gerte), in der Ecke deutlich aufnehmen und wieder ruhig über die Sprünge galoppieren. Zwischen den Sprüngen auf äußere Hilfen achten, damit das Pferd nicht am zweiten Hindernis vorbeilaufen kann.

Zum Abschluss

Treffen und abspringen

Zum Schluss den Parcours im Zusammenhang reiten:

Beginnen im Trab (leichttraben, Anreitphase zu 1, leichter Sitz).

Nach Hindernis 1 wieder Trab, leichttraben, Anreitphase zu 2, leichter Sitz, nach Hindernis 2 Parcours im Galopp fortsetzen.

Wenn die Übung zuverlässig absolviert wird, zum letzten Durchlauf den Trabteil weglassen, also mit Steilsprung (3) beginnen und den letzten Steilsprung (8) hochziehen.

4.2 Ruhig und gelassen

4.2.1 Definition

Ruhig und gelassen bedeutet die mentale Konzentration (ohne Aufregung/Ablenkung) auf die Aufgabe als Voraussetzung für die Rittigkeit (aktive Verkehrssicherheit) derart, dass jederzeit eine positive oder negative Beschleunigung (Zulegen ohne Verlust der Anlehnung bzw. Einfangen ohne Verlust des Schwungs) und ein Richtungswechsel gelassen (ohne nachwirkende Aufregung) ausgeführt werden können.

4.2.2 Voraussetzungen

a beim Pferd	b beim Reiter
Vertrauen, dressurmäßige Ausbildung, Kraft.	Vertrauen.

4.2.3 Zielsetzungen

a für das Pferd	b für den Reiter
Bewahren ausreichender Beweglichkeitsreserven, um auf Anforderungen des Reiters oder des Parcours adäquat und ohne Verlust der Bewegungsbeherrschung reagieren zu können.	Jederzeit effektive Beherrschung des Geschehens, um das angestrebte Ziel möglichst sicher und risikoarm zu erreichen.

4.2.4 Ausführung

Das Pferd tritt an die Hand heran und sucht die *Anlehnung* an das Gebiss, sodass eine stete und weich-federnde Verbindung zwischen Reiterhand und Pferdemaul die Regulierung des Tempos und der Richtung ohne Störung des harmonischen Bewegungsflusses ermöglicht.

Das vorwärts galoppierende Pferd, das den Reiter im leichten Sitz mit einer veränderten Schwerpunktlage trägt, braucht den Hals als Balancierstange. Das Pferd wird deshalb im leichten Sitz zwar mit steter Anlehnung, nicht aber mit Beizäumung geritten. Insbesondere im Parcours wäre es falsch, das Pferd mit der Hand beizuzäumen, da damit sein Blickfeld eingeschränkt und das Gleichgewicht gestört werden. Insbesondere im schnellen Galopp (Renngalopp) wird die Nickbewegung von Kopf und Hals des Pferdes bei sicherer Anlehnung durch geschmeidiges Mitgehen aus den Ellenbogengelenken heraus gestattet.

Das Pferd geht mit einer angemessenen *Versammlung*, die Hinterbeine übernehmen bei stärker gebeugten Hanken (Hüft- und Kniegelenke) vermehrt die Last, entlasten in der Bewegung die Vorhand und verschaffen ihr somit größere Bewegungsflexibilität und verbessern die Trittsicherheit. Im Augenblick des Absprungs übernehmen die Hinterbeine ganz überwiegend die Last.

Zum Aufnehmen des Pferdes, z.B. zwischen den Sprüngen, verlagert der Reiter seinen Schwerpunkt durch leichtes Aufrichten des Oberkörpers nach hinten. Das Gesäß kommt dadurch näher an den Sattel. Durch diese vermehrte Einwirkung wird das Pferd angeregt, weiter in Richtung unter den Schwerpunkt zu springen und vermehrt mit der Hinterhand zu tragen. Dadurch werden das Reiten von Wendungen erleichtert und ein Zulegen bzw. das Anreiten eines Sprunges begünstigt.

4.2.5 Fehler und Abhilfe

Das Pferd wird zu schnell und zu flach (hohes Tempo führt zu einem frühen Absprung und zu einer flachen Flugbahn mit der Gefahr eines Abwurfs oder eines Sturzes).	Behutsam von hinten nach vorn gegen die anstehende Hand aufnehmen: Der Reiter nimmt den Kopf hoch, richtet sich leicht auf, ohne mit dem Gesäß in den Sattel zu kommen, tieferer Absatz, verstärkter Knieschluss und anliegende Waden treiben gegen die passiv anstehende (nicht rückwärts wirkende) Hand. Im Training das Pferd ggf. auf einen Zirkel oder eine Volte nehmen, bis Ruhe zurückgekehrt ist, und erst daraus den nächsten Sprung anreiten.
Das Pferd wird auf die Sprünge zu zu schnell (der Grund ist meist Unsicherheit/Angst des Pferdes).	Hindernisse vom Stall weg springen. Reihen (mit In-and-Outs) springen. Nach dem Sprung möglichst wenig Handeinwirkung, eher in die Wendung/auf den Zirkel nehmen, die Bande/Ecke der Halle helfen lassen.
Das Pferd versucht, die nächste Aktion zu »erraten« und einen Sprung anzuziehen, statt ruhig die Hilfen des Reiters zu solchen Aktivitäten abzuwarten.	Mehrere Übungen/Hindernisse aufbauen; ruhig reiten und daraus im Wechsel die verschiedenen Übungen/Hindernisse reiten; vorzugsweise aus Wendungen (z.B. aus einem Zirkel) heraus die Hindernisse anreiten.
Das Pferd regt sich auf und wird heftig.	Springen unterbrechen; beruhigende Dressurarbeit und Reiten über Bodenstangen (möglichst auf gebogenen Linien, z.B. auf dem Zirkel).

Übungsalternative 1

Im Wissen um das Pferd, um die Länge seiner Galoppsprünge und das eher laurige oder eifrige Gehen kann man die Aufgabenstellung so wählen, dass das Pferd aus ihr das vom Reiter Gewollte lernt und letztlich die Erfüllung der Wünsche des Reiters als das Angenehme empfindet und sich ruhig und gelassen auf neue Herausforderungen willig einlässt.

Halbe Parade im Springsitz

Übungsalternative 1: Das Pferd verstehen und verstanden werden

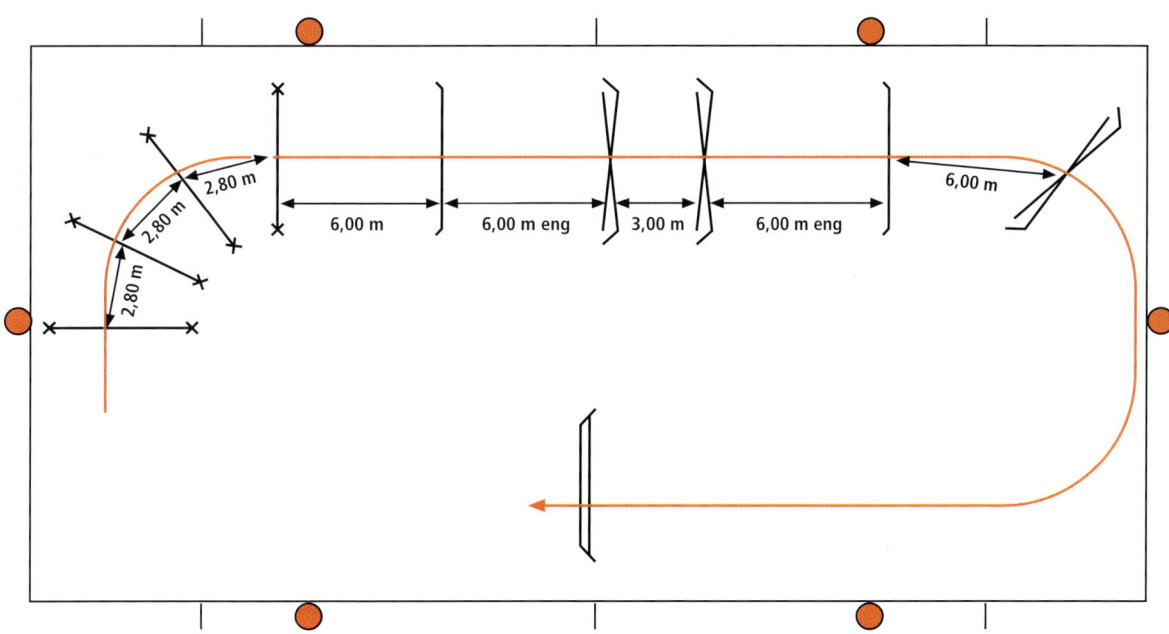

Vorübung 1

Geraderichten

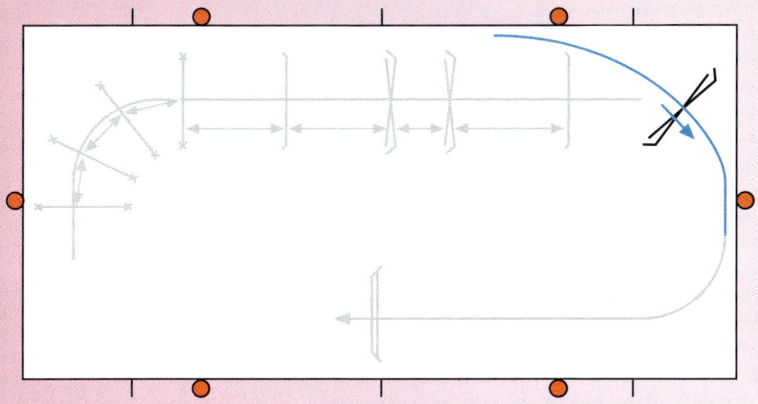

Über niedriges Couvert aus dem Trab auf das Springen vorbereiten.

Im Übrigen auf korrekte Hufschlagfigur der ganzen Bahn achten, zum Durchreiten der Ecken ggf. aussitzen.

Als Sonderübung lange Seiten mit leichter Außenstellung (im Sinne von Konterschulterherein) »auf dem falschen Fuß« leichttraben.

Vorübung 2

Wendungen

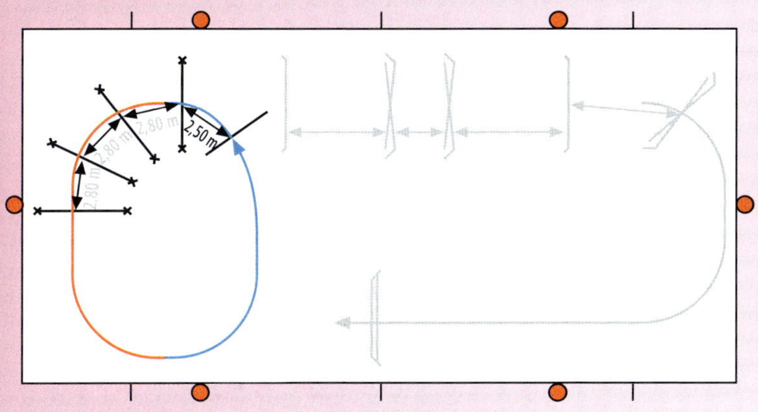

Im Galopp-Trab-Wechsel und auf Oval reiten und dabei nach der Trabstange über die Cavalettis im Galopp auf gebogener Linie das Pferd durchlässig gymnastizieren.

Pferdegerecht entweder den inneren und engeren oder den äußeren und damit weiteren Weg über die Cavalettis wählen.

Vorwärts

Vorübung 3

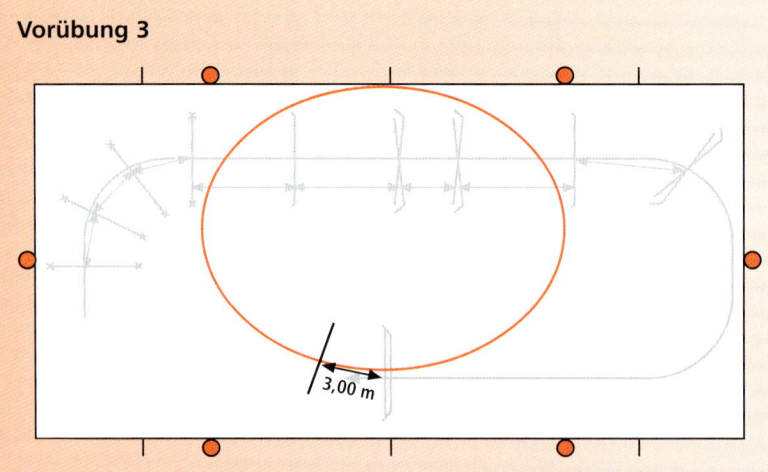

Mehrmals ruhiges Anreiten des Oxers; Taktstange zur Absprungerleichterung.

Bei laurig gehenden Pferden nach dem Sprung zulegen und wieder einfangen.

Ruhig und gelassen

Zum Abschluss

Das Lernziel bestimmt den Aufbau:
Für zu eifrige und eher flach springende Pferde: 6,00 m; 6,00 m; 3,00 m; 6,00 m; 6,00 m, und das Pferd wird sich selbst aufnehmen und rund springen.
Für laurige Pferde: 6,00 m; 6,50 m; 4,00 m; 6,50 m (in der 20 x 40-m-Halle das Couvert weglassen), und das Pferd muss zuspringen und Schwung entwickeln.
Für unaufmerksame Pferde: 6,00 m; 6,50 m; enge 3,50 m; 6,50 m; enge 6,00 m, und das Pferd wird sich bei den Couverts über den überraschend engen Abstand wundern. Eventuelles ärgerliches Buckeln danach tolerieren!

Das Pferd über Reihe und Oxer im Zusammenhang gehen lassen.

Cavalettis wegen des engen Abstandes eher außen anreiten und den weiteren Weg wählen.

In der Reihe mit engen Abständen muss sich das Pferd selbst aufnehmen, diese relative Versammlung sollte das ruhige Anreiten und Treffen des Oxers erleichtern.

In der Reihe mit weiter werdenden Abständen muss das Pferd zuspringen, der Schwung sollte bis zum Oxer reiterlich erhalten werden können.

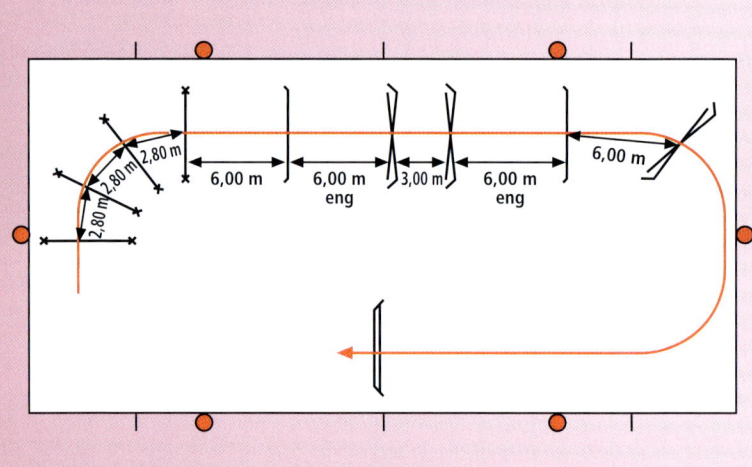

Nach ordentlichem Abreiten lässt sich die nachstehende Übungsanordnung sofort im Zusammenhang und ohne weitere Umbauten reiten, da sie in sich zweimal schlüssig vorbereitende, fordernde und gymnastizierende Elemente aneinander reiht.

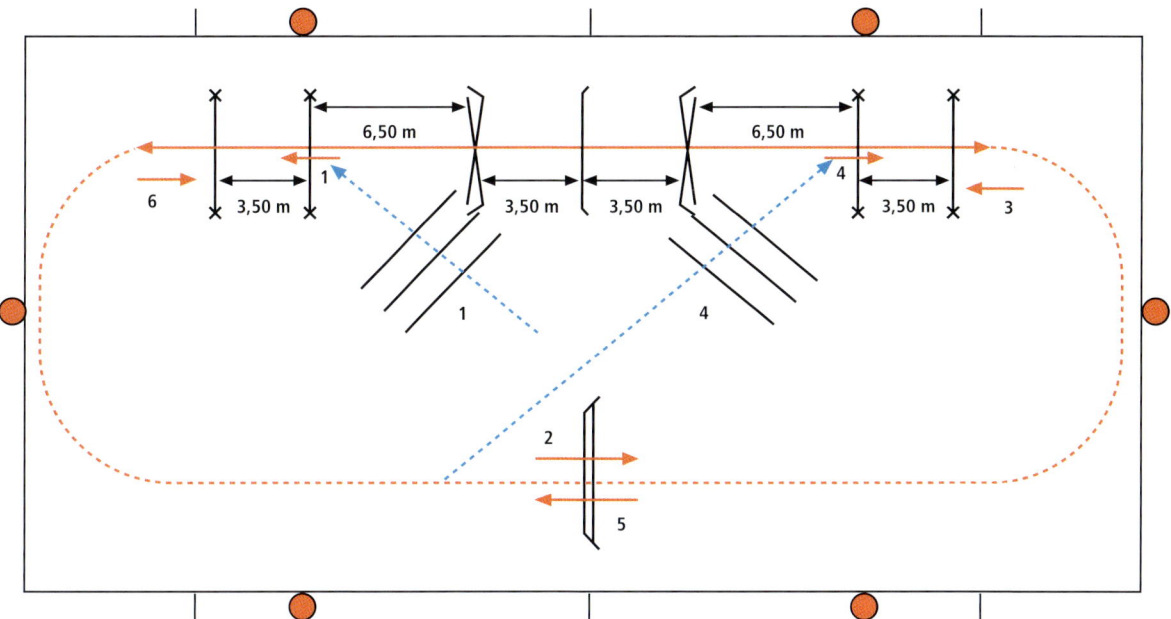

Diese Hindernisanordnung bietet ausreichend Alternativen, situationsgerecht einen Sprung in die Arbeit einzubeziehen.

Die beiden Cavalettis (Abstand 3,50 m) und die Couverts (Abstand 6,00 m) dienen der anfänglichen Gymnastizierung. Dann kann man die Hindernisse situativ einzeln in die Galopparbeit einbeziehen.

Für die Arbeit auf beiden Händen sollten die Hochweitsprünge als Carree-Oxer, als Dachsprünge oder als Fächersprünge gebaut sein.

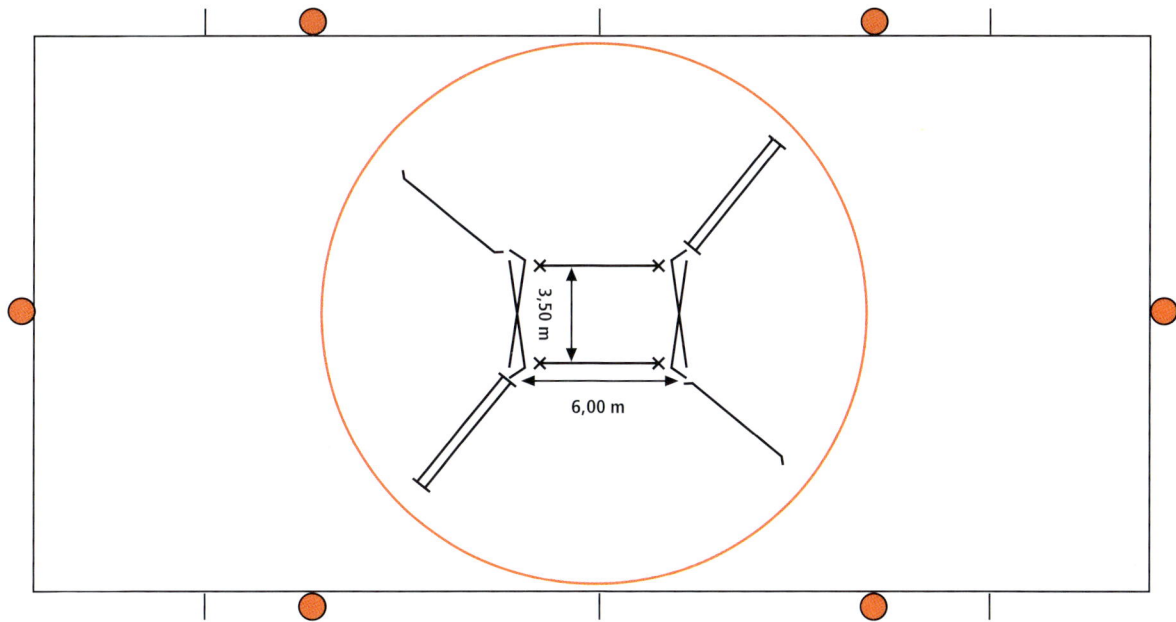

4.3   Senkrecht bis schräg über die Mitte

4.3.1   Definition

Die sicherste Methode für das Anreiten eines Sprunges besteht darin, während der letzten drei bis ein Galopp-sprünge senkrecht auf dessen Mitte zu anzureiten. Gelegentlich kann es zeitsparend und gelände- bzw. wege-bedingt günstiger sein, ein Hindernis schräg (also nicht im 90°-Winkel) anzureiten. Immer aber sollte möglichst auf die Mitte des Hindernisses gezielt werden, da das Pferd dann weniger auf die Idee kommt, am Hindernis vorbeilaufen zu wollen. Eine Ausnahme bilden nur besondere Hindernisformen (z.B. Fächersprung oder spezi-elle Hindernisse im Gelände), die manchmal auf einer Seite/über eine Ecke leichtere Anforderungen hinsicht-lich Höhe/Weite stellen, wobei dann aber die Schwierigkeit in der erhöhten Gefahr des Vorbeilaufens besteht.

4.3.2   Voraussetzungen

a beim Pferd	b beim Reiter
Rittigkeit; zuverlässiges Springen.	Rechtzeitig bewusste Wegewahl und konsequente Hilfengebung.

4.3.3   Zielsetzungen

a für das Pferd	b für den Reiter
Klarheit über die Absicht des Reiters.	Das Hindernis sicher überwinden.
Möglichst sicher taxieren können.	Das Hindernis auf dem insgesamt günstigen Weg (zwischen dem Hindernis davor und dem Hindernis danach) überwinden.

4.3.4   Ausführung

	Der Reiter überlegt sich (z.B. beim Abgehen des Parcours), welchen Weg er nehmen will.
	Durch »aktives Reiten« zwischen den Sprüngen hält der Reiter das Pferd im leichten Sitz insbesondere mit dem vorwärts (ggf. leicht vorwärts-seitwärts) treiben-den inneren Schenkel im kontrollierten, richtigen Galopp (kein Außengalopp) vor den Hilfen (Gefühl des Bergaufreitens) und erhält die rhythmische Bewe-gung. Er schaut frühzeitig in die zu reitende Richtung und auf den anzureitenden Sprung. Im richtigen Ga-lopp schwenkt er frühzeitig auf die Linie ein, auf der er das Hindernis überwinden will.
	Während der letzten Galoppsprünge vor dem Hinder-nis hält er das Pferd auf der (möglichst geraden) Linie, die meist über die Mitte des Hindernisses zielt.

4.3.5 Fehler und Abhilfe

Statt auf die gerade auf den Sprung zuführende »Springlinie« einzuschwenken, reitet der Reiter zunächst über diese hinaus und muss dann gleichsam in einem Bogen auf sie zurückreiten. Der innere Schenkel, der nicht nur vorwärts, sondern immer auch leicht seitwärts treibend wirkt, kann nur noch bedingt (bei stark verwahrend wirkenden äußeren Hilfen) eingesetzt werden und damit das Anreiten nur noch reduziert unterstützen.

Durch dressurmäßiges Reiten sicherstellen, dass das Pferd an den äußeren Hilfen (am anstehenden äußeren Zügel) geht.

Auch zwischen den Sprüngen zielorientiert, aktiv und korrekt reiten.

Als Übung: Einen Zirkel (z.B. rechte Hand) um einen Sprung anlegen. Aus dem Zirkel heraus frühzeitig auf die Mitte des anzureitenden Hindernisses schauen und dieses eher diesseits der Mitte (in der rechten Hälfte) anreiten. Deutlicher Einsatz der rechten Wade.

Das Pferd drängt vor einem Sprung immer nach der gleichen Seite (z.B. nach links) seitwärts.

Einen Fang/eine Stange schräg auf die Mitte der (linken) Hälfte des Sprunges legen.

Pferd läuft an einem schräg angerittenen Hindernis vorbei.

Anforderungen zurücknehmen und Hindernisse zunächst wieder gerade anreiten.

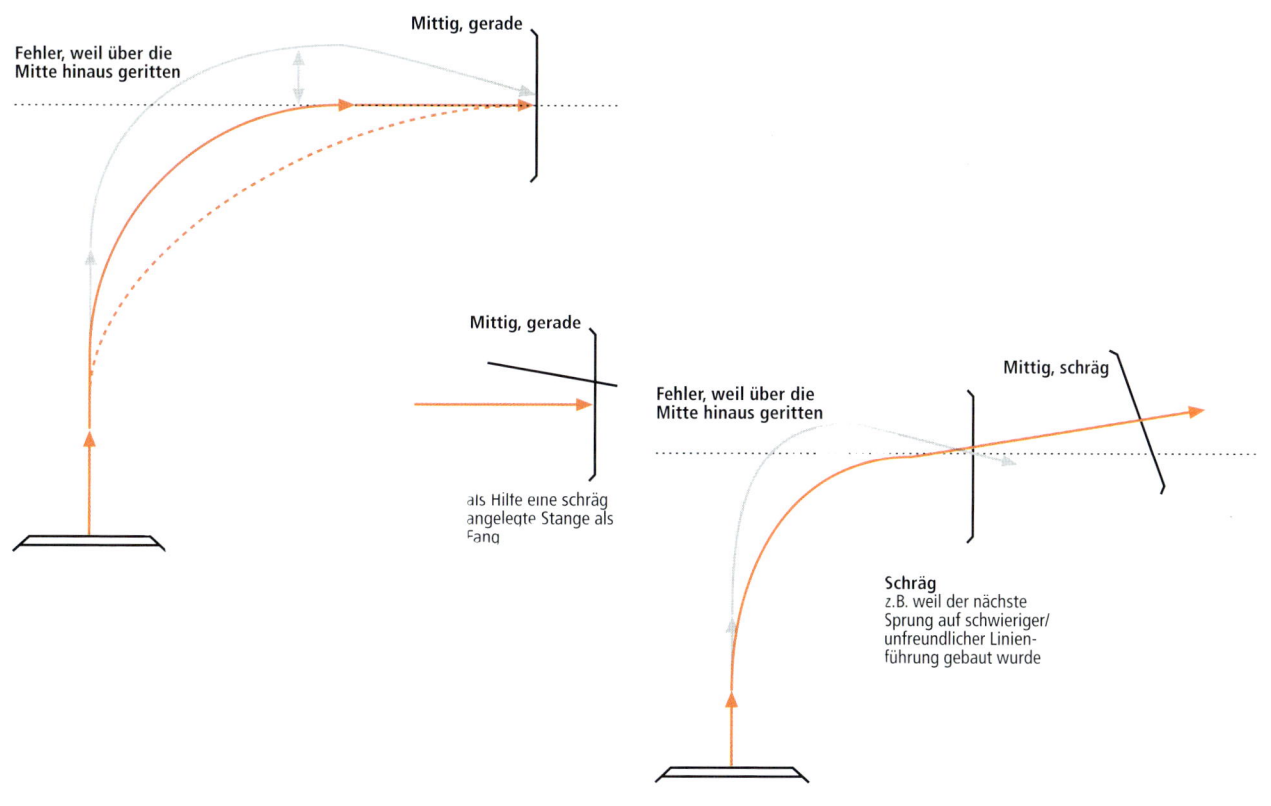

Mittig, gerade

Fehler, weil über die Mitte hinaus geritten

Mittig, gerade

als Hilfe eine schräg angelegte Stange als Fang

Fehler, weil über die Mitte hinaus geritten

Mittig, schräg

Schräg
z.B. weil der nächste Sprung auf schwieriger/ unfreundlicher Linienführung gebaut wurde

Aufbaualternativen

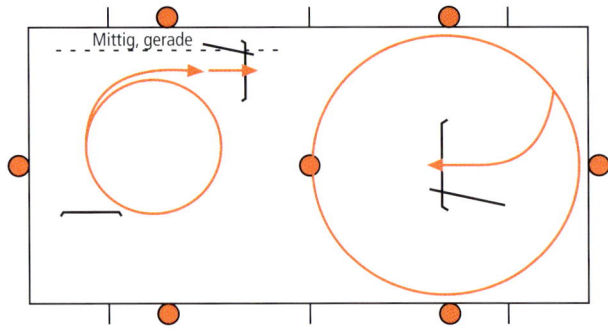

Gerade über die Mitte

Als Hilfe eine schräg angelegte Stange als (einseitigen) Fang.

Links: Vor dem Hindernis eine Volte anlegen, daraus den Sprung anreiten.

Rechts: Einen Zirkel um den Sprung reiten, daraus den Sprung anreiten.

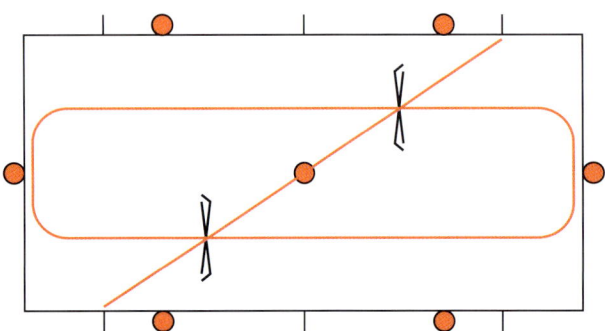

Schräg über die Mitte

Zwei Couvert-Sprünge (Couvert-Sprünge begünstigen wegen der niedrigeren Höhe in der Mitte das Springen über die Mitte).

Zuerst auf geraden Linien über die Mitte, dann auf der Diagonalen schräg über die Mitte der Hindernisse.

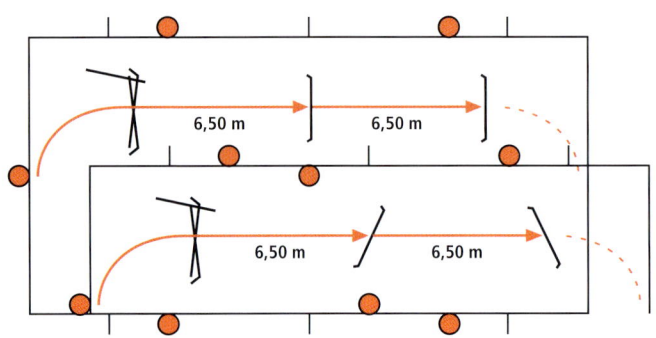

Eine Reihe: Einsprung ca. 0,50 m hoch (als Taxierhindernis und zur Erleichterung über die Mitte als Couvert gebaut), danach im Abstand von 6,00–6,50 m jeweils einen Steilsprung (ca. 0,90 m hoch).

Zuerst auf einer Geraden mittig reiten, dann bei mehrmaligem Durchreiten der Reihe die beiden Steilsprünge zunehmend schräg stellen.

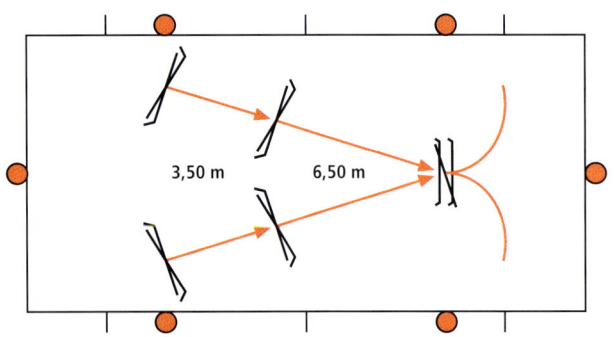

Auf beiden Händen jeweils zwei Couverts (gerade, mittig) im Abstand von 3,00–3,50 m, danach im Abstand von 6,00–6,50 m einen Oxer schräg springen.

Wenn der Oxer zunehmend tiefer gebaut wird (auseinander gezogen wird), zur Sicherheit obenauf eine Stange schräg legen.

94

Übungsalternative 1: Springbereitschaft andressieren und Reserven behalten

Die Springausbildung des Pferdes will erreichen, dass es versteht, wenn der Reiter ein Hindernis überwinden will, und dann das Hindernis kooperativ anzieht. Das Pferd versteht die Springabsicht des Reiters am leichtesten, wenn er das Hindernis senkrecht auf die Hindernismitte zu anreitet. Erst später sollte man versuchen, mit kleinen Veränderungen und Lernfortschritten allmählich Hindernisse auch schräg anzureiten. Immer aber sollte man auf die innere Hälfte des Hindernisses zielen, um mit der inneren Wade den Weg nach außen länger machen und gleichzeitig mit der inneren Wade weiter vorwärts treibende Hilfen setzen zu können.

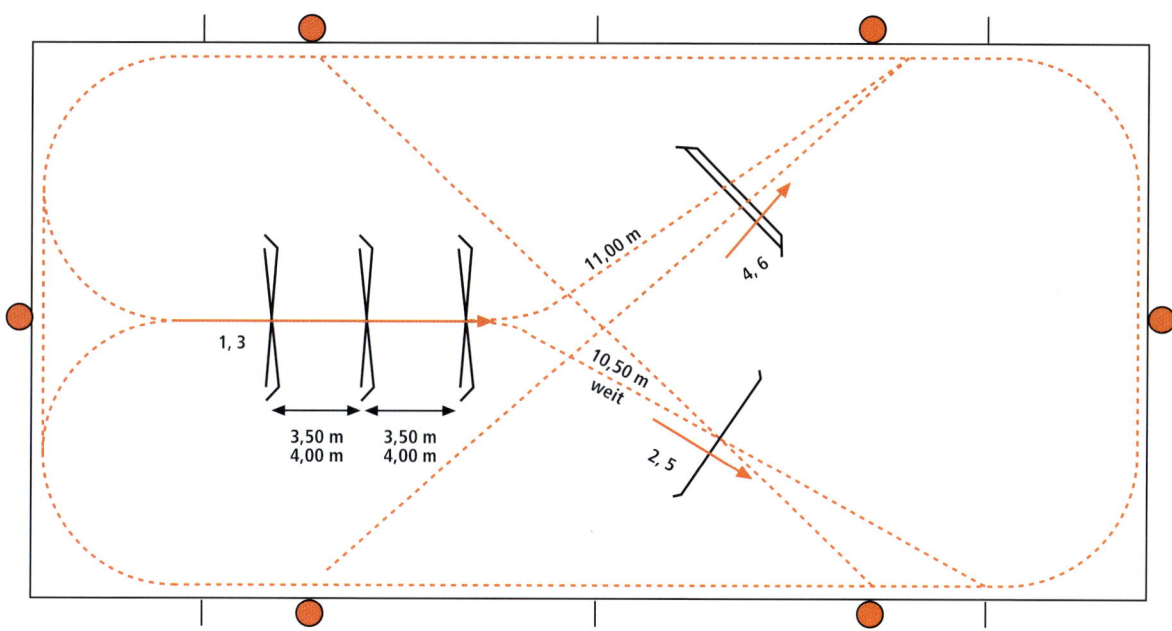

Vorübung 1

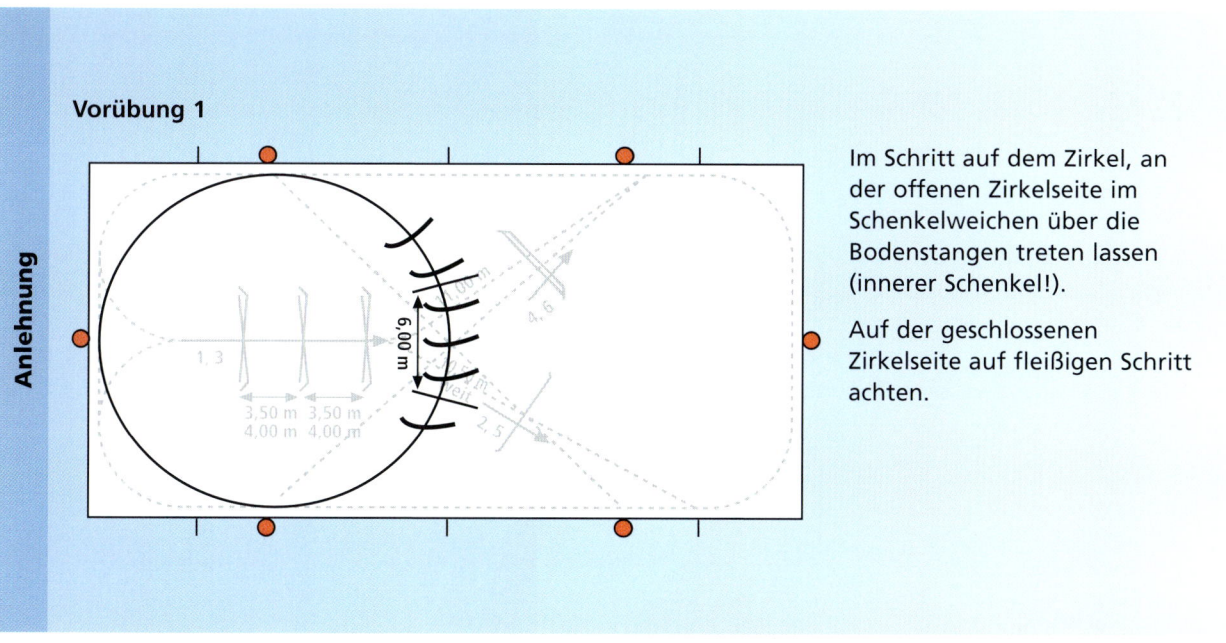

Im Schritt auf dem Zirkel, an der offenen Zirkelseite im Schenkelweichen über die Bodenstangen treten lassen (innerer Schenkel!).

Auf der geschlossenen Zirkelseite auf fleißigen Schritt achten.

Wendungen

Vorübung 2

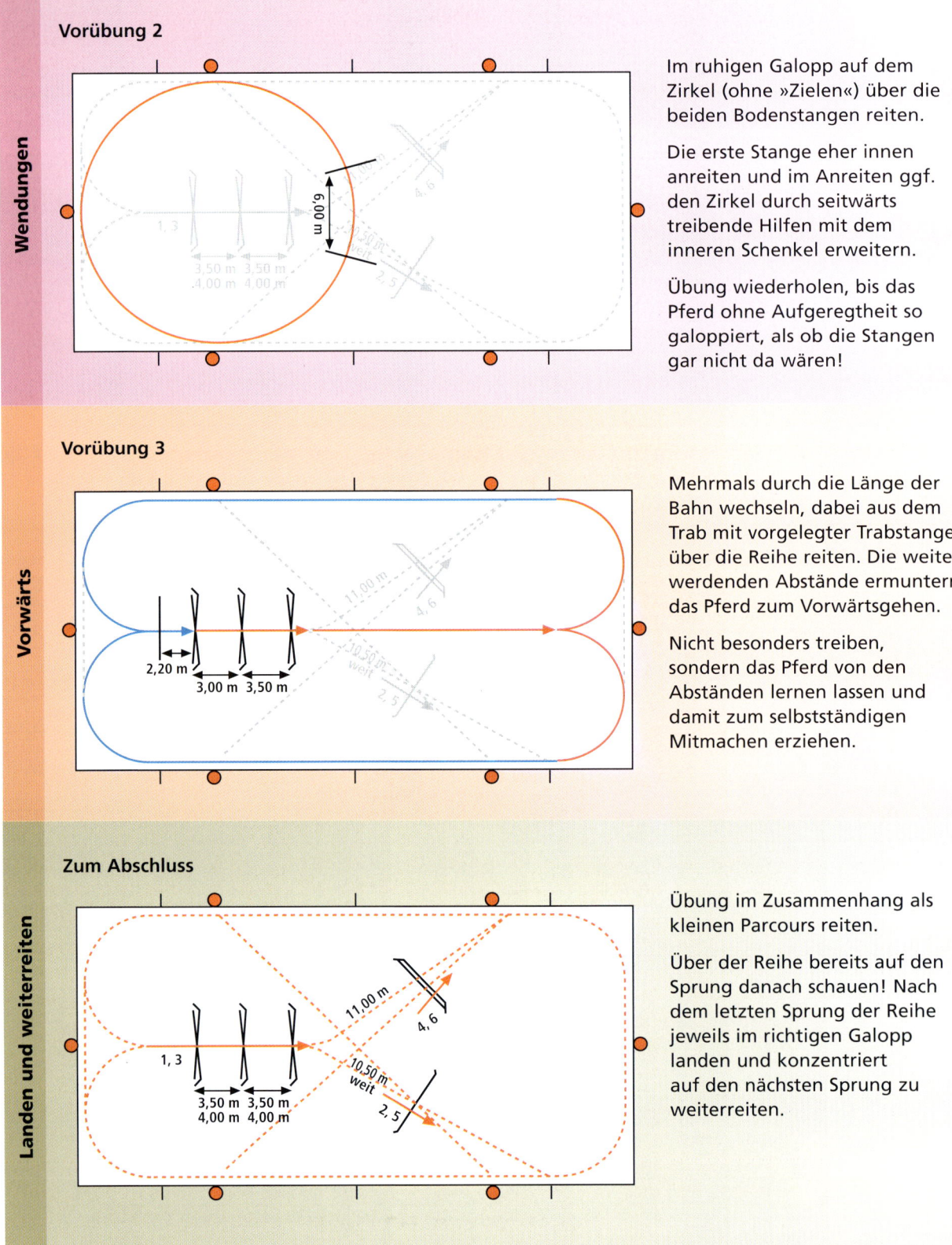

Im ruhigen Galopp auf dem Zirkel (ohne »Zielen«) über die beiden Bodenstangen reiten.

Die erste Stange eher innen anreiten und im Anreiten ggf. den Zirkel durch seitwärts treibende Hilfen mit dem inneren Schenkel erweitern.

Übung wiederholen, bis das Pferd ohne Aufgeregtheit so galoppiert, als ob die Stangen gar nicht da wären!

Vorwärts

Vorübung 3

Mehrmals durch die Länge der Bahn wechseln, dabei aus dem Trab mit vorgelegter Trabstange über die Reihe reiten. Die weiter werdenden Abstände ermuntern das Pferd zum Vorwärtsgehen.

Nicht besonders treiben, sondern das Pferd von den Abständen lernen lassen und damit zum selbstständigen Mitmachen erziehen.

Landen und weiterreiten

Zum Abschluss

Übung im Zusammenhang als kleinen Parcours reiten.

Über der Reihe bereits auf den Sprung danach schauen! Nach dem letzten Sprung der Reihe jeweils im richtigen Galopp landen und konzentriert auf den nächsten Sprung zu weiterreiten.

Diese Übungen (Reitplatz 20 × 60 m) bereiten besonders auf die Anforderungen in Geländeprüfungen vor, in denen Sprünge manchmal besser am Rand gesprungen werden und wo die optimale Wegewahl zu einem schrägen Springen zwingt.

Der »Wassergraben« lässt sich günstig durch eine blaue Plane imitieren, die zudem den Vorteil hat, dass man sie zur Gewöhnung der Pferde zunächst schmal falten und ggf. mit etwas Sand/Spänen bedecken kann.

Der Fächersprung sollte einem Geländesprung (Zaun) möglichst ähnlich sein, bei dem keine Pfosten/Ständer als seitliche Begrenzung verfügbar sind. Hierzu kann man auf der Seite mit nur einem Ständer einen niedrigen Ständer nehmen und die Stange auf Ständerhöhe legen. Eine Alternative wäre, statt der Ständer z.B. hohe Kegel vom Dressurviereck zu nehmen und die Stangen obenauf zu legen.

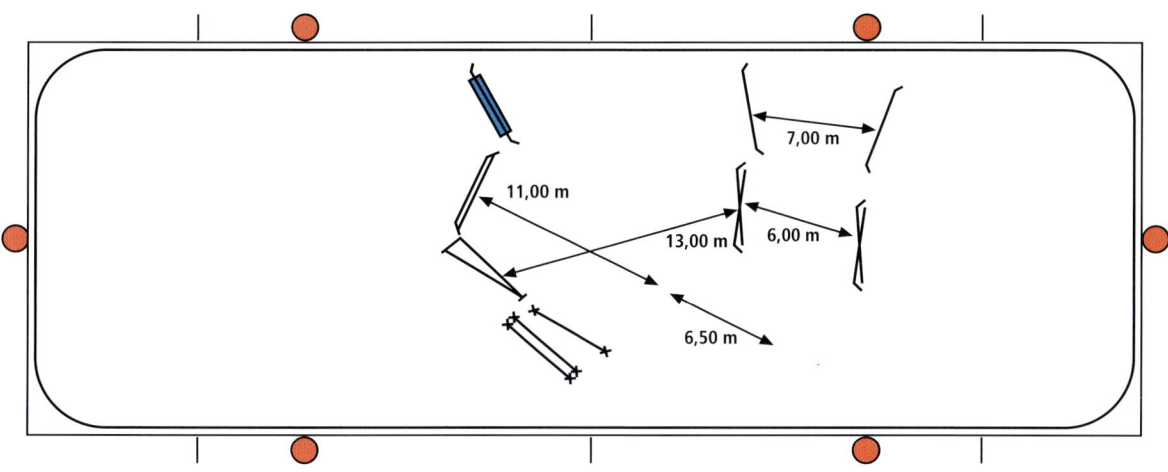

Übung 1

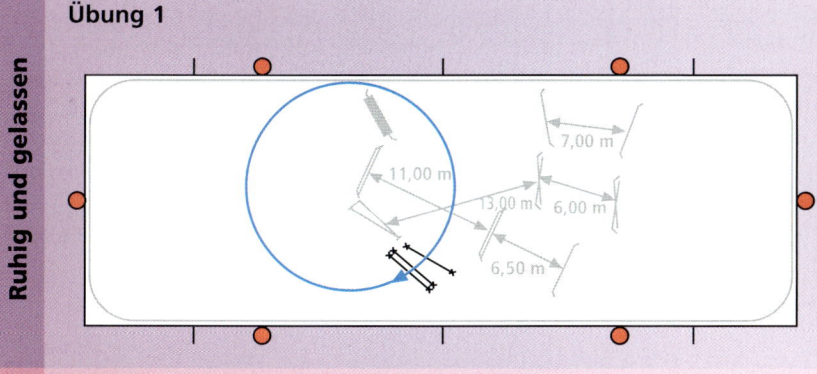

Ruhiges Springen im Trab aus der Wendung über zwei aufeinander gestellte Bodenricks, davor im Abstand von ca. 2,20 m ein auf niedrigstmöglicher Höhe liegendes Bodenrick als Taktstange. Die Höhe des Sprungs lässt sich durch Drehen des oberen Bodenricks zweimal leicht erhöhen.

Übung 2

Schräg über die Hindernisse, im richtigen Galopp landen, enge Wendung

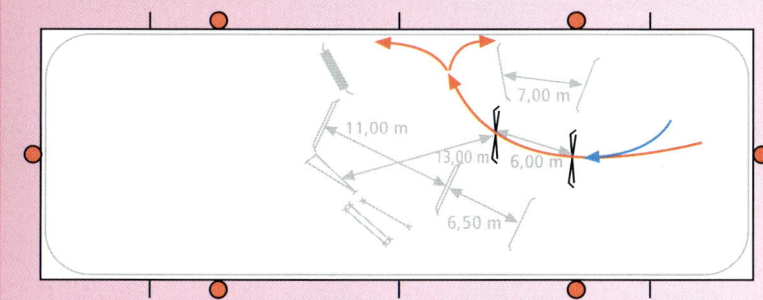

Ruhiges Springen aus dem Trab oder Galopp über zwei niedrige Couverts auf einem bogenförmigen Hufschlag.

Danach gezielt richtig landen und entweder im Rechtsgalopp landen und auf enger Wendung rechts weiterreiten oder linksum wenden und das Problem mit dem Handgalopp (richtig gelandet, fliegender Wechsel notwendig) lösen.

Ruhig und gelassen

Wendungen

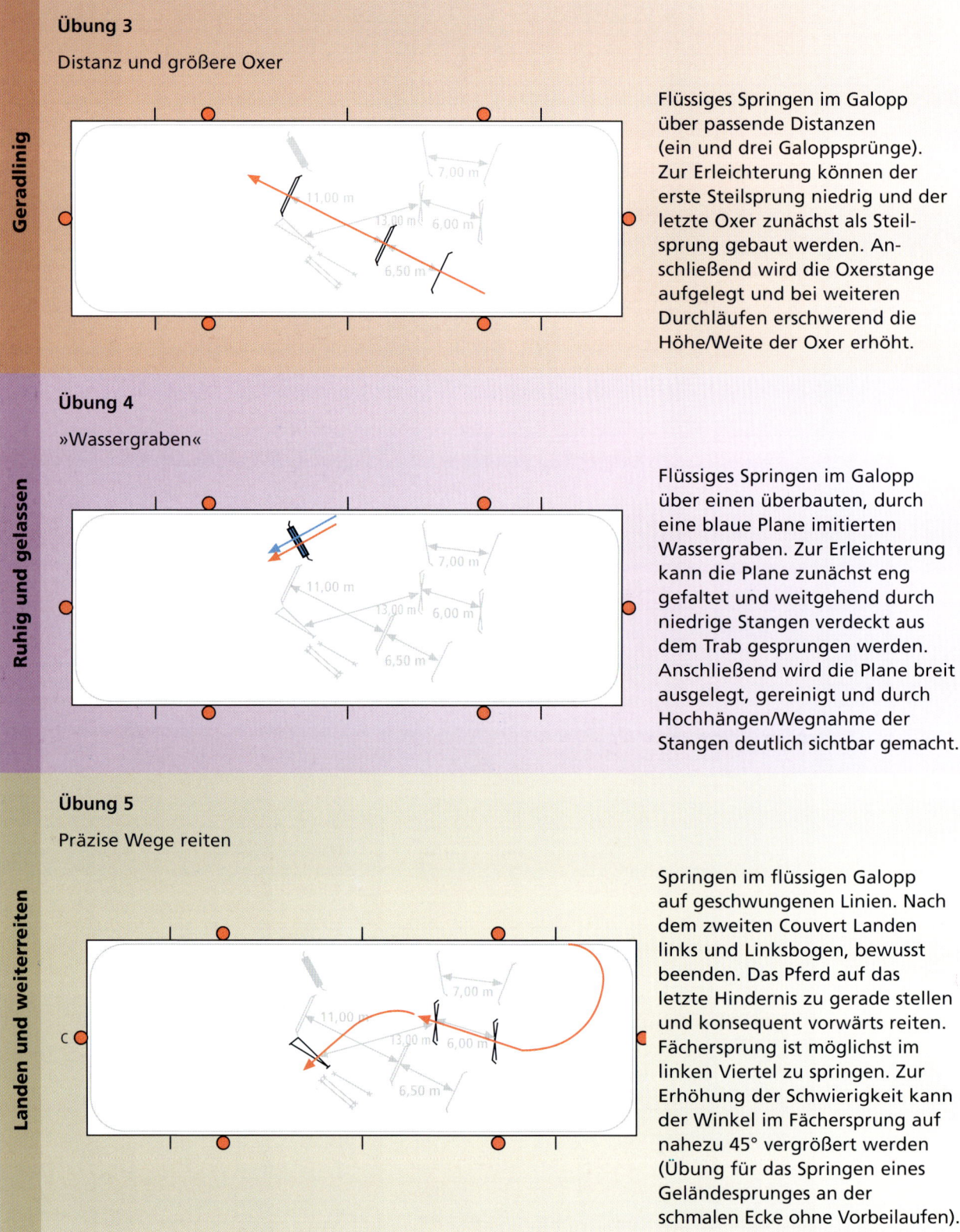

Geradlinig

Übung 3

Distanz und größere Oxer

Flüssiges Springen im Galopp über passende Distanzen (ein und drei Galoppsprünge). Zur Erleichterung können der erste Steilsprung niedrig und der letzte Oxer zunächst als Steilsprung gebaut werden. Anschließend wird die Oxerstange aufgelegt und bei weiteren Durchläufen erschwerend die Höhe/Weite der Oxer erhöht.

Ruhig und gelassen

Übung 4

»Wassergraben«

Flüssiges Springen im Galopp über einen überbauten, durch eine blaue Plane imitierten Wassergraben. Zur Erleichterung kann die Plane zunächst eng gefaltet und weitgehend durch niedrige Stangen verdeckt aus dem Trab gesprungen werden. Anschließend wird die Plane breit ausgelegt, gereinigt und durch Hochhängen/Wegnahme der Stangen deutlich sichtbar gemacht.

Landen und weiterreiten

Übung 5

Präzise Wege reiten

Springen im flüssigen Galopp auf geschwungenen Linien. Nach dem zweiten Couvert Landen links und Linksbogen, bewusst beenden. Das Pferd auf das letzte Hindernis zu gerade stellen und konsequent vorwärts reiten. Fächersprung ist möglichst im linken Viertel zu springen. Zur Erhöhung der Schwierigkeit kann der Winkel im Fächersprung auf nahezu 45° vergrößert werden (Übung für das Springen eines Geländesprunges an der schmalen Ecke ohne Vorbeilaufen).

Geradlinig

Übung 6
Distanz und schräg

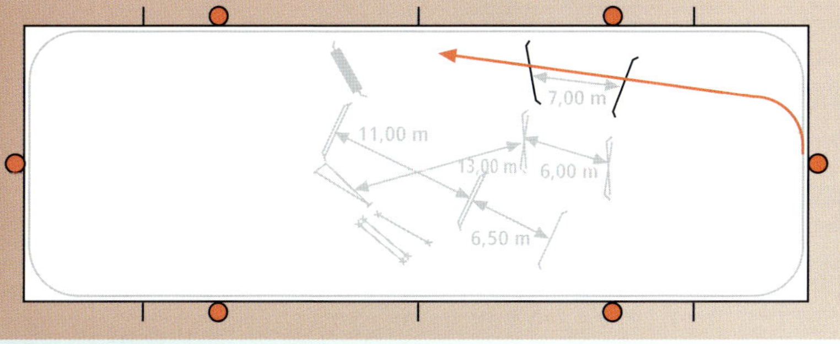

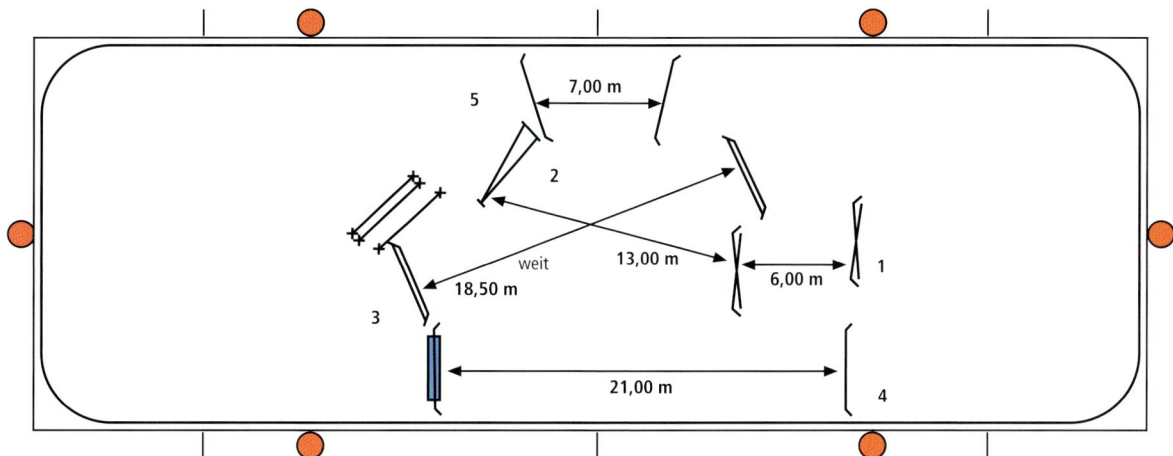

Gerades Springen im flüssigen Galopp bei passender Distanz (ein Galoppsprung) über schräg gestellte Hindernisse. Die Schwierigkeit kann durch zunehmende Schrägstellung der (zunächst fast senkrecht zur zu reitenden Linie gestellten) Hindernisse erhöht werden.

Senkrecht bis schräg über die Mitte

Zum Abschluss
Falls Sie und Ihr Pferd noch genügend Kraft haben: den Parcours im Zusammenhang reiten. Andernfalls das Pferd lieber wegstellen, nach einiger Zeit erneut satteln, abreiten und den Parcours »turniermäßig« ohne erneute Vorübungen springen.

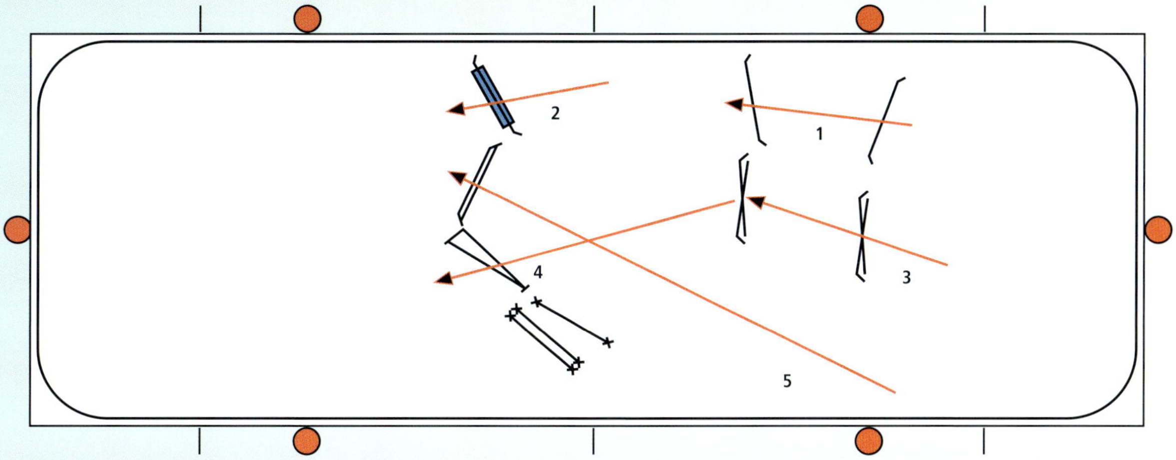

_____ **Übungsalternative 3**

Diese Übungsfolge entspricht bei leicht verändertem Aufbau im Wesentlichen der Übungsalternative 2 und dient somit variierend der Vertiefung des Lernerfolgs.

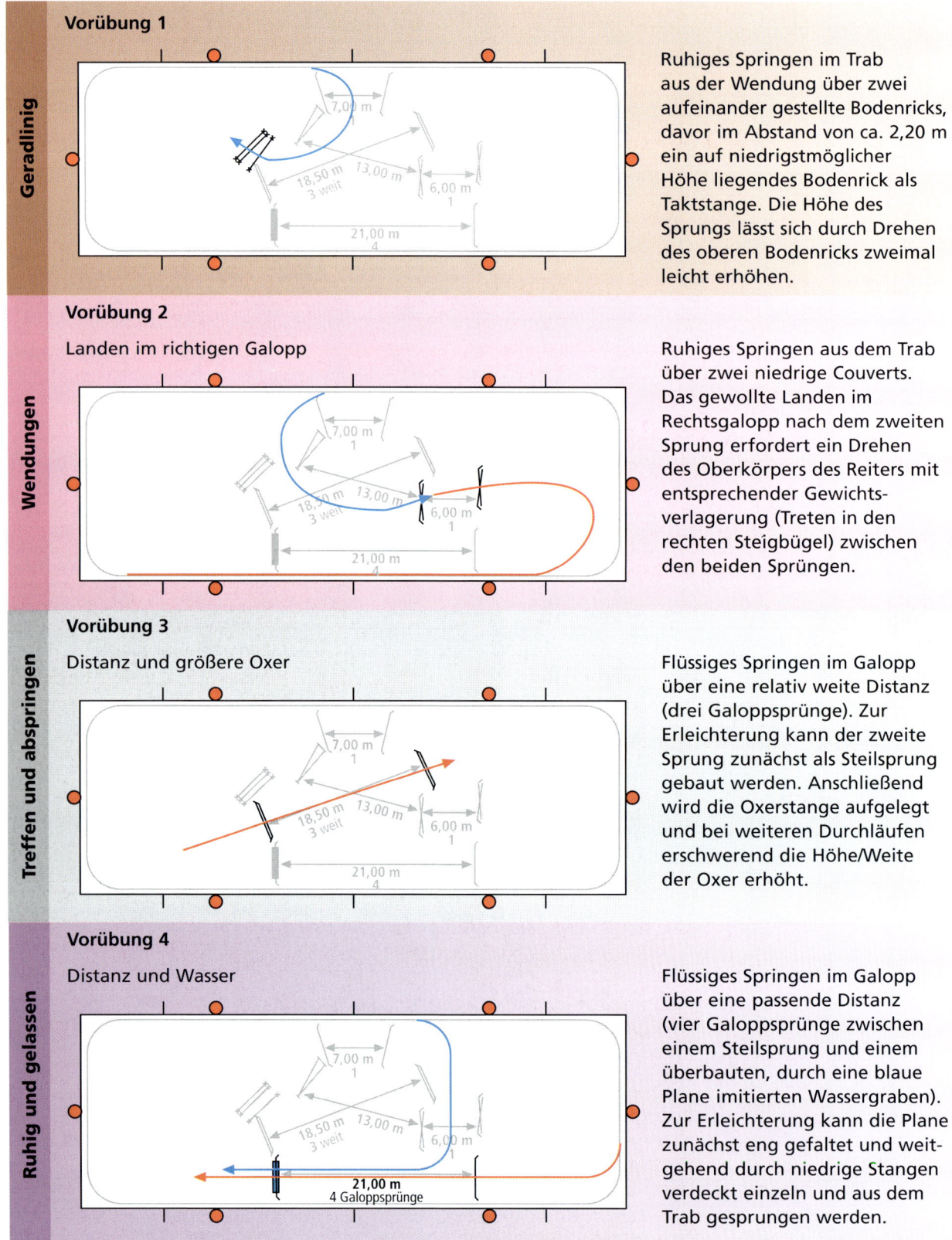

Geradlinig

Vorübung 1

Ruhiges Springen im Trab aus der Wendung über zwei aufeinander gestellte Bodenricks, davor im Abstand von ca. 2,20 m ein auf niedrigstmöglicher Höhe liegendes Bodenrick als Taktstange. Die Höhe des Sprungs lässt sich durch Drehen des oberen Bodenricks zweimal leicht erhöhen.

Wendungen

Vorübung 2

Landen im richtigen Galopp

Ruhiges Springen aus dem Trab über zwei niedrige Couverts. Das gewollte Landen im Rechtsgalopp nach dem zweiten Sprung erfordert ein Drehen des Oberkörpers des Reiters mit entsprechender Gewichtsverlagerung (Treten in den rechten Steigbügel) zwischen den beiden Sprüngen.

Treffen und abspringen

Vorübung 3

Distanz und größere Oxer

Flüssiges Springen im Galopp über eine relativ weite Distanz (drei Galoppsprünge). Zur Erleichterung kann der zweite Sprung zunächst als Steilsprung gebaut werden. Anschließend wird die Oxerstange aufgelegt und bei weiteren Durchläufen erschwerend die Höhe/Weite der Oxer erhöht.

Ruhig und gelassen

Vorübung 4

Distanz und Wasser

Flüssiges Springen im Galopp über eine passende Distanz (vier Galoppsprünge zwischen einem Steilsprung und einem überbauten, durch eine blaue Plane imitierten Wassergraben). Zur Erleichterung kann die Plane zunächst eng gefaltet und weitgehend durch niedrige Stangen verdeckt einzeln und aus dem Trab gesprungen werden.

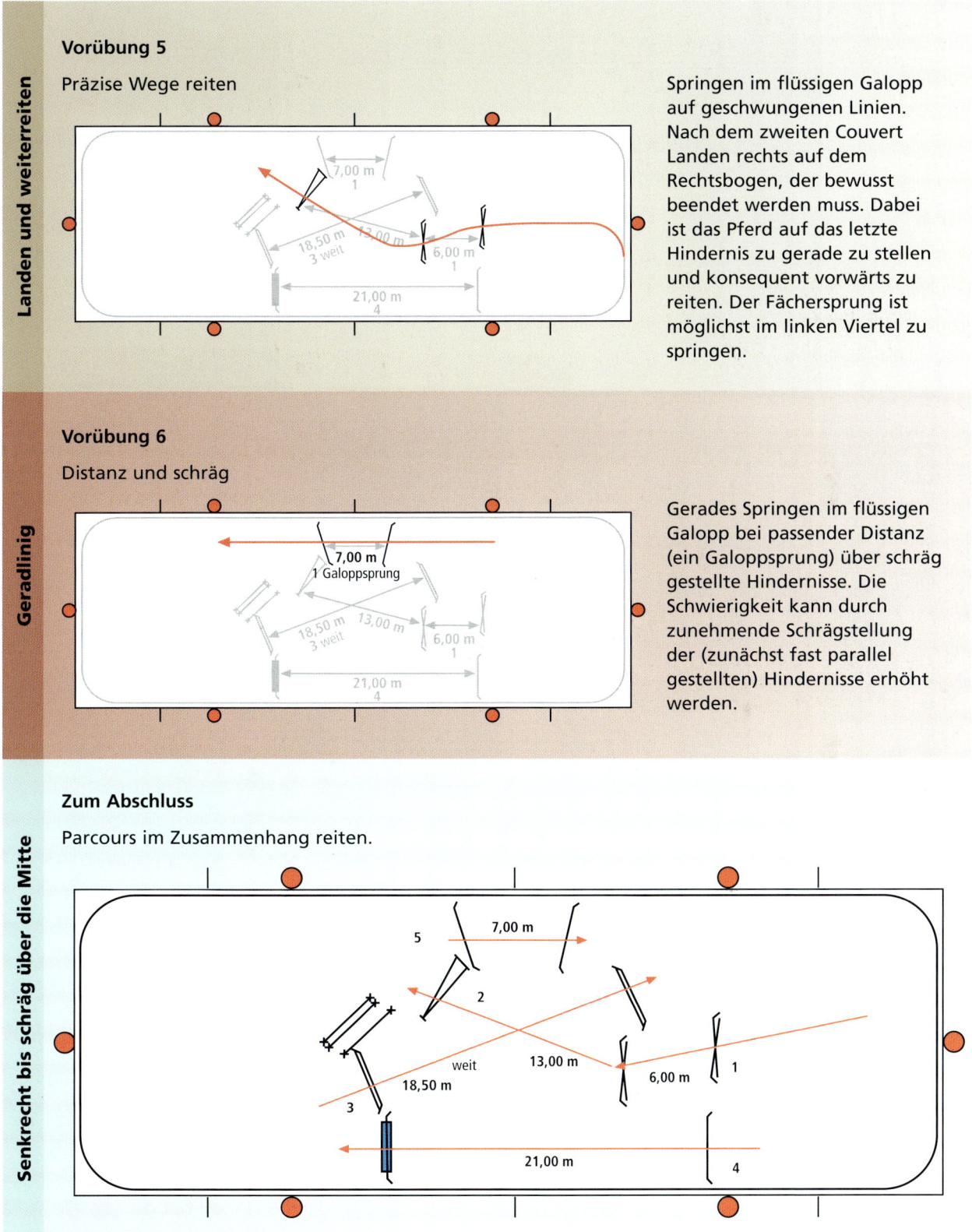

Landen und weiterreiten

Vorübung 5

Präzise Wege reiten

Springen im flüssigen Galopp auf geschwungenen Linien. Nach dem zweiten Couvert Landen rechts auf dem Rechtsbogen, der bewusst beendet werden muss. Dabei ist das Pferd auf das letzte Hindernis zu gerade zu stellen und konsequent vorwärts zu reiten. Der Fächersprung ist möglichst im linken Viertel zu springen.

Geradlinig

Vorübung 6

Distanz und schräg

Gerades Springen im flüssigen Galopp bei passender Distanz (ein Galoppsprung) über schräg gestellte Hindernisse. Die Schwierigkeit kann durch zunehmende Schrägstellung der (zunächst fast parallel gestellten) Hindernisse erhöht werden.

Senkrecht bis schräg über die Mitte

Zum Abschluss

Parcours im Zusammenhang reiten.

4.4 Geradlinig

4.4.1 Definition

Geradlinig bedeutet den kurzen und unmissverständlichen Weg zwischen einem Punkt vor dem Hindernis und der Landestelle dahinter.[13]

4.4.2 Voraussetzungen

a beim Pferd	b beim Reiter
Gerade richtende Dressurarbeit.	Umsetzungsorientierung.

4.4.3 Zielsetzungen

a für das Pferd	b für den Reiter
Klarheit über den Willen des Reiters zu diesem Sprung.	Sicher ankommen
Kräfteschonend, weil weniger Bedarf an Schnellkraft durch Nutzung der im Anreiten gewonnenen Bewegungsenergie.	
»Knochenschonend«, weil Drehbewegungen im Absprung und bei der Landung die Gelenke stärker belasten würden.	

4.4.4 Ausführung

Das Pferd geht *durchlässig* mit der Bereitschaft, die Hilfen des Reiters gehorsam und zwanglos anzunehmen, insbesondere reagiert es im Galopp auf beiden Händen auf treibende Hilfen ohne Zögern.	
Das Pferd geht *gerade*, d.h., es passt sich mit der Längsachse seines Körpers der Hufschlaglinie (vor dem Sprung vorzugsweise der Geraden) an. Am Absprungpunkt bringt es beide Hinterbeine (gleichmäßig) so unter den Schwerpunkt, dass es die Bewegungsenergie aus dem Galopp in Fortsetzung der Bewegungsrichtung in den Absprung mitnimmt. Die für den Sprung erforderliche Energie stammt dann aus dieser (ungebrochen) mitgenommenen Bewegungsenergie und aus der Beschleunigung im Abdrücken (Schnellkraft).	Der Reiter sitzt gerade, blickt zwischen den Ohren des Pferdes hindurch, tritt gleichmäßig in beide Bügel.

---

13) »Make sure your approach is straight.« (Mary Gordon Watson, The Handbook of Riding, London, 1982, S. 74). Das englische »straight« oder »straight forward« bedeutet gerade, aber auch z.B. direkt, ehrlich und unkompliziert.

Auch nach der Beeinflussung zum Landen im richtigen Galopp landet das Pferd gerade und »wartet« auf geradem Weg, ob es gerade (z.B. zum nächsten Hindernis einer Kombination) weitergeritten oder in eine Wendung genommen wird.

4.4.5 Fehler und Abhilfe

Das Pferd weicht (schon weit) vor dem Hindernis aus, läuft am Hindernis vorbei.	Anforderungen zurücknehmen; mit ruhiger Arbeit über Bodenstangen, kleine Kombinationen, leichte Reihen das Vertrauen wiederherstellen.
	Ruhiges, dressurmäßiges Reiten auf dem Zirkel und daraus gelegentlich (passiv, »auf Warten« und ohne »Abschießen«, aber schnörkellos konsequent) ein Hindernis anreiten.
Das Pferd nähert sich dem Hindernis auf den letzten Galoppsprüngen zögerlich und schwankend in einer Zickzacklinie.	In der Dressurarbeit den Gehorsam auf treibende Hilfen und das Zulegen üben.
	In einladenden und leichten Reihen (Freispringen und Reiten) mit länger werdenden Abständen das Verlängern der Galoppsprünge auf den Sprung zu üben.
	Auf die Mitte des (leichten) Sprunges zu trichterförmig auf jeder Seite mit zwei Stangen eine sich verengende Gasse (Fang) bauen und auf das Hindernis zu die Galoppsprünge mit deutlich treibenden Hilfen verlängern.
Der Reiter blickt nicht gerade voraus, sondern (links am Pferd vorbei) auf den Boden.	Schulterblätter zusammen, Kopf hoch, Blick über die Ohren des Pferdes hinweg zum Ziel.
Das Pferd läuft (links) am Sprung vorbei.	Fänge einsetzen.
	Zirkel rechte Hand, daraus im Rechtsgalopp das Hindernis in dessen rechter Hälfte anreiten.

Übungsalternative 1

Das Pferd wird auf Dauer nur dann mit dem Reiter kooperieren, wenn es sich auf den Reiter verlassen kann und von ihm nicht enttäuscht wird. Kooperativer Führungsstil ist dann in erster Linie ehrliches und unkompliziertes Reiten über ehrliche und unkomplizierte Aufgaben.

Übungsalternative 1: Die Kooperation beherrschen

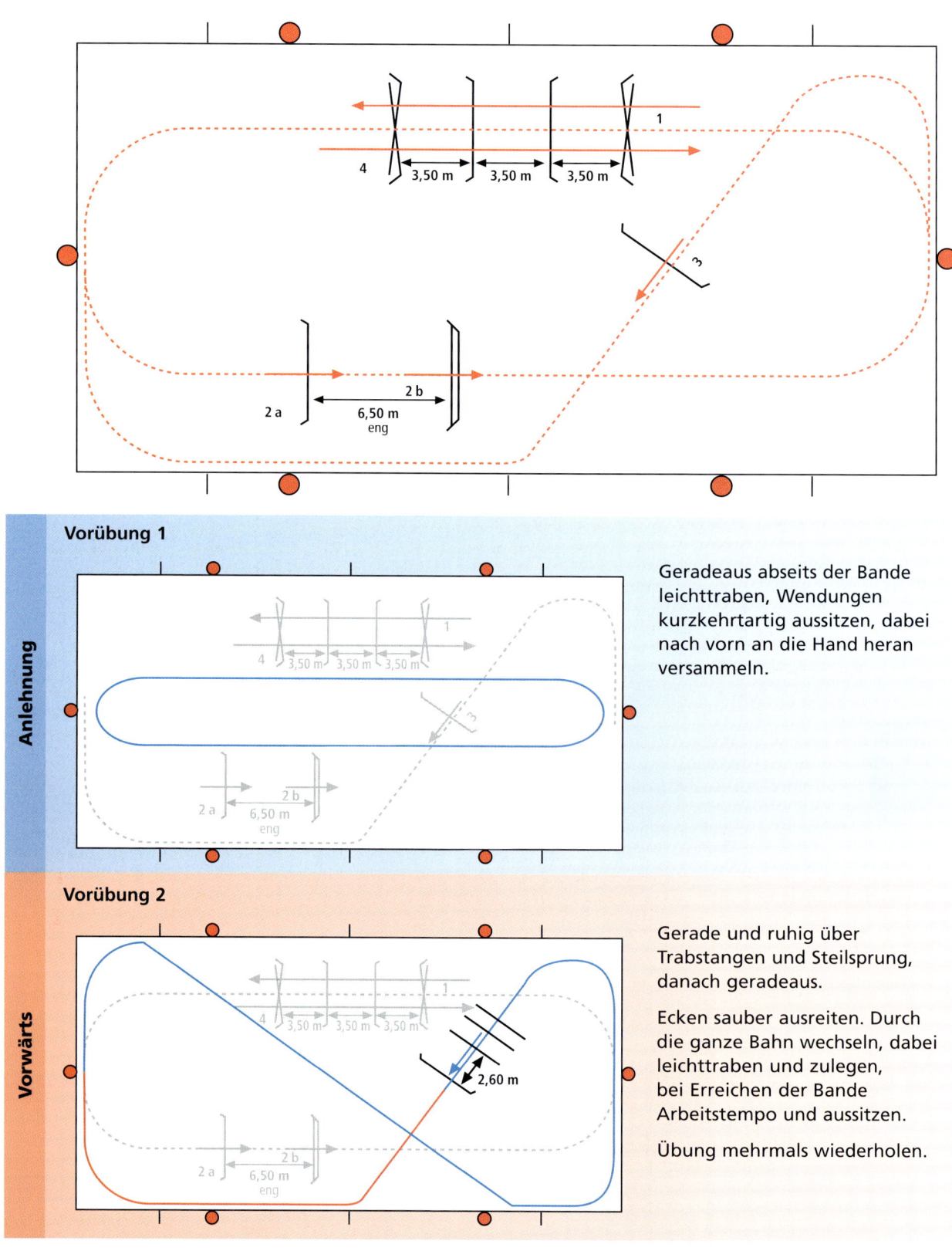

Vorübung 1

Anlehnung

Geradeaus abseits der Bande leichttraben, Wendungen kurzkehrtartig aussitzen, dabei nach vorn an die Hand heran versammeln.

Vorübung 2

Vorwärts

Gerade und ruhig über Trabstangen und Steilsprung, danach geradeaus.

Ecken sauber ausreiten. Durch die ganze Bahn wechseln, dabei leichttraben und zulegen, bei Erreichen der Bande Arbeitstempo und aussitzen.

Übung mehrmals wiederholen.

Vorübung 3

Takt

3,50 m   3,50 m   3,50 m

6,50 m
eng

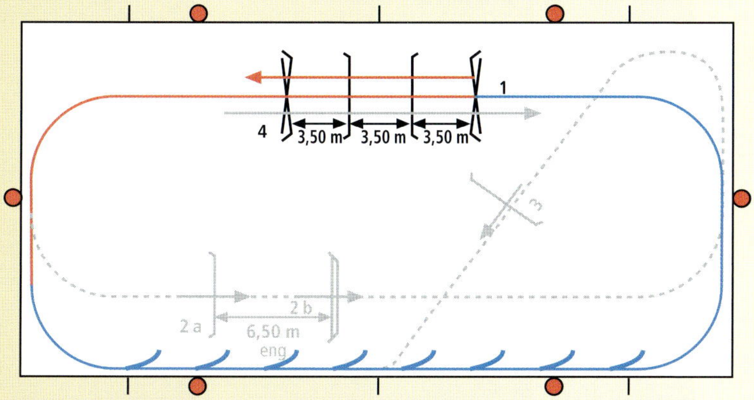

Schulterherein an der langen Seite und Gymnastikreihe mit gleichen Abständen unterstützen taktmäßiges Gehen.

Vor, über und nach der Reihe auf gerade Linie achten. Im Galopp bis zur Bande und dort eine ordentliche Wendung reiten.

Zum Abschluss

Geradlinig

3,50 m   3,50 m   3,50 m

6,50 m
eng

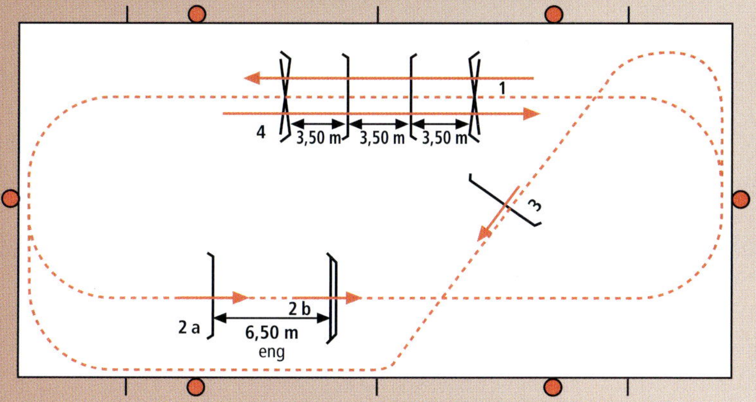

Übung im Zusammenhang als kleinen Parcours reiten.

Die Reihe mittig auf geradem Weg durchreiten, im Galopp/Rhythmus bleiben; Hindernis 3 ggf. als Gehorsamsprüfung erschwerend nur 1,50–2,00 m breit.

Übungsalternative 2

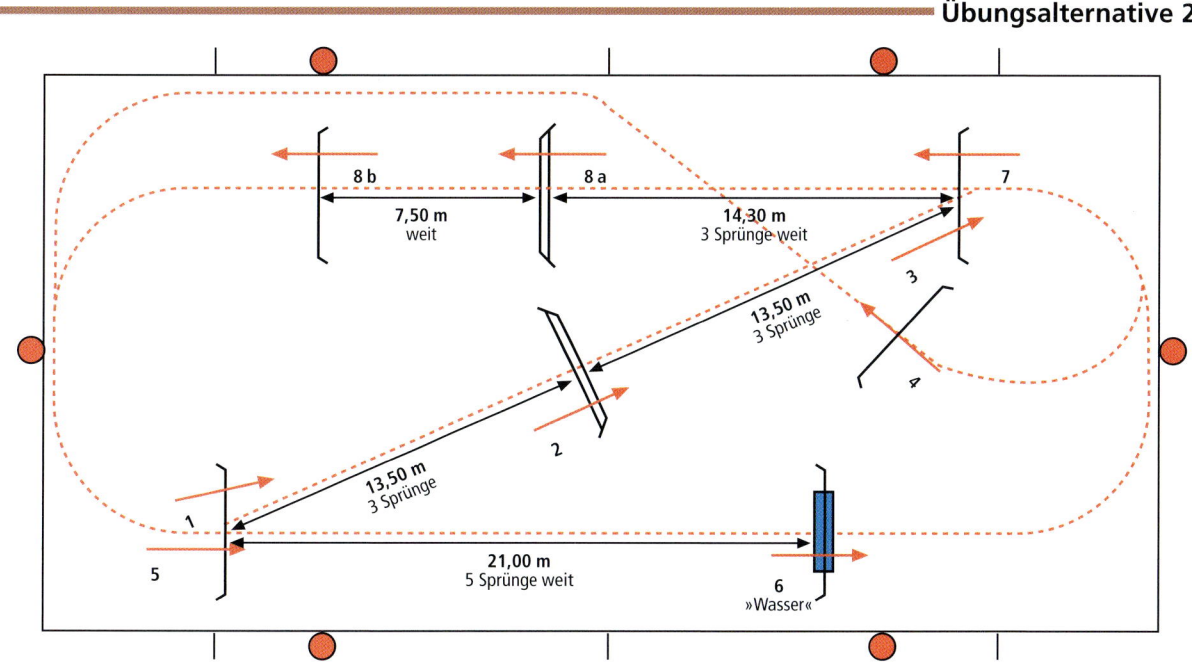

Vorübung 1

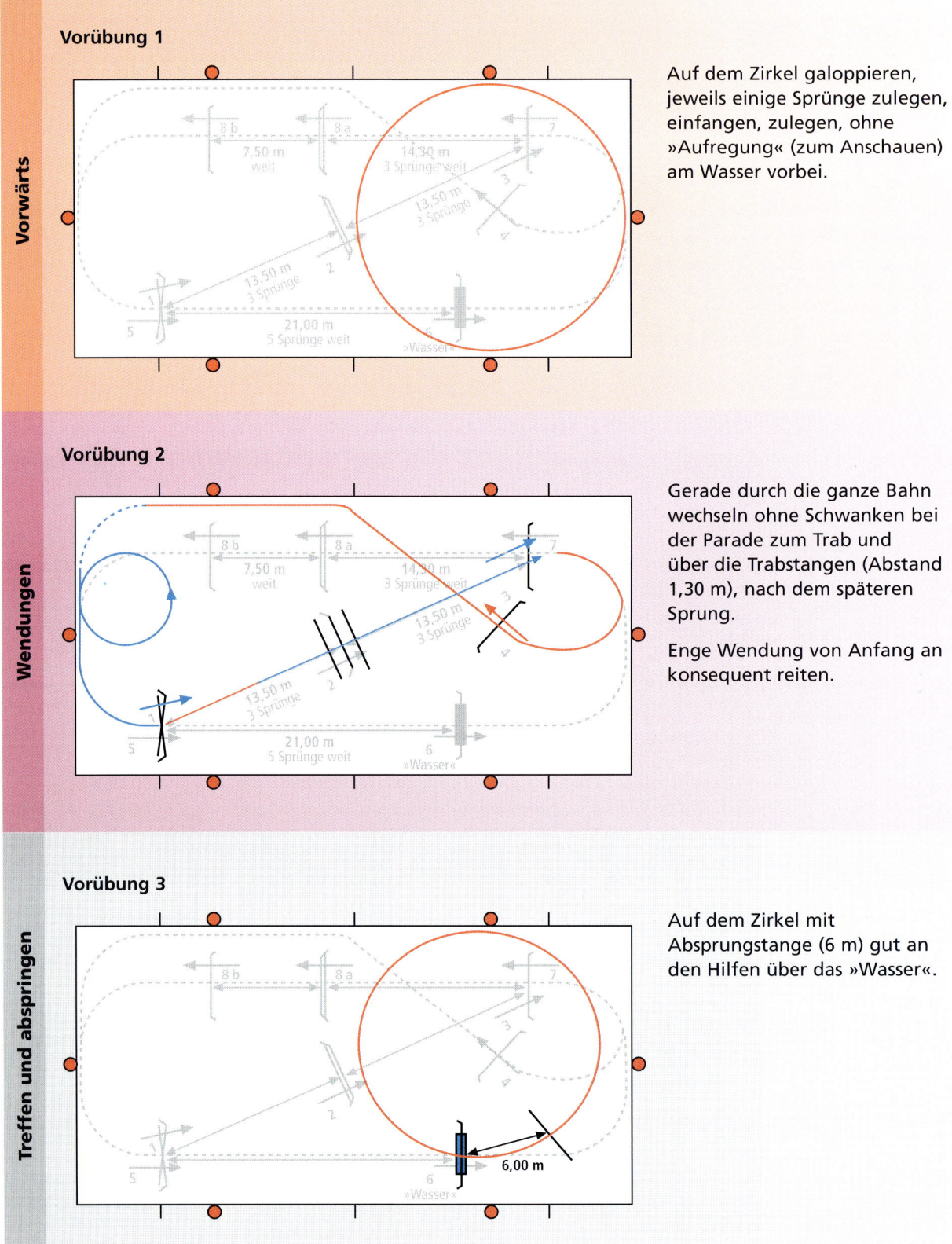

Auf dem Zirkel galoppieren, jeweils einige Sprünge zulegen, einfangen, zulegen, ohne »Aufregung« (zum Anschauen) am Wasser vorbei.

Vorübung 2

Gerade durch die ganze Bahn wechseln ohne Schwanken bei der Parade zum Trab und über die Trabstangen (Abstand 1,30 m), nach dem späteren Sprung.

Enge Wendung von Anfang an konsequent reiten.

Vorübung 3

Auf dem Zirkel mit Absprungstange (6 m) gut an den Hilfen über das »Wasser«.

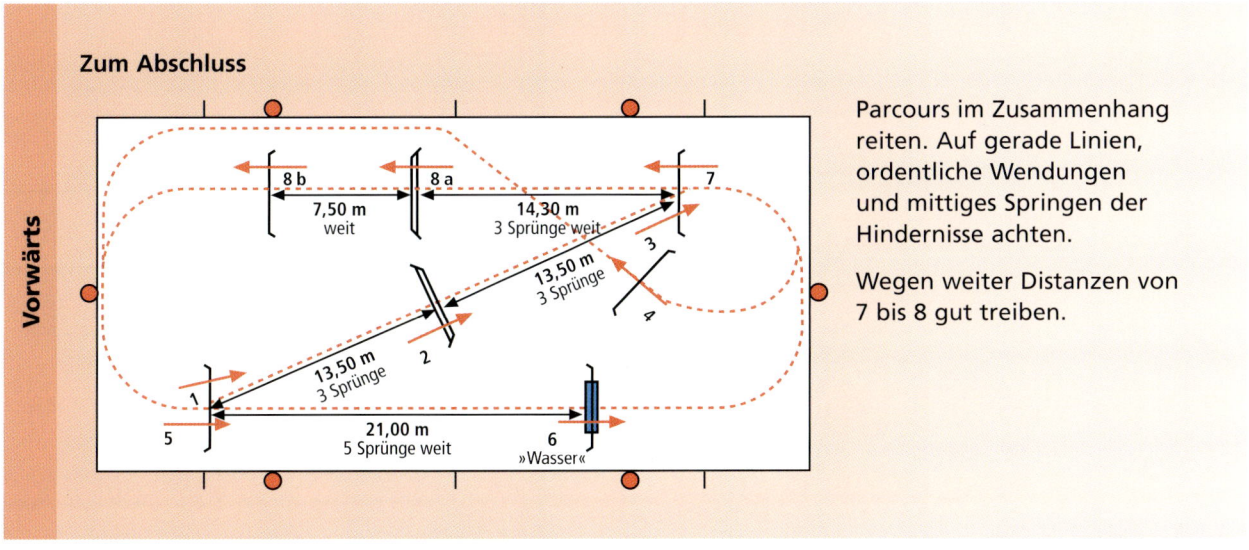

Zum Abschluss

Vorwärts

8 b 8 a 7

7,50 m
weit

14,30 m
3 Sprünge weit

13,50 m
3 Sprünge

3

13,50 m
3 Sprünge 2 4

1

5 21,00 m
5 Sprünge weit

6
»Wasser«

Parcours im Zusammenhang reiten. Auf gerade Linien, ordentliche Wendungen und mittiges Springen der Hindernisse achten.

Wegen weiter Distanzen von 7 bis 8 gut treiben.

4.5 Treffen und abspringen

4.5.1 Definition

»Treffen« heißt, am für das Pferd günstigsten Punkt den Absprung finden.
Dieser Punkt liegt bei einem (mittleren) Steilsprung etwa so weit vor dem Hindernis, wie der Sprung hoch ist (vor einem Oxer: Höhe des Oxers zuzüglich seiner halben Breite). Das Pferd muss an diesem Punkt mit den Vorderbeinen nach dem Ablauf eines Trabtritts bzw. eines Galoppsprunges aufsetzen. Im Galopp erreicht das Pferd einen solchen Punkt jeweils nach ca. 3,0–3,5 m, im Trab (nach dem Auffußen des einen oder des anderen diagonalen Beinpaares) schon jeweils nach ca. 1,25 m. Im Trab hat das Pferd also gegenüber dem Galopp mehr als die doppelte Chance, den Absprungpunkt zu treffen.
Zur reiterlichen Einwirkung bezüglich des Treffens gibt es zwei gegensätzliche Auffassungen:
a) Das Pferd wird zum »Mitdenken« und zur Mitarbeit erzogen, es kann sich den Absprung selbst einteilen und wird sich (wenn es einmal nicht passt) selbst irgendwie helfen. Dies funktioniert in der Regel bei niedrigen (1 m) Höhen.
b) Ausschließlich der Reiter, ausgestattet mit einem perfekten »Auge« für die Distanz, reguliert in der Form, dass er das Anreiten richtig einteilt und an der passenden Stelle die Hilfe zum Absprung gibt. Dies ist in der Regel erforderlich bei größeren Höhen und bei vom Parcoursbauer in den Distanzen raffiniert konzipiertem Parcours.

4.5.2 Voraussetzungen

a beim Pferd	b beim Reiter
Losgelassenheit und kontrollierte Annäherung an das Hindernis (Tempo, Schwung, Versammlung).	Aktives Reiten zwischen den Hindernissen. Pferd durch feine Einwirkung im flüssigen Galopp an und vor (Bergaufgefühl) den Hilfen behalten.
Für das mitarbeitende Pferd entsprechende Ausbildung und angemessene Freiheit zur Eigeninitiative.	Für den den Absprung bestimmenden Reiter ein gutes Auge und ggf. die Möglichkeit zur frühzeitigen Regulierung des Galopps.

4.5.3 Zielsetzungen

a für das Pferd	b für den Reiter
Insbesondere bei höheren Sprüngen ist die optimale Absprungzone relativ eng definiert, in der die Flugparabel beginnen muss, damit dem Pferd der Sprung so einfach wie möglich wird und es nicht über dem Sprung zu besonderen Balanceanstrengungen gezwungen sein soll bzw. Fehler unvermeidlich werden.	Sicher, fehlerfrei, komfortabel und so harmonisch springen, dass nach dem Sprung sofort kontrolliert weitergeritten werden kann.

4.5.4 Ausführung

Das Pferd hat das Hindernis als Ziel aufgefasst, den Kopf vielleicht etwas höher genommen, die Nase deutet auf den Sprung. Die letzten (drei bis ein) Galoppsprünge auf das Hindernis zu haben eine gleich bleibend hohe oder sich verstär-kende Vorwärtstendenz. Das Pferd zieht den Sprung an.	Pferd ständig an/vor den Hilfen. Pferd im geraden Anreiten eindeutig auf das zu springende Hindernis aufmerksam machen (bei den Militärs: »Zielansprache«). Ausgangstempo so, dass auf das Hindernis zu eine geringfügige Fehleinschätzung der Distanz notfalls nach vorn (durch verlängerte Galoppsprünge), ausgeglichen werden kann.
Das Pferd verlängert den Hals etwas, nimmt den Kopf tiefer, sucht sich den Absprung.	Ruhe bewahren! Ruhig, aber konsequent (treibend) sitzen/weiterreiten.
Das Pferd setzt am Absprungpunkt die Vorderbeine weitgehend parallel auf, die Hinterbeine werden parallel zur Übernahme der Last weit unter den Körper gesetzt, der Hals wird etwas »kürzer«.	Ruhig, aber konsequent (treibend) sitzen, weiche Verbindung zum Pferdemaul behalten. Beide Waden gut anliegend.
Die Vorhand wird zur Einleitung des Absprungs aktiv vom Boden abgedrückt, gleichzeitig oder einen Augenblick später beginnt die Streckung der Hinterhand.	Im Absprung Nachgeben der Hand in Richtung Pferdemaul ohne Aufgabe der Verbindung, Mitgehen mit der Bewegung des Pferdes (leichtes Strecken der Waden- und Oberschenkelmuskulatur, kurzzeitige und geringfügige Öffnung des Winkels in der Kniebeuge), wobei der Oberkörper etwas nach vorn genommen und in den Hüften »gefaltet« wird, der Blick (Kopf hoch!) bleibt nach vorn gerichtet.
Wenn sich das Pferd einmal entschlossen hat, abzuspringen ...	dann darf sich der Reiter nur noch (passiv mitbalancierend) den Gesetzen der Physik und (hoffnungsvoll) dem Geschick des Pferdes anvertrauen. Runter kommen Sie immer ..., irgendwann und irgendwie.

4.5.5 Fehler und Abhilfe

Der Reiter erkennt spät, dass der Absprung nicht passen wird.	Notfalls nicht gegen die Mitte des Sprungs reiten, sondern etwas neben der Mitte anreiten und so dem Pferd etwas mehr Platz für den letzten Galoppsprung verschaffen.

Das Pferd macht sich den Absprung passend: wenn zu weit, durch einen halben Zwischentritt, wenn zu eng, dadurch, dass es den letzen Galoppsprung schräg ansetzt und damit die Distanz zum Hindernis etwas verlängert.	Der Reiter dankt dem Pferd für die Mitarbeit.
Unterlaufen (Absprung zu nahe am Hindernis). Folge: Vorhandfehler und Verweigern.	Absprungstange vor dem Hindernis (Abstand: höchstens Hindernishöhe minus 30 cm vor dem Hindernis). Lange Reihe mit »passenden« Abständen, von Übung zu Übung Abstände verlängern und dabei durch ausreichendes Treiben »Zwischentritt« überflüssig machen/verhindern.
Zu groß (Absprung zu weit vor dem Hindernis). Folge: Hinterhandfehler, der Abstand zum zweiten Hindernis einer Kombination wird zu eng mit der Folge eines Vorhandfehlers oder Verweigerns.	Aufnehmen, beim Anreiten Ruhe bewahren (zu früh anzuschieben und dann doch zu groß abdrücken zu müssen ist der größere Fehler – lieber das Pferd mitdenken und einen halben Zwischentritt machen lassen!) Taktstange vor dem Hindernis (Abstand: entsprechend Grundtempo aus dem Trab 1,80–2,50 m; aus dem Galopp 3,00–3,50 m). Gymnastikreihe zunächst mit »passenden« Abständen, dann Abstände von Übung zu Übung verkürzen.
Der Reiter macht vor dem Sprung »zu viel Druck«, das Pferd wird von Sprung zu Sprung heftiger.	Es gilt zwar die Vorschrift, wonach die treibenden Hilfen auf das Hindernis hin zunehmen sollen, meist genügen jedoch Nuancen. Bei zuverlässig gehenden Pferden sollte man Ruhe bewahren und (insbesondere wenn man sich über den passenden Absprung unsicher ist) eher auf Warten reiten. Auch im Zeitpunkt des Absprunges selbst genügt meist das »Dranbleiben« mit den Schenkeln.
Der Reiter springt vor dem Pferd ab (steht in den Bügeln auf und nimmt den Oberkörper vor), wodurch die Vorhand des Pferdes (noch am Boden) unnötig belastet, dem Pferd der Absprung unnötig erschwert wird.	Warten, bloßes Mitgehen mit der Bewegung des Pferdes genügt; vorübergehend ohne Bügel springen.
Der Reiter gibt im Augenblick des Absprungs mit den Händen zu stark nach oder wirft die Zügel weg.	Gleichmäßige weiche Anlehnung auch im Absprung behalten.
Der Reiter versucht im Augenblick des Absprungs, durch Annehmen der Zügel das Pferd gleichsam über das Hindernis zu heben.	Im Normalfall und insbesondere beim Training zu Hause dem Pferd nicht auf diese Weise helfen wollen! Normal anreiten, notfalls das Pferd einen Fehler machen lassen, aus dem es dann schon lernen wird.

Harmonisches Springen ist nur möglich, wenn der Reiter letztlich darauf vertraut, dass das Pferd abspringen wird, und sich vom Pferd in die Bewegung über den Sprung mitnehmen lässt. Langsames Heranführen an die Aufgaben im Stundenaufbau über zunächst niedrigere Hindernisse und passende Distanzen sollten bei ausreichend hohem Grundtempo das Treffen und Abspringen erleichtern.

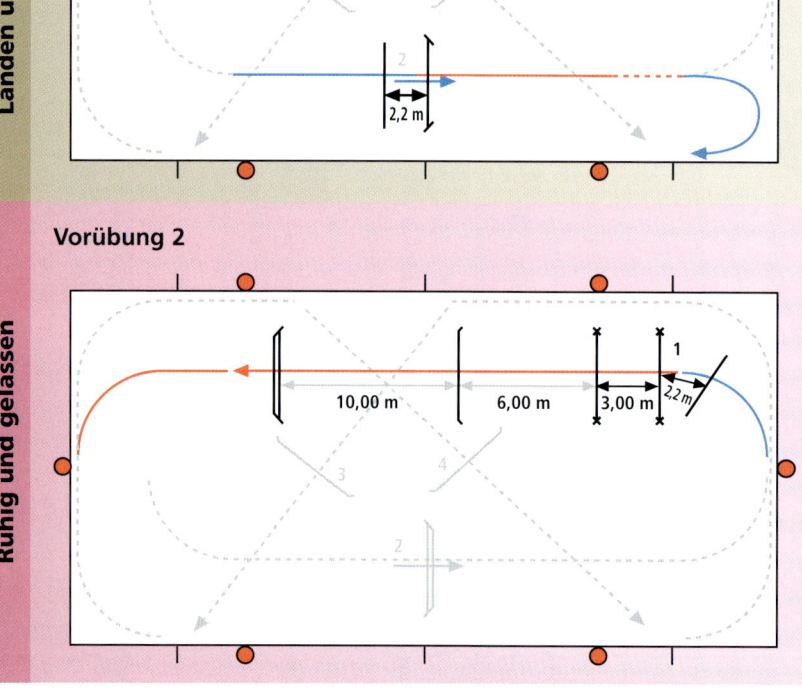

Vorübung 1

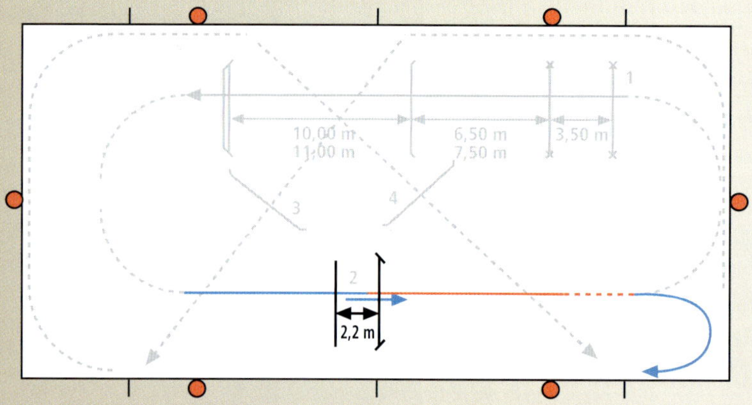

10,00 m / 11,00 m · 6,50 m / 7,50 m · 3,50 m

2,2 m

Aus dem Trab mit Taktstange über niedrigen Steilsprung, schnell zum Trab kommen und in die Ecke kehrt.

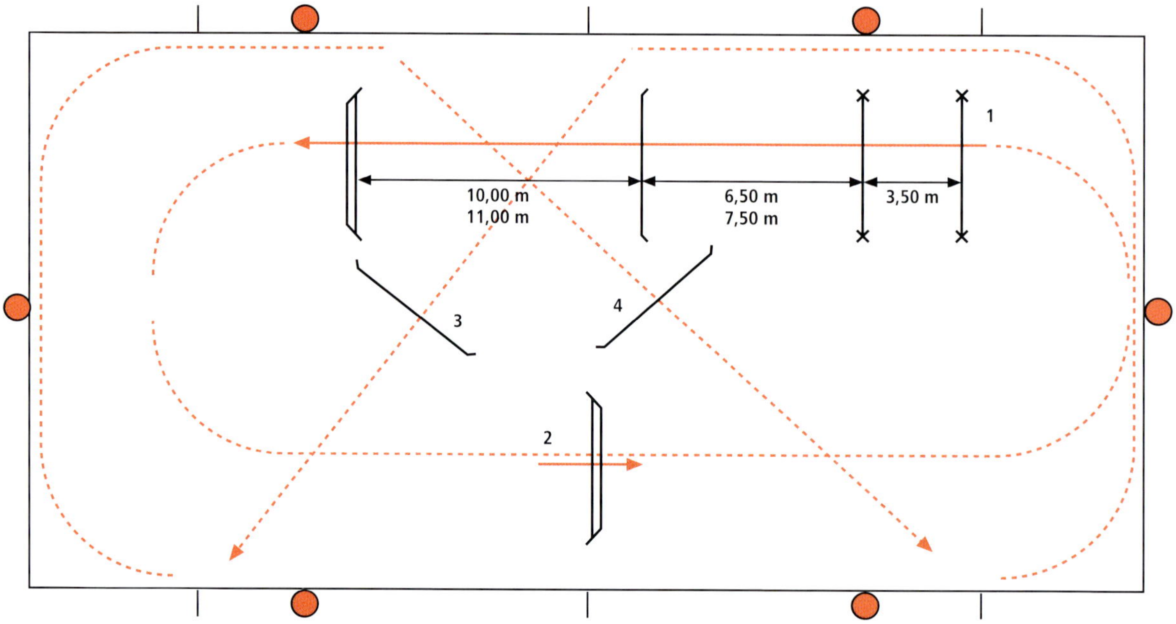

Landen und weiterreiten

Vorübung 2

10,00 m · 6,00 m · 3,00 m · 2,2 m

Aus dem Trab mit Taktstange passiv sitzend über die enge und niedrige Reihe.

Das Pferd beim mehrmaligen Durchreiten der unveränderten Reihe selbstständig aus den engen Distanzen lernen und zurückkommen lassen.

Ruhig und gelassen

Wendungen

Vorübung 3

10,00 m
11,00 m
6,50 m
7,50 m
3,50 m
1
2
3
4

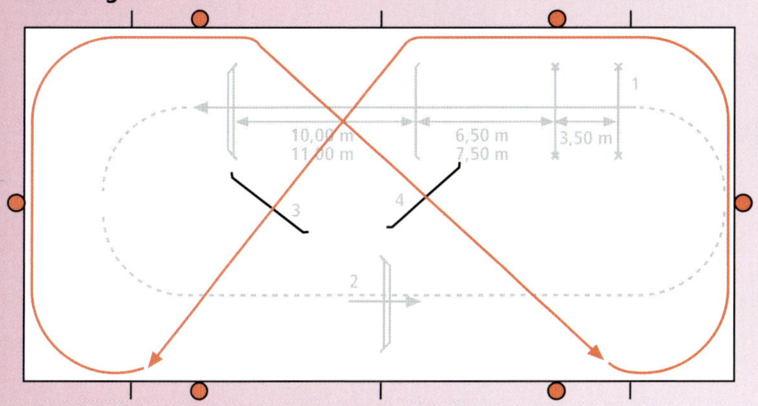

Auf einer Acht über zwei Sprünge, gut in die Ecken reiten, rhythmisch und gut an den Hilfen galoppieren, gerade Wege, ohne Schwanken mittig springen!

Die Schwierigkeit liegt im rechtzeitigen und richtigen Abwenden auf den Sprung zu, ohne im Anreiten über die Mitte des Sprungs hinauszukommen.

Treffen und abspringen

Zum Abschluss

10,00 m
11,00 m
6,50 m
7,50 m
3,50 m
1
2
3
4

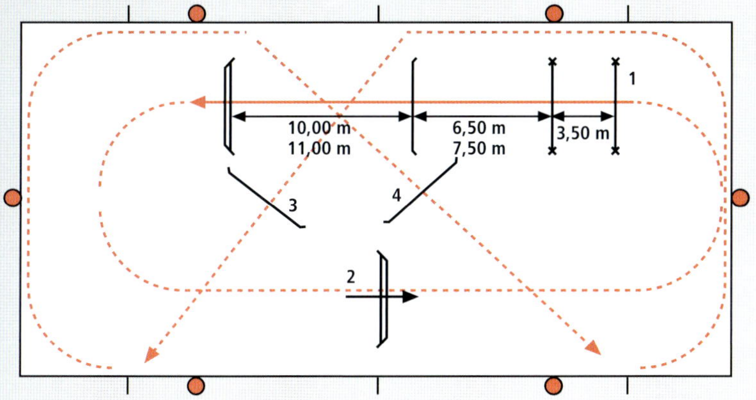

Parcours im Zusammenhang reiten, ggf. Reihe etwas höher und mit weiteren Distanzen sowie Oxer höher/weiter ziehen.

Nicht vergessen: nach dem letzten Sprung noch einmal ganze Bahn und dabei ordentlich dressurmäßig an den Hilfen galoppieren!

Übungsalternative 2

7
4
18,00 m
5 Sprünge
25,00 m
6–7 Sprünge
2 b, 6 b
2 a, 6 a
3,00 m
1, 5
Trab
2,20 m
8 a
8 b
6,50 m
3

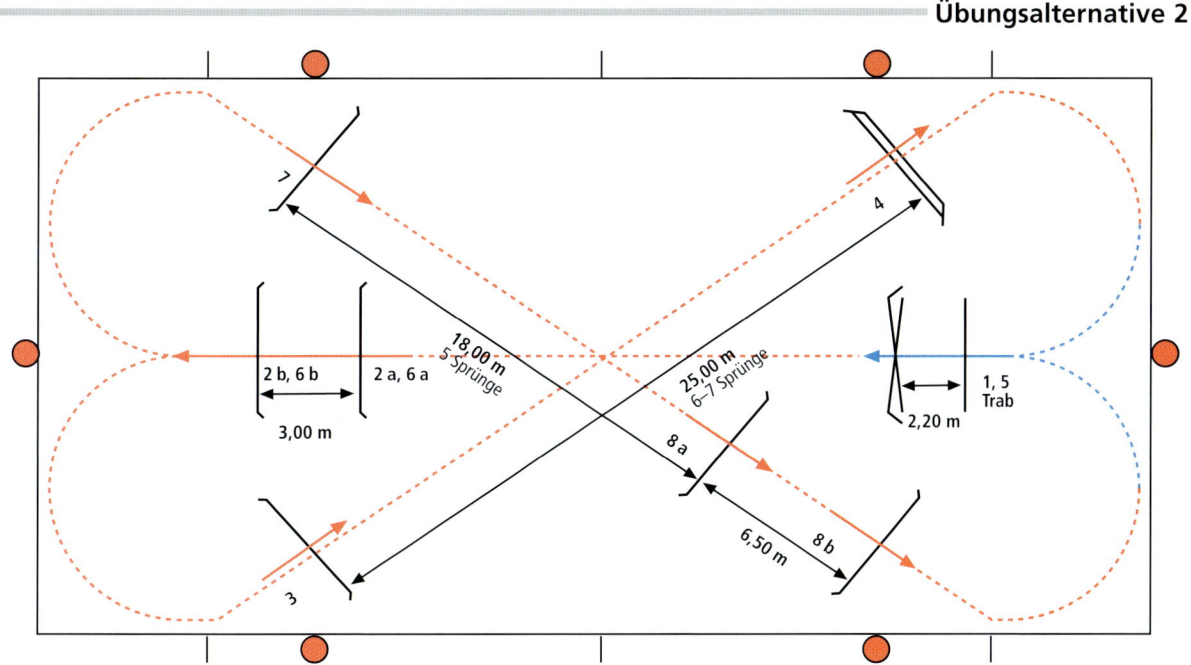

Vorübung 1

Ruhig und gelassen

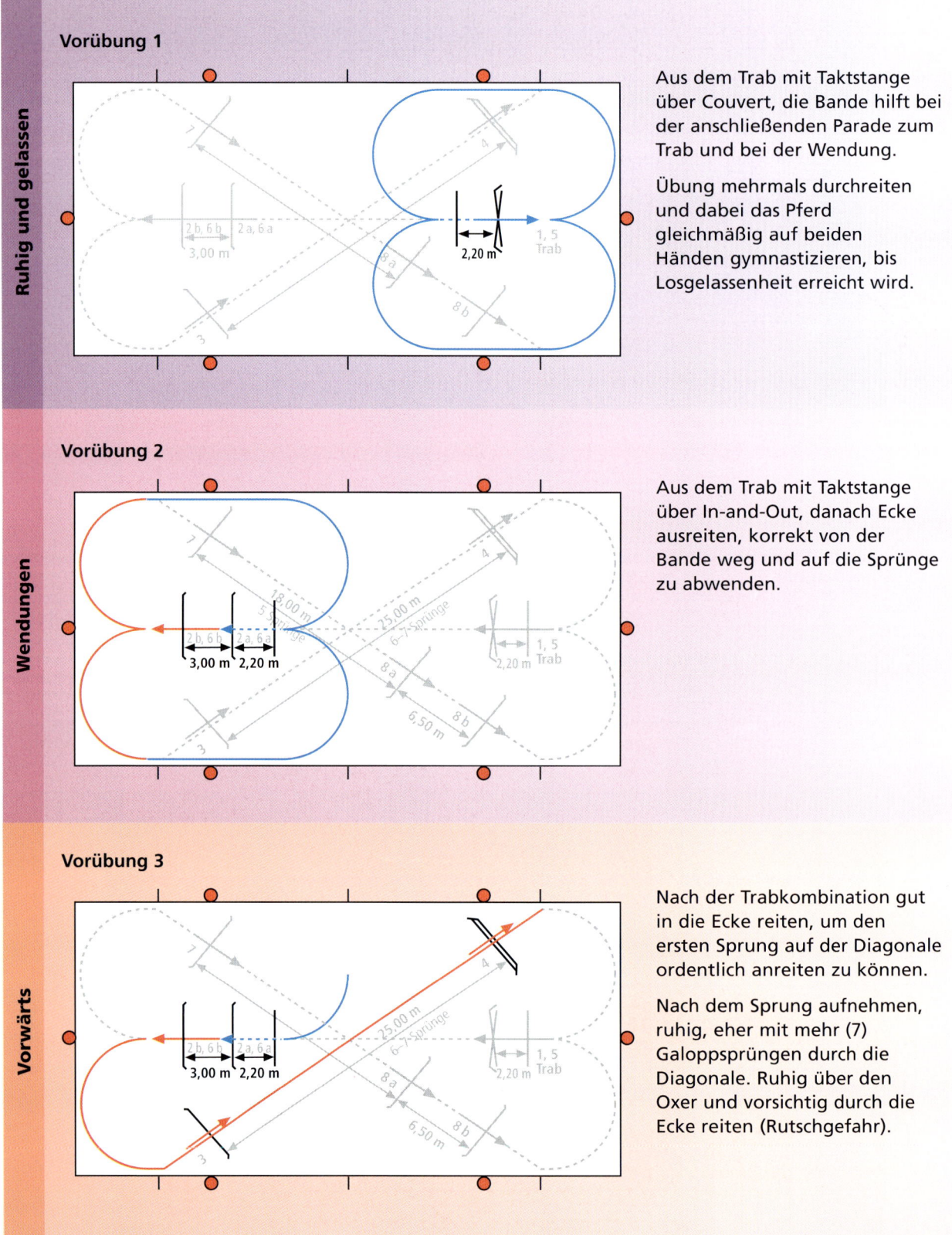

Aus dem Trab mit Taktstange über Couvert, die Bande hilft bei der anschließenden Parade zum Trab und bei der Wendung.

Übung mehrmals durchreiten und dabei das Pferd gleichmäßig auf beiden Händen gymnastizieren, bis Losgelassenheit erreicht wird.

Vorübung 2

Wendungen

Aus dem Trab mit Taktstange über In-and-Out, danach Ecke ausreiten, korrekt von der Bande weg und auf die Sprünge zu abwenden.

Vorübung 3

Vorwärts

Nach der Trabkombination gut in die Ecke reiten, um den ersten Sprung auf der Diagonale ordentlich anreiten zu können.

Nach dem Sprung aufnehmen, ruhig, eher mit mehr (7) Galoppsprüngen durch die Diagonale. Ruhig über den Oxer und vorsichtig durch die Ecke reiten (Rutschgefahr).

Zum Abschluss

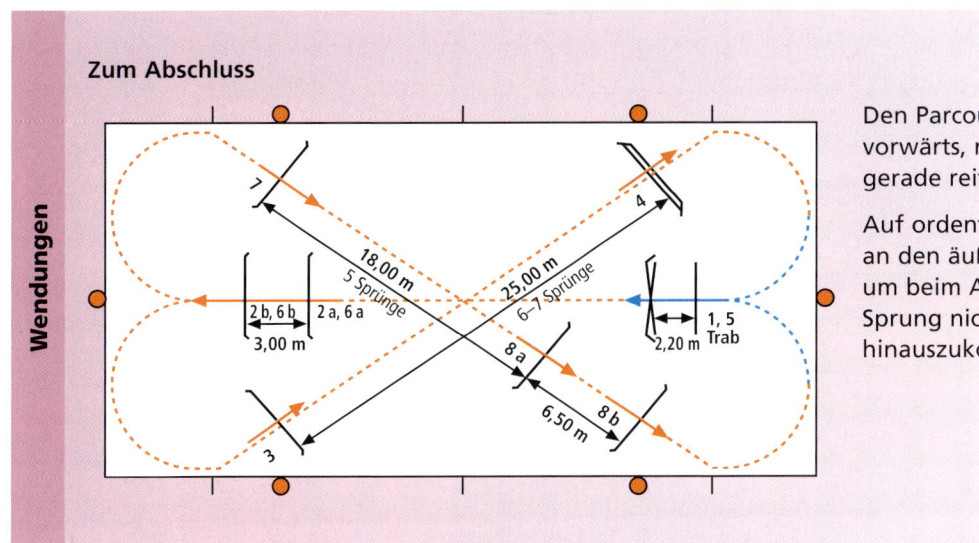

Wendungen

Den Parcours im Zusammenhang vorwärts, ruhig, rhythmisch und gerade reiten.

Auf ordentliche Wendungen an den äußeren Hilfen achten, um beim Anreiten auf den Sprung nicht über dessen Mitte hinauszukommen.

4.6 Fliegen

4.6.1 Definition

Fliegen ist der Augenblick der freien Schwebe in der Flugparabel zwischen Absprung und Landung, bei dem der gemeinsame Schwerpunkt von Reiter/Pferd möglichst dicht über das Hindernis fliegt.

4.6.2 Voraussetzungen

a beim Pferd	b beim Reiter
Richtiges Treffen und gelungener Absprung, Vertrauen, dass der Reiter nicht stören wird, und Mut, sich fliegen zu lassen.	Richtige Unterstützung während des Anreitens und im Absprung. Korrekter leichter Sitz.

4.6.3 Zielsetzungen

a für das Pferd	b für den Reiter
Möglichst komfortables und sicheres Überwinden des Hindernisses.	Die (nach dem Treffen und dem gelungenen Absprung hoffentlich) unproblematische Balance des Pferdes über dem Sprung möglichst wenig stören, aber das Pferd über dem Sprung so weit an den Hilfen (zwischen Wade, Knie und weicher Verbindung zum Pferdemaul) haben, dass nach dem Sprung kontrolliert weitergeritten werden kann. Erforderlichenfalls Landen im richtigen Galopp.

4.6.4   Ausführung

Über einem Hoch-/Hochweitsprung beugt/winkelt das Pferd die Beine an, um seinen Schwerpunkt möglichst dicht (und damit so wenig aufwendig wie möglich) über das Hindernis fliegen zu lassen. Das Pferd fliegt in der Schwebephase mit langem Hals, tiefem Kopf und in schöner Bascule; der Widerrist des Pferdes (nicht der Kopf) ist bei einem etwas höheren Hindernis der höchste Punkt im Scheitelpunkt der Flugparabel.

Der Reiter sitzt im korrekten leichten Sitz, seinen Schwerpunkt möglichst stetig über und möglichst nahe bei dem Schwerpunkt des Pferdes. Mit den Händen hat er etwas in Richtung Pferdemaul nachgegeben, hält aber weiche Verbindung.

Der Blick geht gerade nach vorn zwischen den Ohren des Pferdes hindurch auf den nächsten Sprung. Zur gewichtsmäßigen Einwirkung für ein Landen im richtigen Galopp wird der Kopf ggf. leicht in die zu reitende Richtung gewendet und auf der (künftigen inneren) Seite verstärkt in den Bügel getreten.

Über einem Weitsprung (Graben) trägt das Pferd (Blick nach vorn) den Kopf etwas höher und streckt die Vorderbeine nach vorn.

Unterschenkel am Gurt, bei Gefahr eines Rumplers Unterschenkel etwas vorstrecken.

4.6.5   Fehler und Abhilfe

Die Unterschenkel des Reiters rutschen über dem Sprung nach hinten-oben (der Oberkörper fällt nach vorn, das Pferd macht Vorhandfehler).	Bügel ausreichend kurz schnallen (mind. drei Loch kürzer als im Dressursitz); Fußspitzen vom Pferd weg drehen (im Dressursitz parallel zum Pferd), Absatz tief, Wade und Knie deutlich am Pferd.
Die Unterschenkel des Reiters rutschen über dem Sprung nach vorn, das Gesäß wird nach hinten verschoben (hinter der Bewegung).	Zum Üben ohne Bügel springen (lassen).
Der Reiter knickt in der linken Hüfte ein und schaut über dem Sprung (immer) nach links auf den Sprung hinunter, das Pferd landet im Linksgalopp.	Sprung bei X auf die Mittellinie stellen, auf den Spiegel zuspringen und dabei in den Spiegel schauen lassen. Über dem Sprung bewusst in die Richtung des nächsten Hindernisses schauen.
Der Hochweitsprung ist weiter, als die Flugparabel vom Pferd zunächst angelegt war. Der Reiter ist beim Absprung nicht mitgekommen und drastisch hinter der Bewegung.	Der Reiter gibt die Zügel so weit als möglich frei, um dem Pferd das Ausbalancieren zu ermöglichen, er nimmt ggf. die Unterschenkel vor, um den Rumpler bzw. das Stolpern im Landen aussitzen zu können.
Schlechte Vorhandtechnik: Pferd winkelt das Ellbogengelenk nicht ausreichend, lässt das ganze Vorderbein hängen (springt zu steil).	Absprung weiter vor dem Sprung: Absprungstange vor dem Hindernis. Oxer hinten höher oder Triplebarre. Reihen mit sich verlängernden Distanzen (über Monate hinweg üben zur dauerhaften Korrektur).

Schlechte Vorhandtechnik: Pferd winkelt zwar das Ellbogengelenk und bringt damit das Vorderfußwurzelgelenk nach vorn, winkelt dieses aber nicht korrekt, sodass Fesselgelenk und Huf nicht korrekt unter den Körper (zurück-)kommen.	Bei jungen Pferden und Unerfahrenheit: weiter korrekt ausbilden. Carree-Oxer breit, eine Stange diagonal auf die obersten Stangen gelegt. Reihen mit verkürzten Abständen.
Pferd springt auch beim Freispringen »ohne Rücken«.	Rücken- und Hinterhandmuskulatur kräftigen (Longieren, Dressurarbeit). Freispringen über Reihen mit verkürzten Abständen. Carree-Oxer breit, eine Stange diagonal auf die obersten Stangen gelegt.
Pferd springt nur mit Reiter »ohne Rücken«.	Weniger Handeinwirkung, nicht im Maul hängen und hinter der Bewegung bleiben; ggf. eng (ca. 3 m) nach dem Sprung eine Taktstange.
Das Pferd »überspringt sich« (zu früh, zu hoch, zu weit).	Anforderungen reduzieren, Ruhe und Gelassenheit sichern, nicht zu viel Druck beim Anreiten, Springgymnastik. Springen für das Pferd zur angstfrei absolvierbaren Routine werden lassen.

Legt man das Anreiten auf höhere/weitere Hindernisse mit Bedacht über Reihen oder Taktstangen an, so wird das Risiko des Scheiterns für Pferd und Reiter reduziert und der Mut durch Erfolg belohnt und weiter entwickelt.

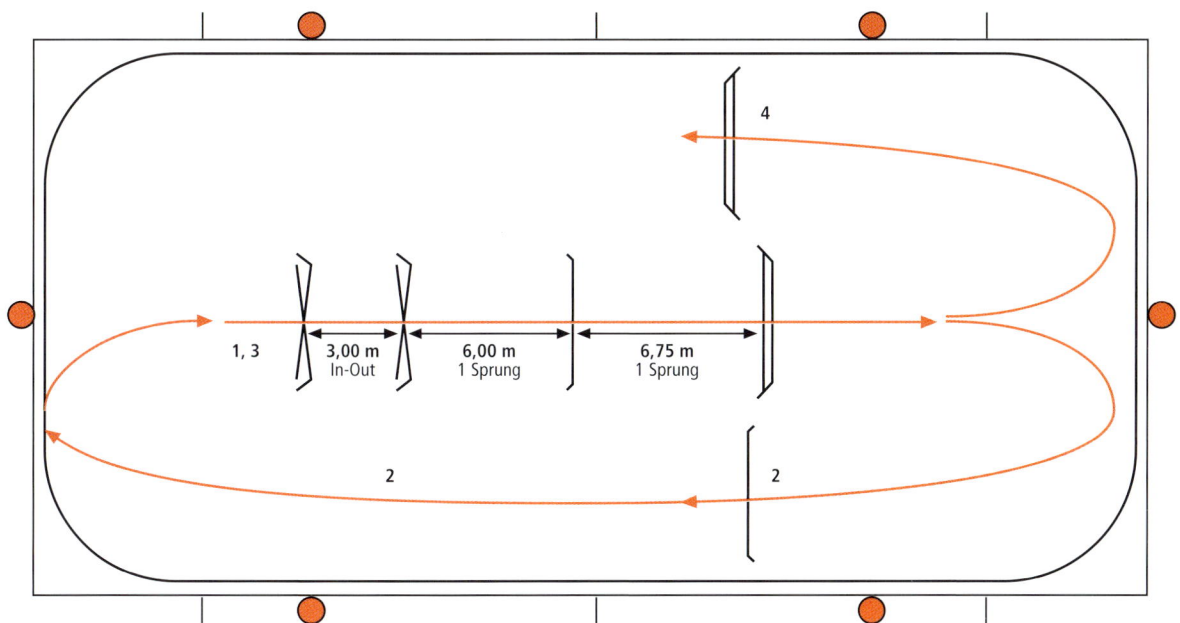

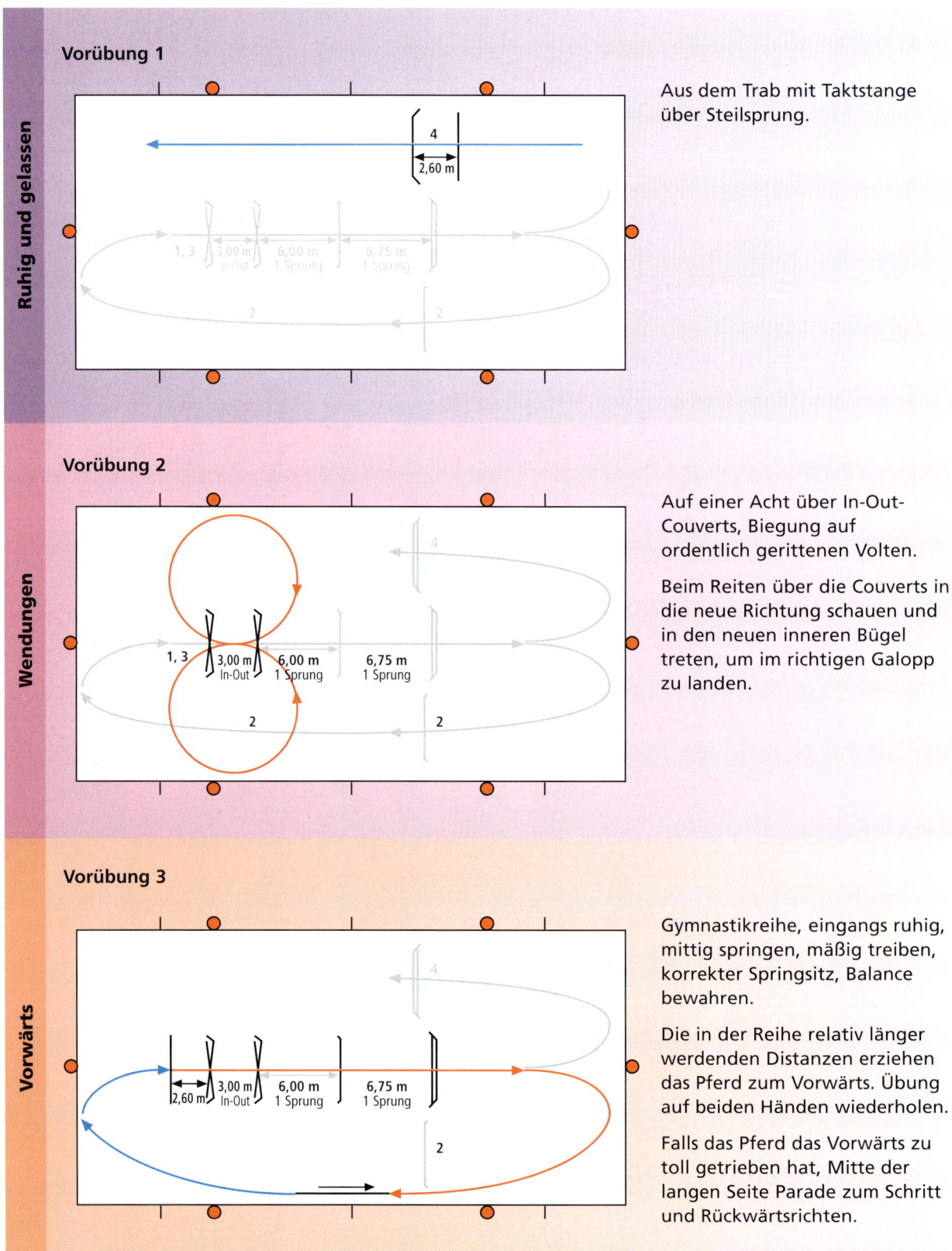

Ruhig und gelassen

Vorübung 1

4
2,60 m

1, 3   3,00 m   6,00 m   6,75 m
         In-Out   1 Sprung 1 Sprung

2   2

Aus dem Trab mit Taktstange über Steilsprung.

Wendungen

Vorübung 2

4

1, 3   3,00 m   6,00 m   6,75 m
         In-Out   1 Sprung 1 Sprung

2   2

Auf einer Acht über In-Out-Couverts, Biegung auf ordentlich gerittenen Volten.

Beim Reiten über die Couverts in die neue Richtung schauen und in den neuen inneren Bügel treten, um im richtigen Galopp zu landen.

Vorwärts

Vorübung 3

4

3,00 m   6,00 m   6,75 m
2,60 m In-Out   1 Sprung 1 Sprung

2

Gymnastikreihe, eingangs ruhig, mittig springen, mäßig treiben, korrekter Springsitz, Balance bewahren.

Die in der Reihe relativ länger werdenden Distanzen erziehen das Pferd zum Vorwärts. Übung auf beiden Händen wiederholen.

Falls das Pferd das Vorwärts zu toll getrieben hat, Mitte der langen Seite Parade zum Schritt und Rückwärtsrichten.

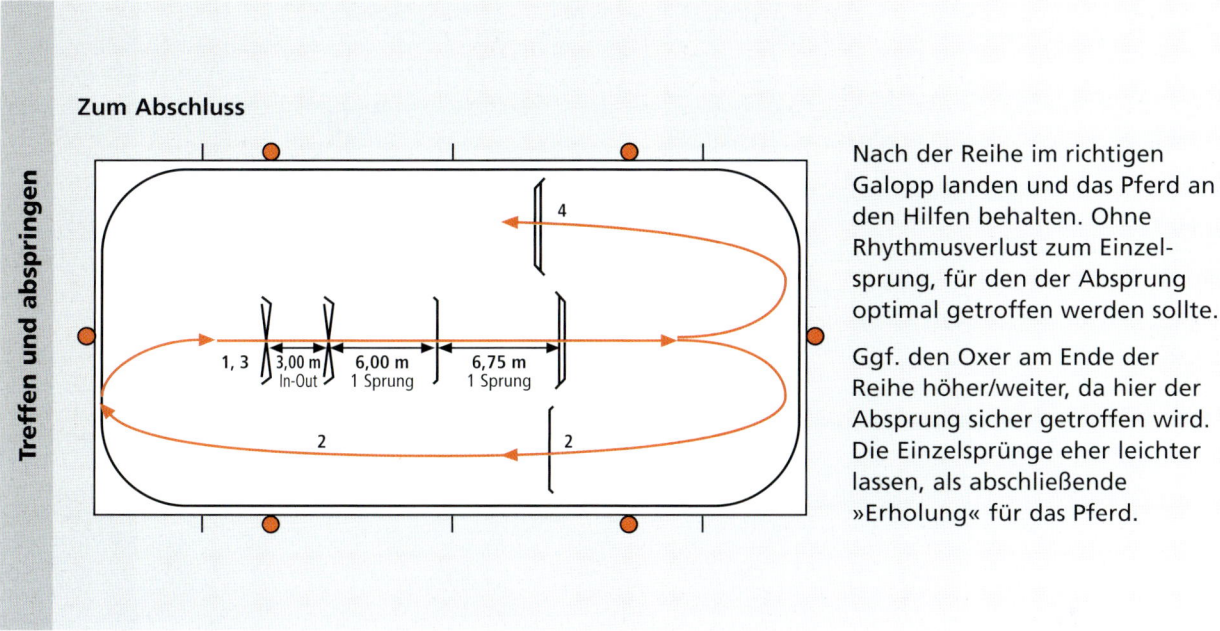

Zum Abschluss

Treffen und abspringen

1, 3 | 3,00 m In-Out | 6,00 m 1 Sprung | 6,75 m 1 Sprung

Nach der Reihe im richtigen Galopp landen und das Pferd an den Hilfen behalten. Ohne Rhythmusverlust zum Einzelsprung, für den der Absprung optimal getroffen werden sollte.

Ggf. den Oxer am Ende der Reihe höher/weiter, da hier der Absprung sicher getroffen wird. Die Einzelsprünge eher leichter lassen, als abschließende »Erholung« für das Pferd.

4.7 Landen und weiterreiten

4.7.1 Definition

Landen und Weiterreiten bezeichnet die Phase des Übergangs vom freien Fliegen zum kontrollierten Galoppieren auf der Erde.

4.7.2 Voraussetzungen

a beim Pferd	b beim Reiter
Richtiges Treffen, Abspringen und ruhiges Fliegen (ohne Nachjustieren/besondere Balanceanstrengungen); guter Boden an der Landestelle (insbesondere ohne Löcher).	Korrekter leichter Sitz, Verbindung zum Pferd im harmonisch balancierten Flug aufrechterhalten.

4.7.3 Zielsetzungen

a für das Pferd	b für den Reiter
Möglichst harmonischer/fließender und damit belastungsarmer Übergang in den Galopp.	Bestmögliche Ausgangssituation für das Anreiten des nächsten Hindernisses.

4.7.4   Ausführung

Das Pferd landet zunächst weitgehend parallel mit den Vorderbeinen (die hier die gesamte Last aufnehmen müssen), erst danach setzen die Hinterbeine auf und übernehmen einen Teil der Last. Das Pferd hebt (zeitlich nacheinander) die Vorderbeine zum ersten Galoppsprung.

Der Reiter kommt wieder stärker in den Sattel, wobei er diese Belastung auf Knie und Oberschenkeln weich abfängt; das Gesäß berührt den Sattel nicht.

Nach einem kontrollierten und gut balancierten Sprung wird das ausgebildete Pferd dann bereits im ersten Galoppsprung das Fließgleichgewicht des Galopps wiederfinden; das junge und unerfahrene Pferd darf hierzu einige Galoppsprünge benötigen.

Durch Anspannung der Waden- und Rückenmuskulatur (treibende Schenkel- und Kreuzeinwirkung) bei anstehendem Zügel wird die aktive Verbindung zwischen Reiter und Pferd wieder intensiviert, um mit einem an den Hilfen gehenden Pferd weiterreiten zu können.

4.7.5   Fehler und Abhilfe

Das Pferd landet im falschen Galopp.

Über dem Sprung bewusst in die neue Richtung schauen und verstärkt einseitig in den Bügel dieser Seite treten; im Landen die (innere) Hand seitwärts vom Pferd (nicht zurück) in die Richtung der Wendung führen; äußerer Schenkel zurück, äußere Hand am Hals angelehnt; gleichmäßige Verbindung zum Pferdemaul in beiden Händen.

Das Pferd geht nach der Landung nicht geradeaus, sondern wirft sich in die Wendung nach einer Seite.

An der Rückseite des Hindernisses eine Stange (auf der Seite, in die das Pferd wendet, vom Pfosten/der obersten Stange) wie einen Fang bauen.

Nach dem Hindernis (auf geradem Weg mit Abstand ca. 3,5 m) eine Taktstange anordnen, sodass das Pferd nach dem Hindernis gerade bleiben und weit ausgreifen muss, um diese Stange richtig zu treffen.

Das Pferd freut sich und buckelt.

Das Pferd stürmt davon.

Keine Gewalteinwirkung in Maul und Rücken als unangenehme Erfahrung für das Pferd statt des verdienten Lobes nach dem Sprung!

Vor allem das junge Pferd sein Gleichgewicht (in ca. zehn Galoppsprüngen) ungestört finden lassen, also im leichten Sitz bleiben und ohne größere Einwirkung z.B. auf den Zirkel nehmen und weich zum Trab parieren.

In einer kleinen Halle üben und die Ecken/die Bande helfen lassen.

Kleines Couvert mehrmals auf einer Acht aus dem Trab springen und nach dem Sprung frühestmöglich wieder zum Trab kommen.

Übungsalternative 1: Ernsthaftigkeit auf dem Weg macht den Sprung zur Spielerei

Der Reiter freut sich über das überstandene Abenteuer, lobt und hört auf. Das Pferd dankt dem Reiter die Großzügigkeit nicht, sondern lernt daraus, dass nach einem Sprung immer aufgehört werden darf.

Nach dem Sprung stets konsequent weiterreiten und das Pferd an die Hilfen stellen, als ob ein weiterer Sprung folgen würde. Erst dann ggf. parieren, loben.

Springreiten ist primär Reiten zwischen den Hindernissen! Über dem Sprung wird entschieden, in welchem Galopp das Pferd landet, und mit dem Landen beginnt das Anreiten des nächsten Sprunges. In der Arbeit daheim muss das Pferd lernen, dass es nicht von Hindernis zu Hindernis hetzen kann, sondern auf dem Weg die Ernsthaftigkeit des Reiters teilen muss. Deshalb muss man ihm gelegentlich den Weg selbst, z.B. über zwischengestreute Volten, zur Aufgabe machen.

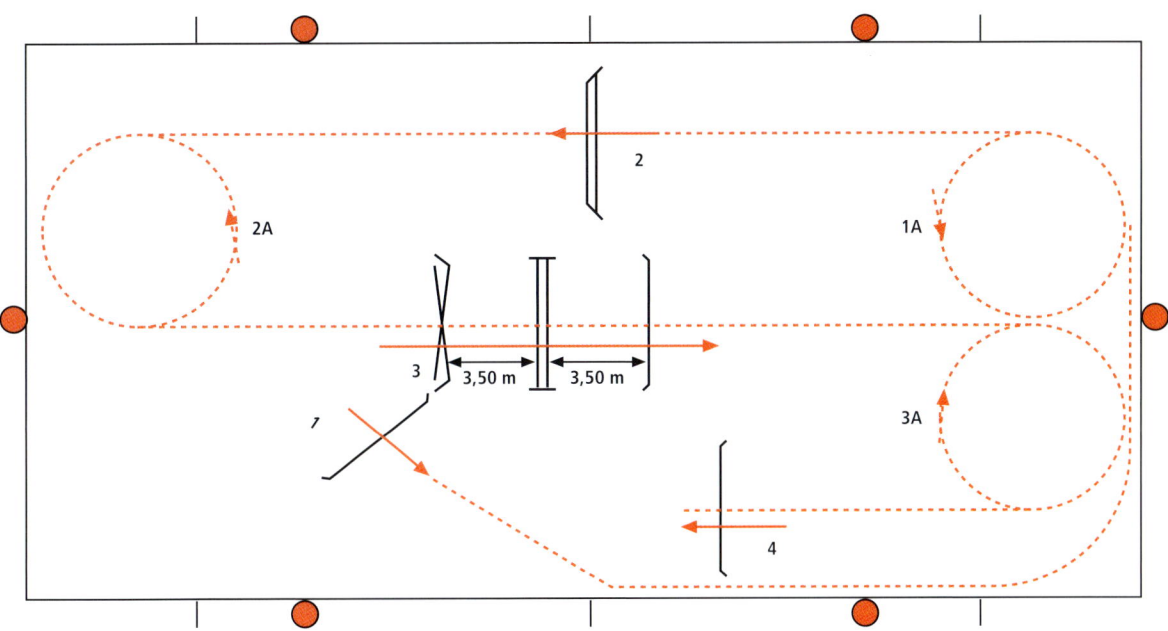

Vorübung 1

Ausgehend von den vorwärts und seitwärts treibenden Hilfen soll sich das Pferd an die Hand herandehnen und eine stete, weich-federnde Verbindung zur Reiterhand suchen.

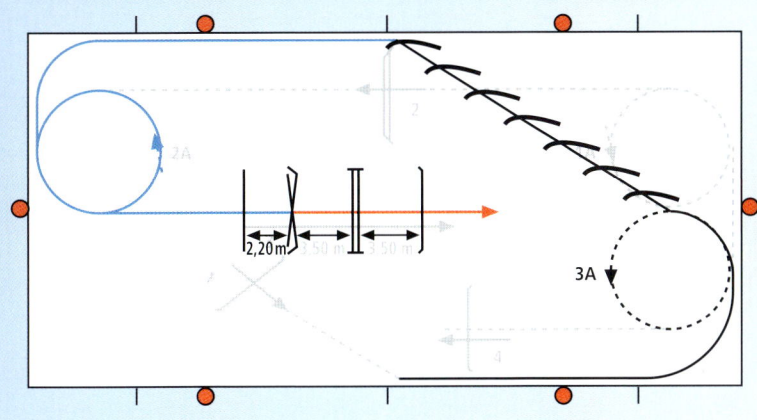

Im Schritt aus der Volte heraus von der Mittellinie zur Mitte der langen Seite Schenkelweichen, daraus Mitte der langen Seite antraben, kurze Seite Volte, daraus über vorgelegte Trabstange die Reihe mittig auf gerader Linie durchreiten.

Übung auf beiden Händen mehrmals reiten.

Schwung

Vorübung 2

Nach Volte und Traversale sollte das Pferd gut untertreten, das Antreten aus der Traversale heraus auf den Sprung zu und das Abdrücken sollten die Hinterhand weiter kräftigen.

Rechte Hand im Trab, kurze Seite Volte, aus der Ecke bis zur Hindernismitte nach rechts traversieren, durch Öffnen der Hand über Trabstange Sprung (Oxer, nicht zu niedrig) herauslassen. Nach dem Sprung geradeaus, in der Volte das Pferd unter Erhalt des Schwungs nach vorn versammeln, mit sauber im Dreitakt gesprungenen Galoppsprüngen weitergaloppieren, ggf. lange Seite zulegen (der Motor sitzt hinten!).

Geraderichten

Vorübung 3

Galoppvolten und einfache Galoppwechsel mit der Parade zum Schritt, einer Pferdelänge Schritt und erneutem, richtigem Angaloppieren machen das Pferd aufmerksam für die Hilfen.
Auf der korrekt gerittenen Acht wird das Pferd auf beiden Seiten gleichmäßig gymnastiziert und somit die Voraussetzung für Geraderichtung geschaffen. Der Schub der Hinterhand wirkt beim gerade gerichteten Pferd weitestgehend gerade und voll in Richtung seines Schwerpunktes, Voraussetzung für gerades Anreiten des Sprunges und kräftiges Abspringen.

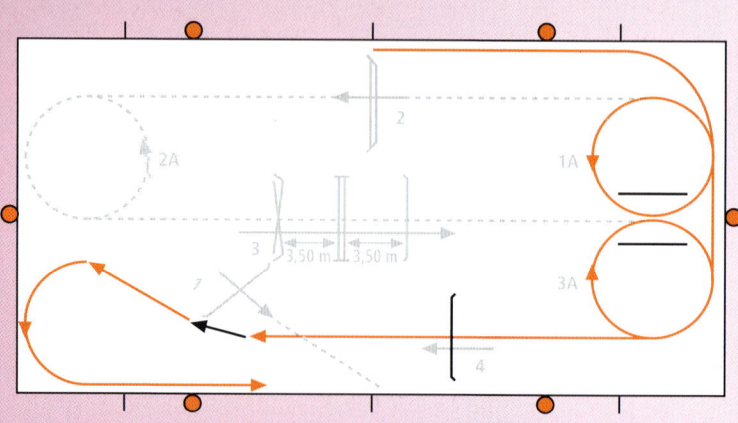

Kurze Seite Acht im Galopp mit einfachem Galoppwechsel (evtl. zur Erleichterung den einfachen Wechsel zwischen zwei parallelen Bodenstangen reiten).

Aus der Volte gerade über Steilsprung, einfacher Galoppwechsel und in die Ecke kehrt. Dabei lernt das Pferd, dass es auch nach dem Sprung auf die Wünsche seines Reiters warten und achten soll.

Wendungen

Zum Abschluss

Galoppvolten verdeutlichen Pferd und Reiter, wie Wendungen korrekt geritten werden. Das Pferd lernt, sich nicht in die Wendungen zu werfen, sondern abzuwarten, was der Reiter will. Der Reiter lernt, dass man den Weg zwischen den Sprüngen ernst nehmen muss, wenn der Sprung Freude machen soll.

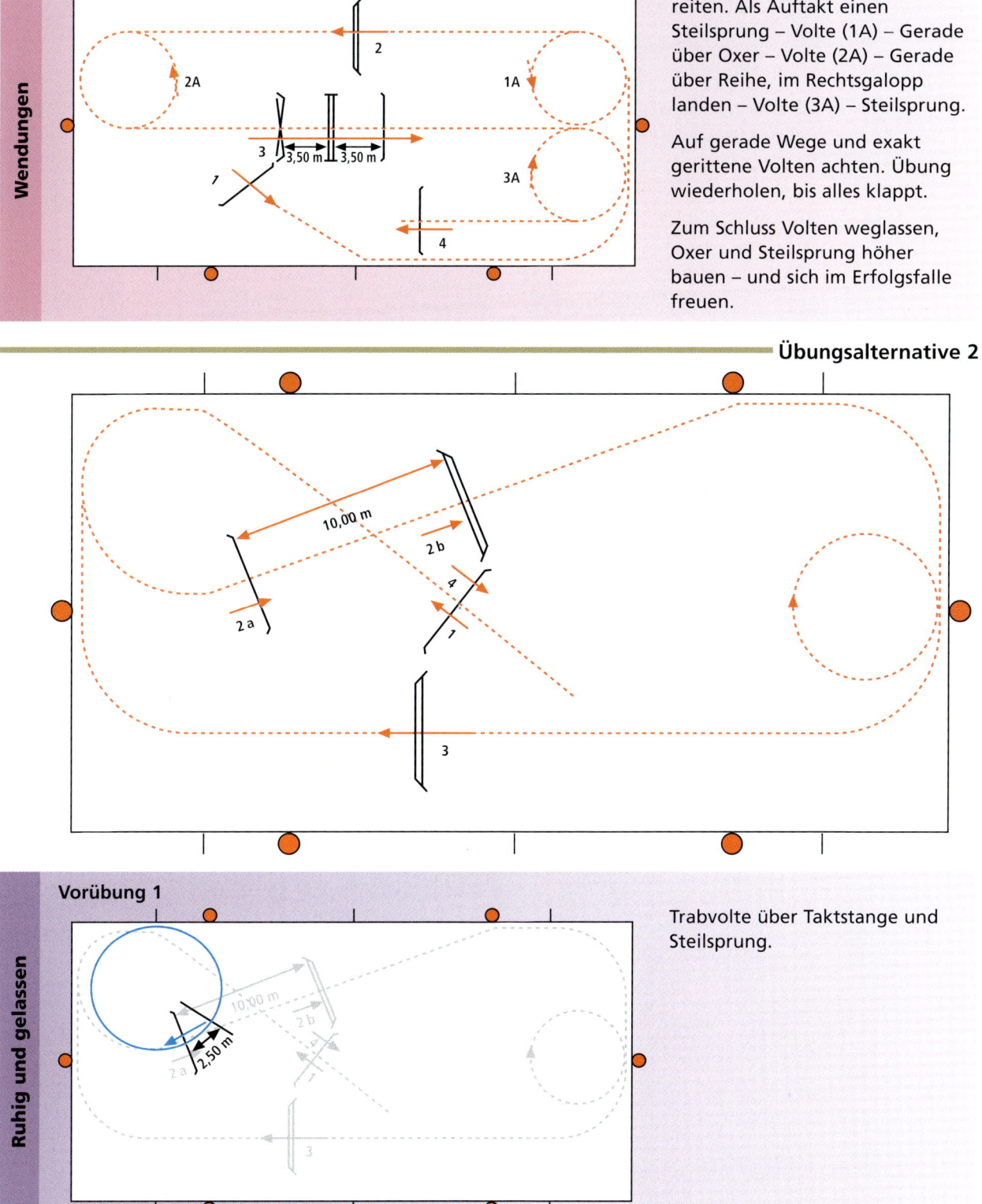

Wendungen

Übung im Zusammenhang reiten. Als Auftakt einen Steilsprung – Volte (1A) – Gerade über Oxer – Volte (2A) – Gerade über Reihe, im Rechtsgalopp landen – Volte (3A) – Steilsprung.

Auf gerade Wege und exakt gerittene Volten achten. Übung wiederholen, bis alles klappt.

Zum Schluss Volten weglassen, Oxer und Steilsprung höher bauen – und sich im Erfolgsfalle freuen.

Übungsalternative 2

Vorübung 1

Ruhig und gelassen

Trabvolte über Taktstange und Steilsprung.

Vorübung 2

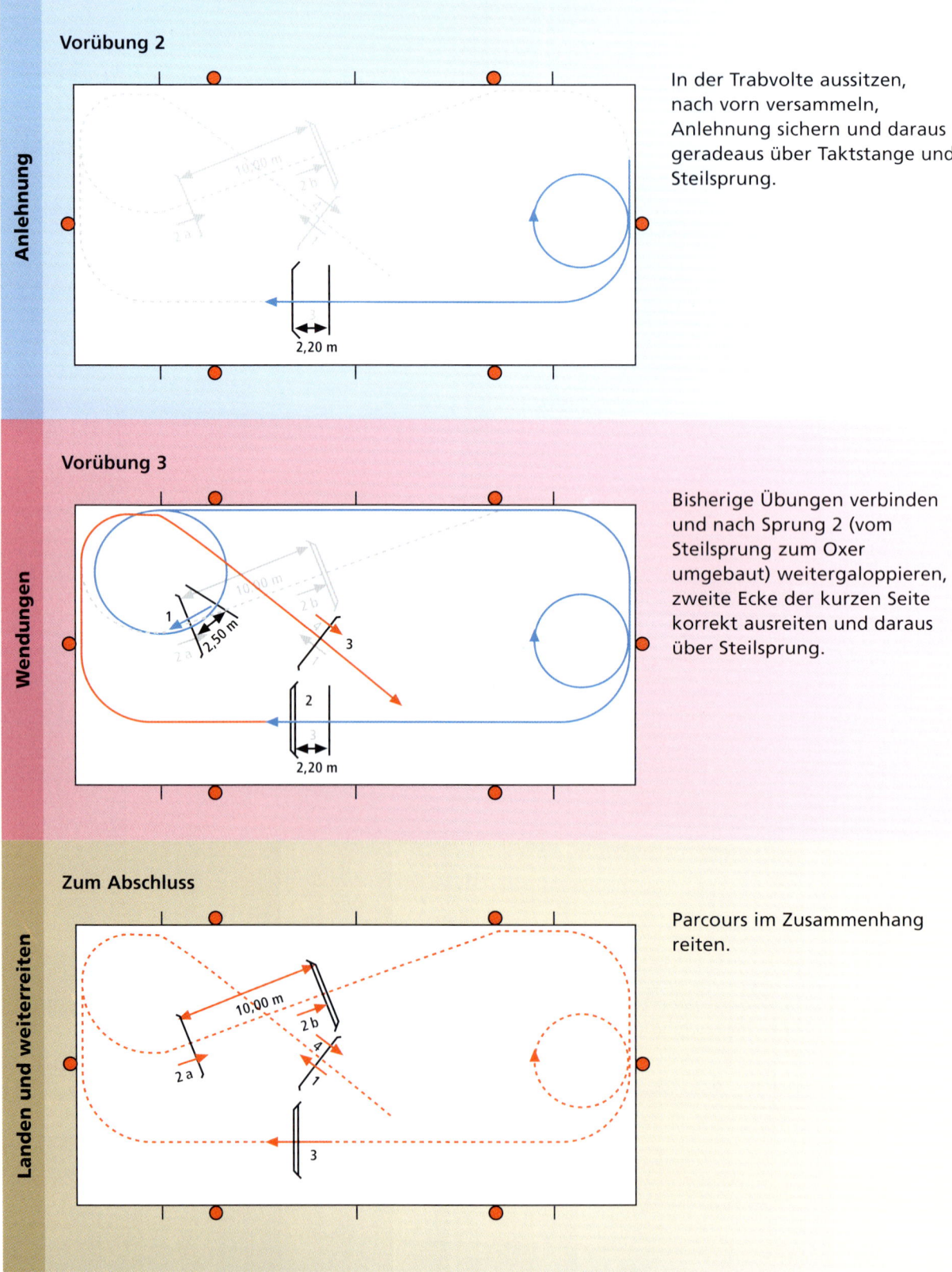

In der Trabvolte aussitzen, nach vorn versammeln, Anlehnung sichern und daraus geradeaus über Taktstange und Steilsprung.

Vorübung 3

Bisherige Übungen verbinden und nach Sprung 2 (vom Steilsprung zum Oxer umgebaut) weitergaloppieren, zweite Ecke der kurzen Seite korrekt ausreiten und daraus über Steilsprung.

Zum Abschluss

Parcours im Zusammenhang reiten.

Anlehnung

Wendungen

Landen und weiterreiten

Anlehnung

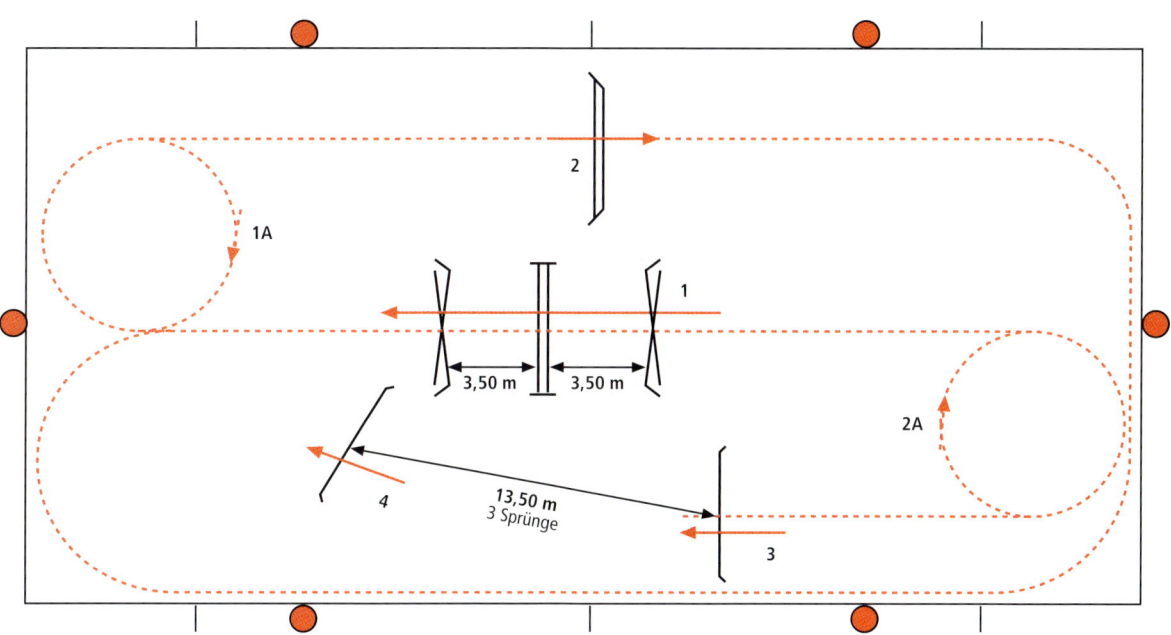

Vorübung 1

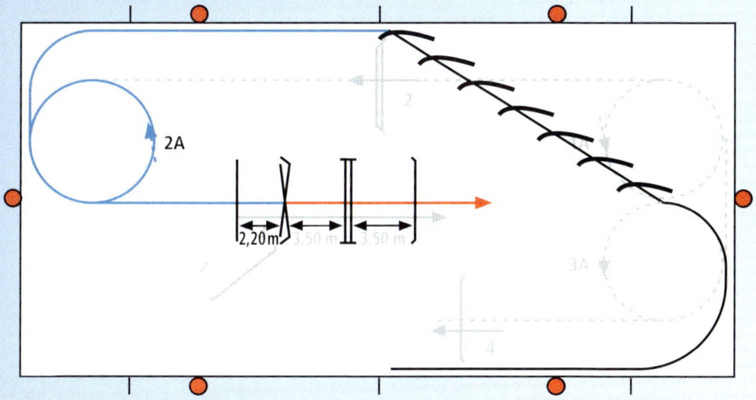

Im Schritt von der Mittellinie zur Mitte der langen Seite Schenkelweichen, daraus Mitte der langen Seite antraben, kurze Seite Volte (1A), daraus über vorgelegte Trabstange die Reihe mittig auf gerader Linie durchreiten.

Übung auf beiden Händen mehrmals reiten.

Geraderichten

Vorübung 2

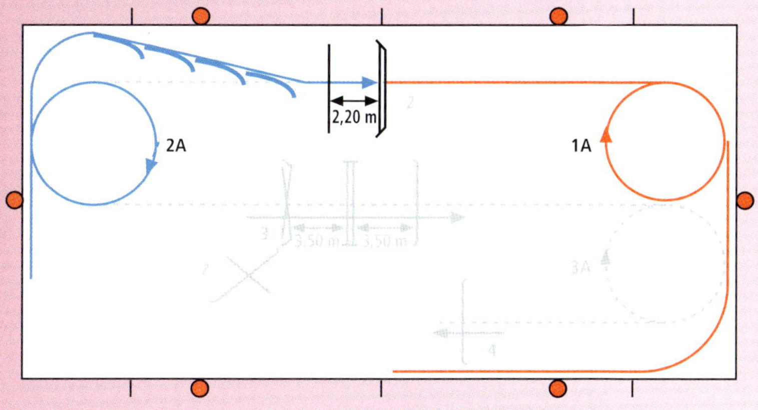

Rechte Hand im Trab, kurze Seite Volte (2A), aus der Ecke bis zur Hindernismitte nach rechts traversieren, durch Öffnen der Hand über Trabstange Sprung herauslassen, geradeaus bis zur Bande und eine Volte (1A).

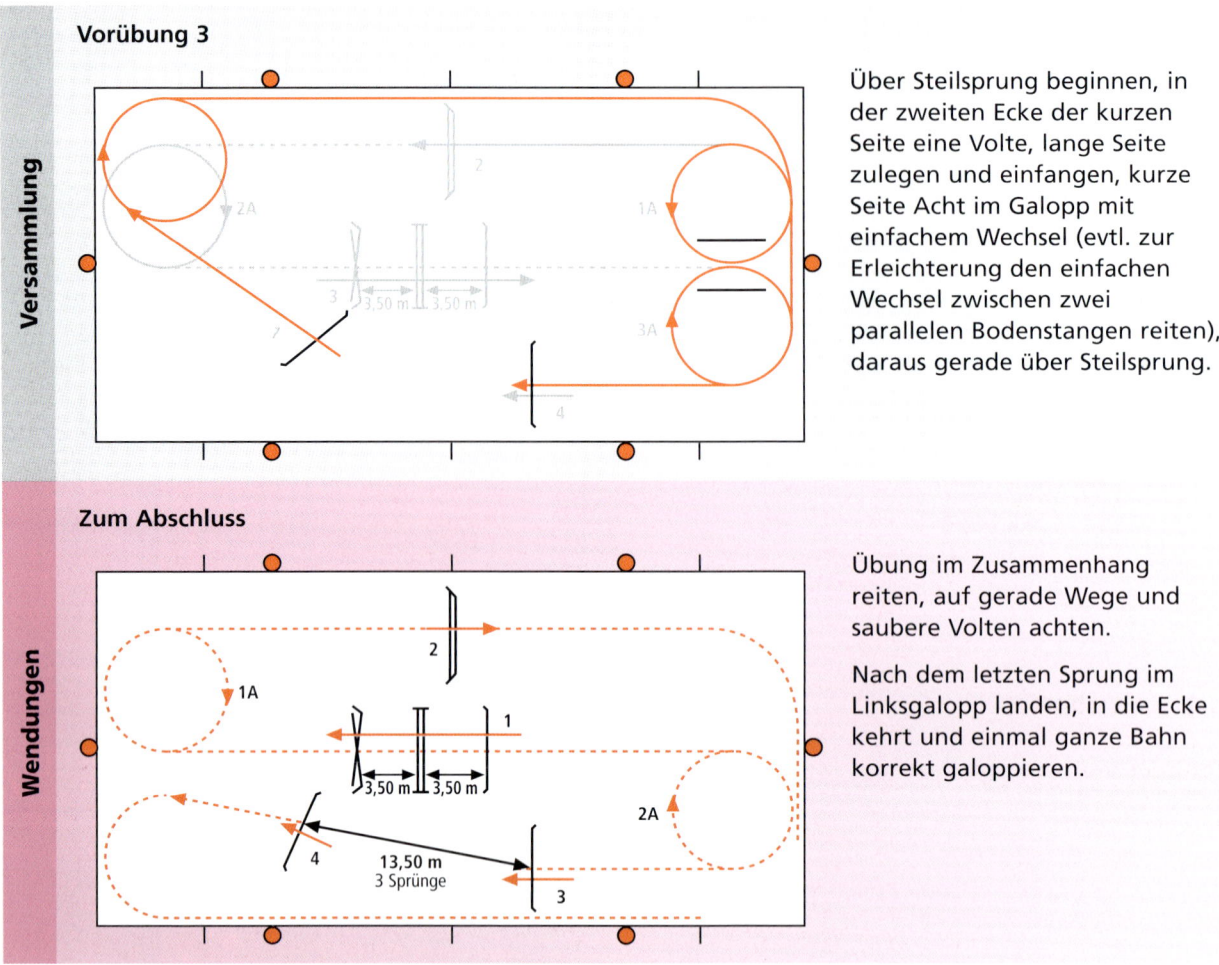

Versammlung

Vorübung 3

Über Steilsprung beginnen, in der zweiten Ecke der kurzen Seite eine Volte, lange Seite zulegen und einfangen, kurze Seite Acht im Galopp mit einfachem Wechsel (evtl. zur Erleichterung den einfachen Wechsel zwischen zwei parallelen Bodenstangen reiten), daraus gerade über Steilsprung.

Wendungen

Zum Abschluss

Übung im Zusammenhang reiten, auf gerade Wege und saubere Volten achten.

Nach dem letzten Sprung im Linksgalopp landen, in die Ecke kehrt und einmal ganze Bahn korrekt galoppieren.

4.8   Wendungen

4.8.1   Definition

Wendungen sind Richtungsänderungen und in der reiterlichen Aufgabenstellung dem Reiten auf gebogenen Linien (Kurven) praktisch gleichzusetzen.

4.8.2   Voraussetzungen

a beim Pferd	b beim Reiter
Durchlässigkeit.	Korrekte Hilfengebung: Das Pferd muss auch im leichten Sitz von den Hilfen des Reiters gleichsam eingerahmt werden. Da Pferde gerade in höherem Tempo dazu neigen, über die äußere Schulter auszufallen, sind der verwahrende äußere Schenkel und der äußere Zügel besonders wichtig.

4.8.3 Zielsetzungen

a für das Pferd	b für den Reiter
Fördern der Geraderichtung und gezielte Gymnastizierung des inneren Hinterbeines, das insbesondere auch durch das Springen (kleiner Hindernisse) auf der Kreislinie vermehrt gebeugt und belastet wird.	In Vorbereitung auf das möglichst sichere Springen des nächsten Sprunges den günstigsten Weg reiten und dabei optimale Voraussetzungen für das weitere Anreiten des nächsten Sprunges schaffen.
Eilende und vor den Hilfen fliehende Pferde kommen auf der Kreislinie (ohne verhaltende Hilfen des Reiters, die nur die Verkrampfung steigern) an die Hilfen heran, da in der Biegung die Schubkraft der Hinterhand nicht mehr gerade in der Bewegungsrichtung wirken kann.	Falls das Pferd über dem vorangegangenen Sprung oder auf der Geraden von den Hilfen gekommen oder etwas zu schnell geworden ist, in der Wendung Durchlässigkeit wiederherstellen.
Auch in engen Wendungen in der Balance/auf den Beinen bleiben.	Im Hinblick auf die Zeit nötigenfalls kurze Wege/enge Wendungen (statt weiter Millionärskurven) reiten.

4.8.4 Ausführung

Erhöhte »Versammlung«.	Zu einer einleitenden halben Parade nimmt der Reiter im leichten Sitz den Kopf etwas hoch (Blick in die Richtung der Wendung)/den Oberkörper etwas zurück und bringt damit insbesondere den inneren Gesäßknochen etwas näher an den Sattel. Das leichte Drehen des Kopfes in die einzuschlagende Richtung bedeutet für das feinfühlig gehende Pferd bereits eine Gewichtshilfe.
Das Pferd wird nach innen gestellt und gebogen und auf die Kreislinie geführt.	Die innere Hand wird vom Pferdehals weg etwas seitwärts nach innen geführt (öffnender Zügel), die äußere Hand gibt entsprechend ein wenig nach. Die (innere) Fußspitze wird etwas vom Pferd weggedreht, dadurch kommt der innere Absatz tiefer, inneres Knie und innere Wade (und ggf. der Sporn) am Gurt vermehrt an das Pferd. Äußerer Schenkel (etwas hinter dem Gurt) und Zügel wirken verwahrend.
Aufgabe der Biegung und Übergang zum Geradeaus.	Innerer Zügel gibt bei vortreibenden Hilfen (insbesondere innere Wade) kurzzeitig nach.

4.8.5 Fehler und Abhilfe

Das Pferd fällt über die äußere Schulter aus.	Äußerer Schenkel und äußerer Zügel verwahren.

Das Pferd drängt in den Bogen hinein, fällt über die innere Schulter. Das Pferd wird »flach« und geht nicht mehr »vor den Hilfen«.	Betonter, verwahrender Einsatz der äußeren Hilfen vor der Einleitung der Wendung. Vermehrter Einsatz des inneren Schenkels seitwärts-vorwärts treibend in der Wendung.
Das Pferd geht mit Außenstellung.	Beim Springen (insbesondere mit jungen Pferden) gelegentlich die Außenstellung als das kleinere Übel tolerieren, wenn dann das weitere Anreiten besser klappt. Grundsätzlich aber Verbesserung durch dressurmäßige Arbeit und Betonung des Aspekts »Ruhe!« anstreben.
Frische und Freiheit des Ganges lassen nach, da Gehlust/Schubkraft nicht mehr ausreichen.	Mit beiden Schenkeln (ggf. unterstützt durch Stimme, Sporn, Gerte) vortreiben. Ggf. weitere Wendungen (größeren Zirkel) reiten. Eventuell Schrittpause einlegen.
Das Pferd kommt (zuerst mit dem rutschenden inneren Hinterfuß) von den Beinen.	Wendungen den Bodenverhältnissen und der reiterlichen Ausbildung des Pferdes gemäß anlegen. Ggf. Stollen einschrauben.
Äußere Schulter des Reiters hängt zurück.	In die zu reitende Richtung schauen. Durch Drehung in den Hüften äußere Schulter mitnehmen (Schultern des Reiters parallel den Schultern des Pferdes, Hüften des Reiters parallel den Hüften des Pferdes).
Reiter zieht am inneren Zügel und vernachlässigt die äußeren Hilfen.	Inneren Zügel leichter. Zur Belehrung so lange auf dem Zirkel/auf der Volte reiten lassen, bis das klappt. Erst dann den nächsten Sprung anreiten.

Übungsalternative 1

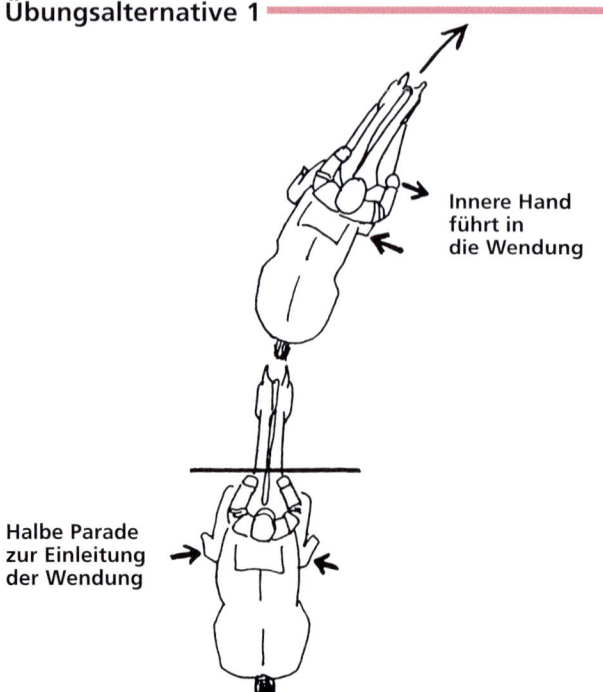

Innere Hand führt in die Wendung

Halbe Parade zur Einleitung der Wendung

Pferde tendieren dazu, im Parcours Richtungsänderungen übereilt und schlampig auszuführen. Lässt man es im Training nicht mit der schlampigen Richtungsänderung genug sein, sondern nimmt in solchen Fällen gelegentlich das Pferd auf eine Volte, so lernt es aus dieser »Dauerwendung«, aus dem »Mehr desselben«, wie Wendungen korrekt zu gehen sind. Gleichzeitig erfolgt die für Wendungen notwendige Gymnastizierung.

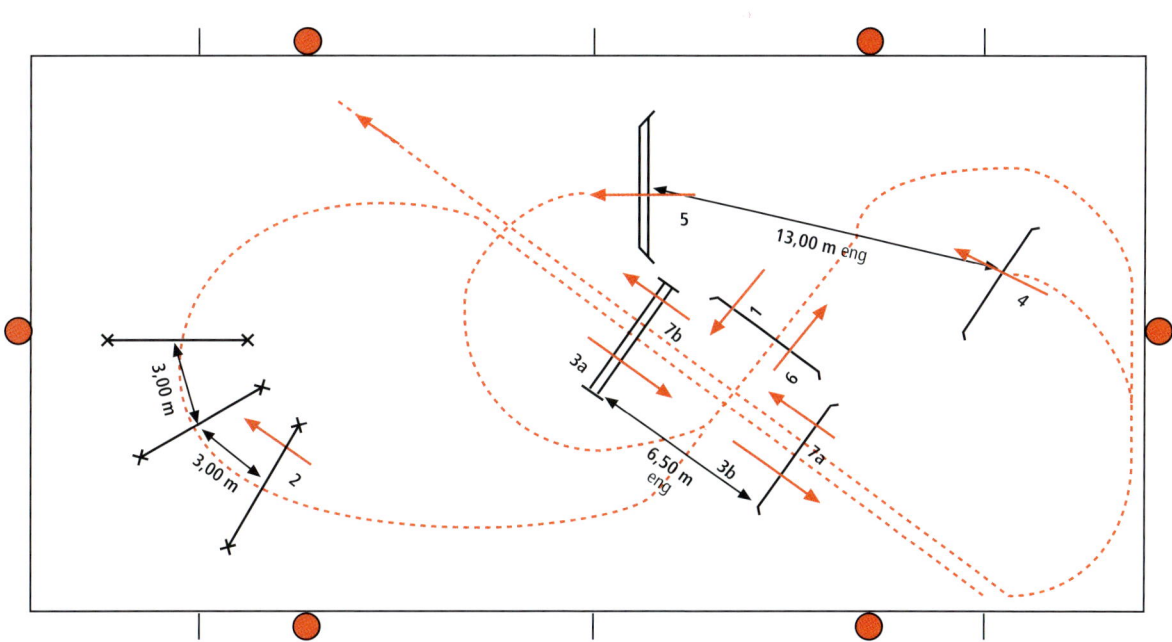

Vorübung 1

Ruhig und gelassen

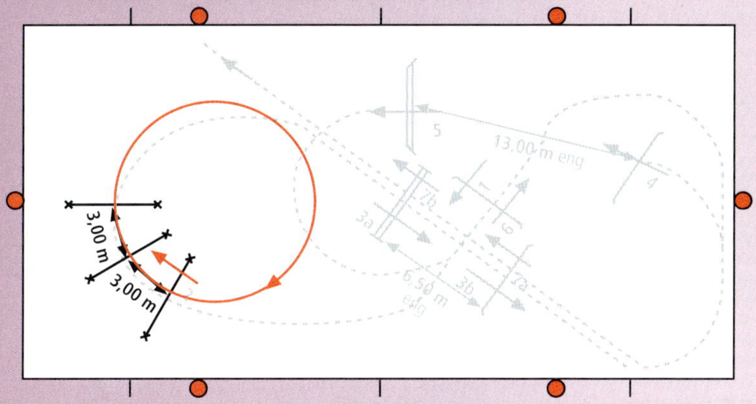

Im Galopp auf der Volte über Cavaletti – In-Outs biegen.

Übung auf beiden Händen reiten.

Vorübung 2

Wendungen

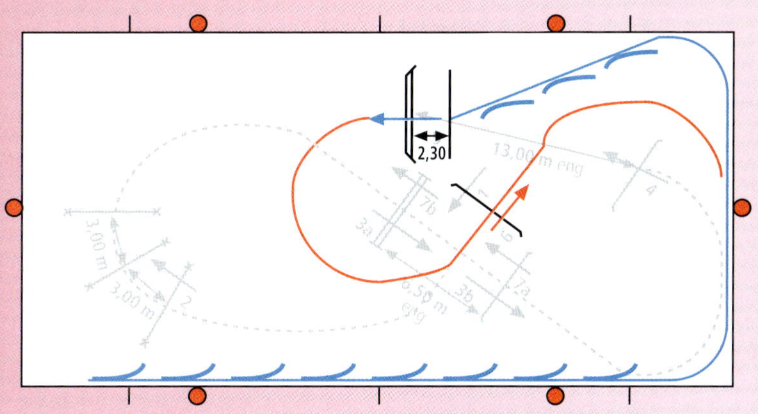

Im Trab Schulterherein, aus der Ecke traversieren, durch Aufmachen der Hand über Taktstange den Sprung herauslassen, links landen, enge Wendung, Steilsprung, rechts landen, enge Wendung.

Falls Unordnung entstanden sein sollte, ggf. Mitte der kurzen Seite eine Galoppvolte zur Wiederherstellung der guten Ordnung einlegen.

Vorübung 3

Geradlinig

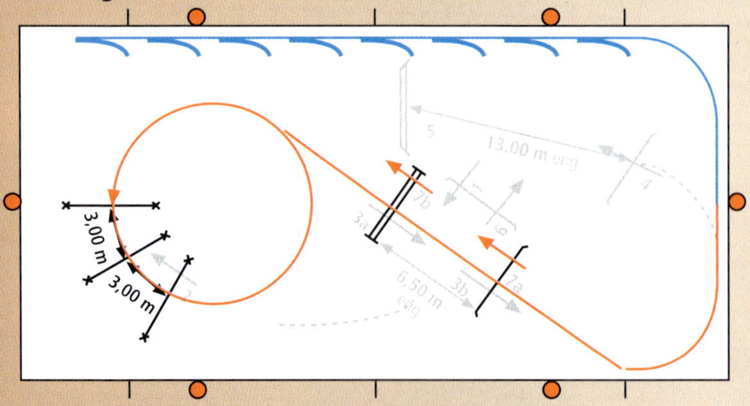

Lange Seite Schulterherein, Mitte der kurzen Seite angaloppieren, über Kombination und dann erforderlichenfalls mehrmals auf Volte über Cavaletti – In-Outs, bis auch auf dieser engen Wendung das Pferd im reiterlichen Gleichgewicht galoppiert.

3,00 m
3,00 m
5
13,00 m eng
4
7b
6
3,00
3a
7a
6,50 m eng
3b

Zum Abschluss

Landen und weiterreiten

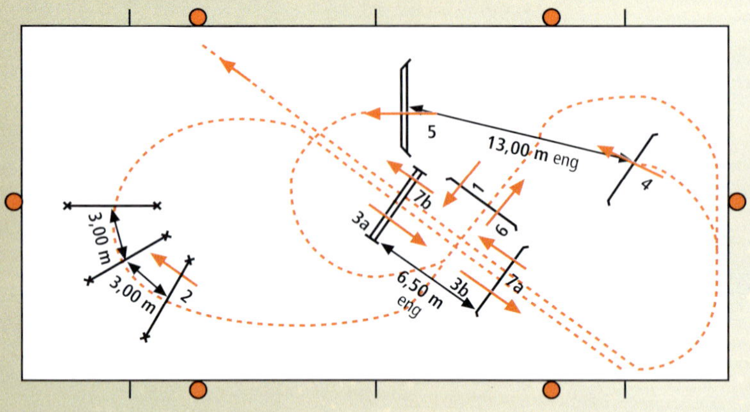

Parcours im Zusammenhang reiten. Das Pferd dabei gut am äußeren Schenkel halten, sich insbesondere nach 2 und 4 nicht nach außen treiben lassen, von 4 nach 5 mittig reiten (Weg bewusst wählen: innen eng, außen weit)

3,00 m
3,00 m
2
5
13,00 m eng
4
7b
6
3a
6,50 m eng
3b
7a

Übungsalternative 2

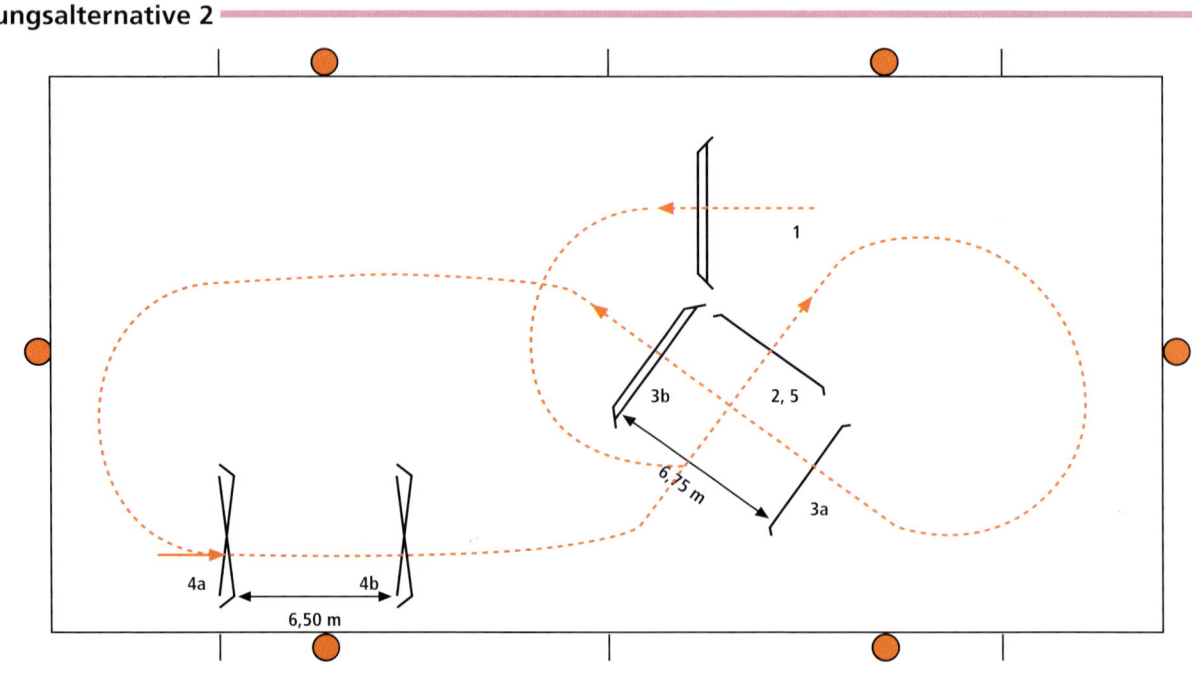

1
3b
2, 5
6,75 m
3a
4a
4b
6,50 m

Übungsalternative 2: Ohne Zusammenarbeit klappt die Wendung nicht

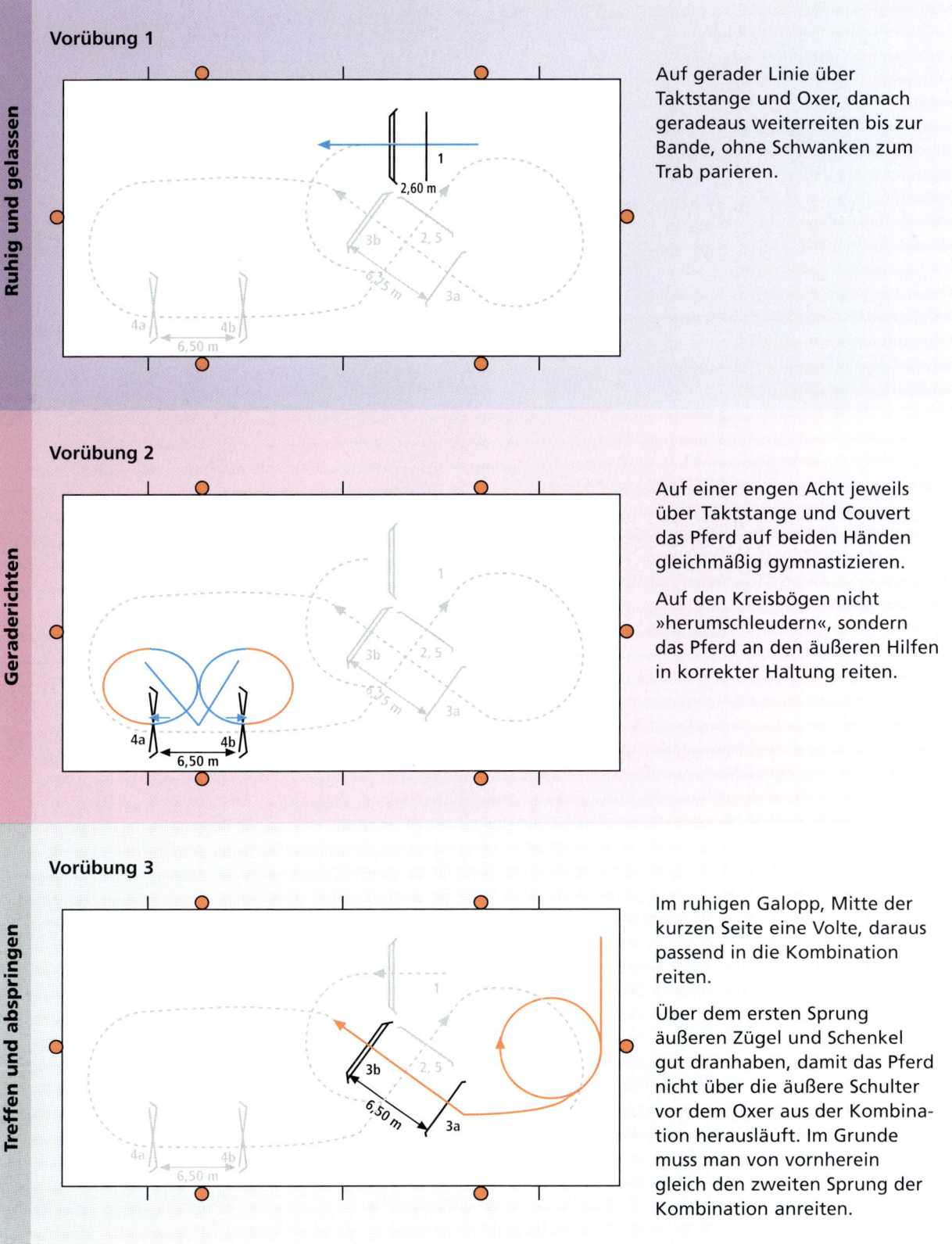

Vorübung 1

Ruhig und gelassen

Auf gerader Linie über Taktstange und Oxer, danach geradeaus weiterreiten bis zur Bande, ohne Schwanken zum Trab parieren.

Vorübung 2

Geraderichten

Auf einer engen Acht jeweils über Taktstange und Couvert das Pferd auf beiden Händen gleichmäßig gymnastizieren.

Auf den Kreisbögen nicht »herumschleudern«, sondern das Pferd an den äußeren Hilfen in korrekter Haltung reiten.

Vorübung 3

Treffen und abspringen

Im ruhigen Galopp, Mitte der kurzen Seite eine Volte, daraus passend in die Kombination reiten.

Über dem ersten Sprung äußeren Zügel und Schenkel gut dranhaben, damit das Pferd nicht über die äußere Schulter vor dem Oxer aus der Kombination herausläuft. Im Grunde muss man von vornherein gleich den zweiten Sprung der Kombination anreiten.

Wendungen

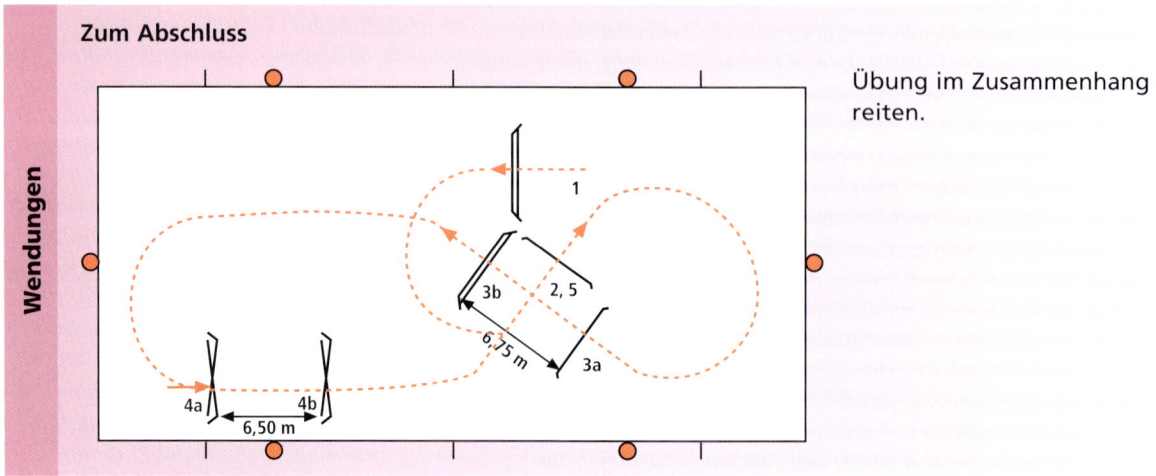

Zum Abschluss

Übung im Zusammenhang reiten.

4.9 Handwechsel

4.9.1 Definition

Galoppwechsel ist der Wechsel vom Handgalopp der einen zur anderen Hand (linke bzw. rechte Hand, jeweils inneres Beinpaar greift weiter vor). Der Wechsel kann durch Parieren zum Trab bzw. Schritt mit erneutem Angaloppieren ausgeführt werden oder als fliegender Wechsel während der Schwebephase, wobei der bisherige innere Hinterfuß nach dem Moment der freien Schwebe als neuer äußerer Hinterfuß zuerst auffußt, ihm folgen das diagonale Beinpaar und dann der neue innere Hinterfuß.

Beim Springen werden Wendungen im Handgalopp geritten. Falls es nicht gelungen ist, das Pferd für die nächste Wendung bereits im richtigen Galopp landen zu lassen oder falls die Linienführung im Parcours (ausnahmsweise) dies erzwingt, kann insbesondere für die letzte Wendung auf den Sprung zu ein Galoppwechsel erforderlich werden.

Bei jungen Pferden, die den fliegenden Wechsel noch nicht sicher beherrschen, muss man (unter Zeitverlust) zum Trab oder Schritt parieren und erneut angaloppieren.

Üblicherweise wird ein fliegender Wechsel geritten.

4.9.2 Zielsetzungen

a für das Pferd	b für den Reiter
Kräfteschonendes und sicheres Galoppieren der Wendungen im Handgalopp, nervenschonender Übergang vom Galopp der einen Hand zur anderen.	Übergang vom Galopp der einen Hand zur anderen ohne Zeitverlust und ohne das Pferd von den Hilfen zu verlieren, um unverzüglich und kontrolliert das Anreiten des nächsten Sprunges optimal beginnen zu können.

4.9.3 Ausführung

Das Pferd galoppiert sicher an den Hilfen.	Halbe Parade zur Sicherung der Aufmerksamkeit für die Hilfengebung.

Das Pferd springt um.	Meist genügt es für den natürlichen Wechsel im Übergang von einer Wendung in die entgegengesetzte Wendung, das flüssig galoppierende Pferd am Wendepunkt umzustellen, dabei in die neue Richtung zu schauen und den neuen inneren Zügel vom Pferd weg seitwärts zu führen, die Fußspitzen des neuen inneren Fußes vom Pferd wegzudrehen und den neuen äußeren Schenkel leicht zurückzunehmen. Die Hilfengebung sollte möglichst in dem Augenblick beginnen, in dem das Pferd mit dem (alten) führenden Vorderfuß auffußt (also im Linksgalopp mit dem linken Vorderfuß), um in der unmittelbar daran anschließenden Schwebephase das Umspringen zu bewirken.
Das Pferd galoppiert ruhig und an den Hilfen stehend weiter.	

4.9.4 Fehler und Abhilfe

Das Pferd springt nicht auf Anhieb um, nach mehreren Versuchen ist es aus dem Gleichgewicht, unkonzentriert und der Weg zum nächsten Hindernis für ein kontrolliertes Anreiten zu kurz geworden.	Entweder weiterwursteln und hoffen, dass alles schon gut gehen wird oder Anreiten abbrechen, unter Inkaufnahme der Strafpunkte eine Volte einlegen und dann das Hindernis möglichst risikoarm überwinden. Daheim den fliegenden Wechsel ausführlich üben.
Das Pferd empfindet die Hilfengebung für den fliegenden Wechsel als aufregend und stürmt davon.	Daheim den fliegenden Wechsel als »die natürlichste Sache der Welt« in Ruhe üben. Eventuell von einem Dressurausbilder helfen lassen.

Übungsalternative 1

Der fliegende Wechsel ist für das Pferd auf der Weide eine ganz natürliche Sache. Im Springtraining muss das Pferd nur lernen, auf kleinste Bewegungsänderungen des Reiters hin diese mit einer Richtungsänderung und Änderung des Galopps nachzuvollziehen, um mit dem Reiter im Gleichgewicht zu bleiben.

Übungsalternative 1: Das Natürliche wieder lernen und abrufbar machen

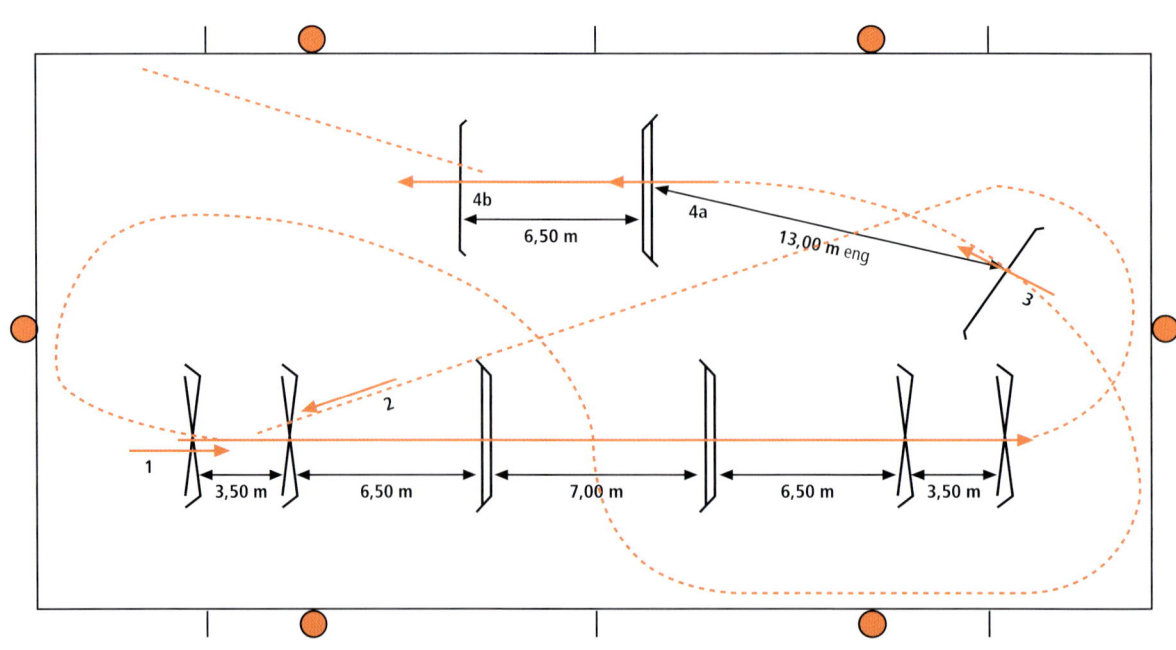

Vorübung 1

Geradlinig

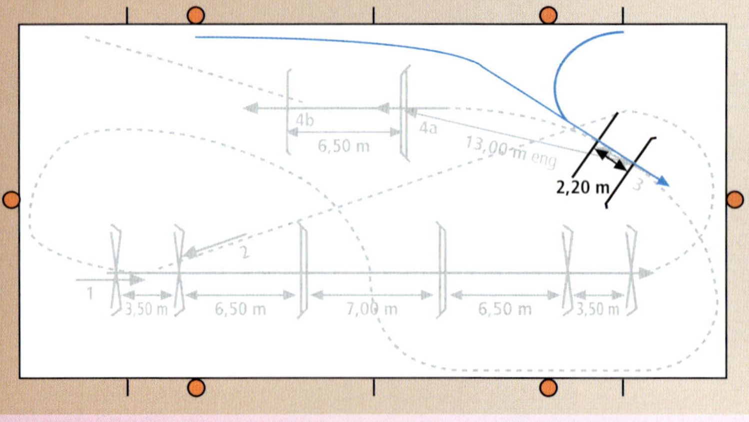

Aus dem Trab mit Taktstange über Couvert.

Auf gerade Linie über Taktstange und Steilsprung bis zur Bande achten.

Vorübung 2

Wendungen

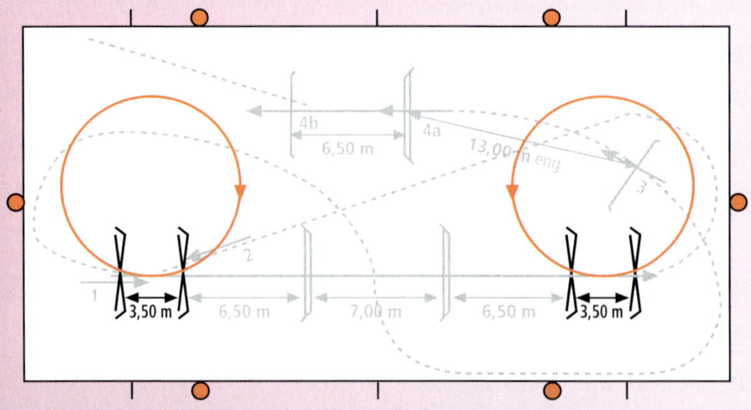

Jeweils mehrmals auf einer Volte über In-Out-Couverts.

Korrekt auf der Kreislinie galoppieren.

Immer die letzten Sprünge der Reihe nutzen, da andernfalls das Pferd auch sonst auf die Idee kommen könnte, aus der Reihe herauszulaufen.

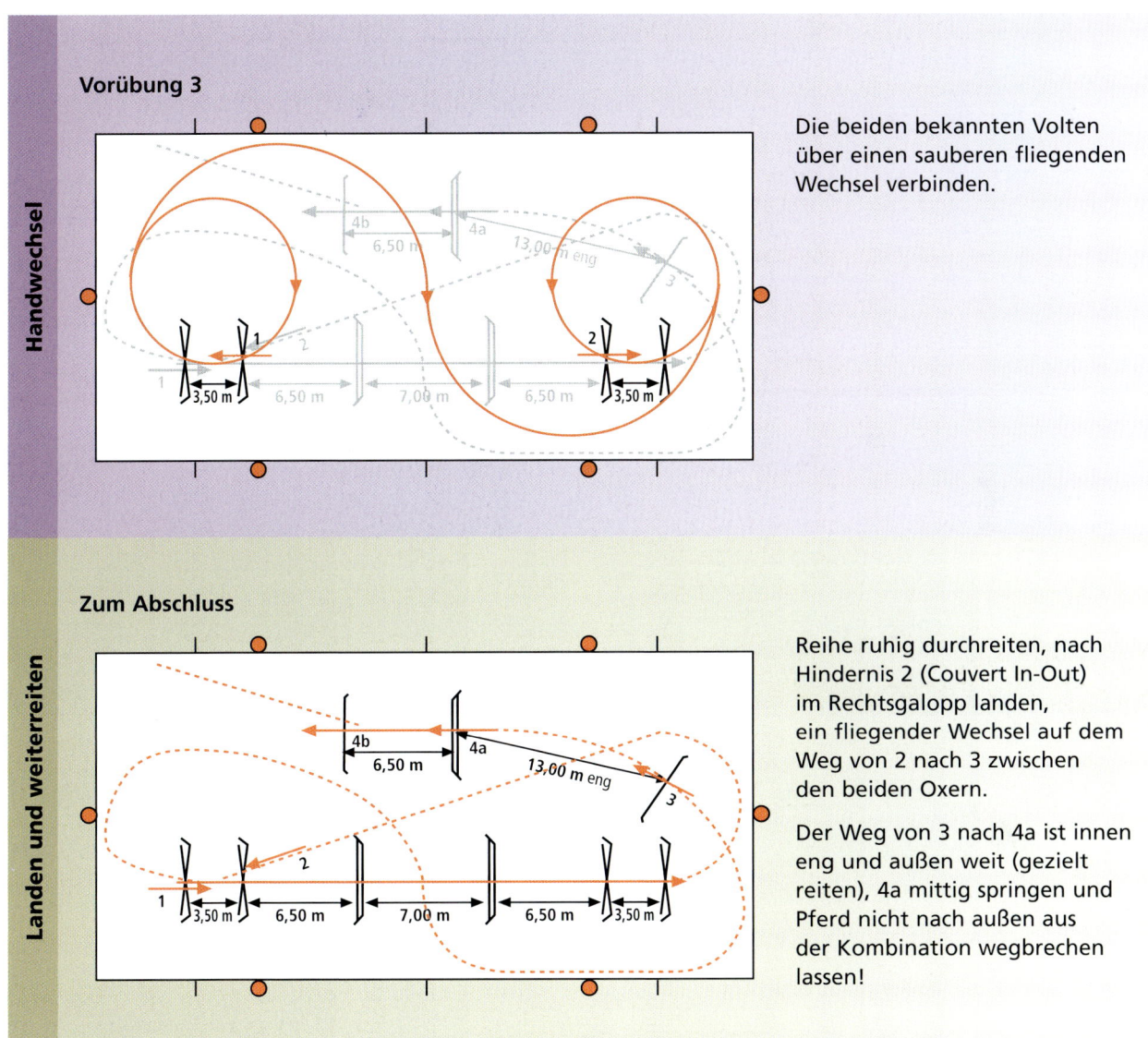

Vorübung 3

Die beiden bekannten Volten über einen sauberen fliegenden Wechsel verbinden.

Handwechsel

Zum Abschluss

Landen und weiterreiten

Reihe ruhig durchreiten, nach Hindernis 2 (Couvert In-Out) im Rechtsgalopp landen, ein fliegender Wechsel auf dem Weg von 2 nach 3 zwischen den beiden Oxern.

Der Weg von 3 nach 4a ist innen eng und außen weit (gezielt reiten), 4a mittig springen und Pferd nicht nach außen aus der Kombination wegbrechen lassen!

Übungsalternative 2

Die besten Galoppwechsel sind diejenigen, die nach dem richtigen Landen gar nicht erst gesprungen werden müssen. Bei dieser Übung (Reitplatz 20 × 60 m) sollte das Pferd deshalb jeweils über dem Sprung den Galopp wechseln und gleich im richtigen Galopp landen, um auf einfachste Weise zum nächsten Sprung zu kommen.

Übungsalternative 2: Die Kunst des Minimalismus

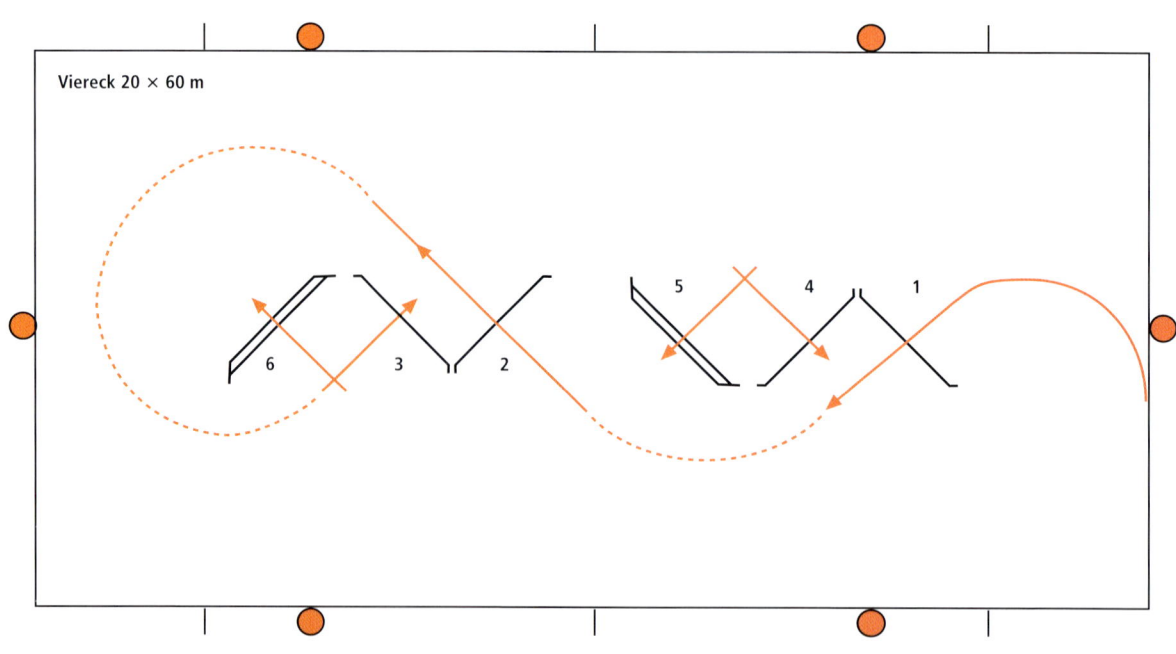

Viereck 20 × 60 m

Vorübung 1

Ruhig und gelassen

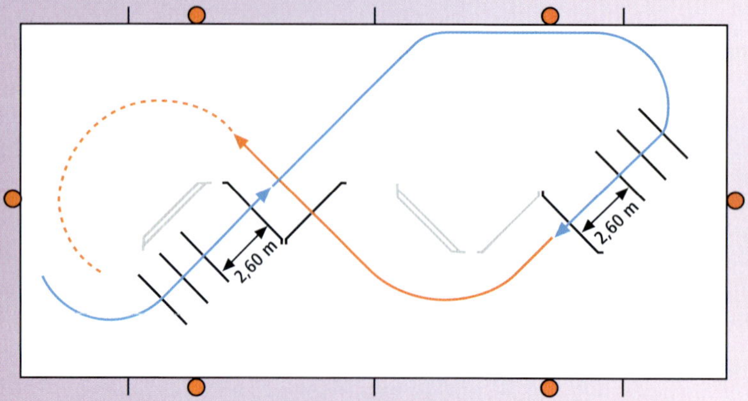

Zweimal aus dem Trab mit Trabstangen über niedriges Couvert, nach dem zweiten Couvert weitergaloppieren über den Steilsprung, danach enge Linkswendung, anschließend korrekt ganze Bahn galoppieren.

Übung wiederholen.

Vorübung 2

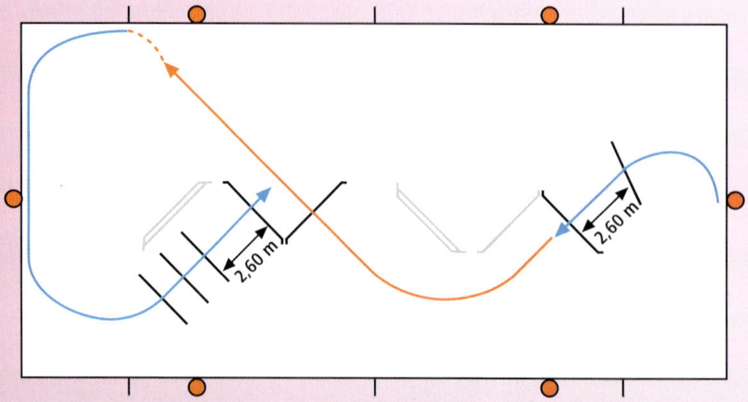

Wendungen

Aus der Linkswendung im Trab über Taktstange und Steilsprung, rechts landen und weitergaloppieren, über Steilsprung, danach gut in die Ecke reiten, dabei zum Trab parieren und weiter über Trabstangen und Steilsprung.

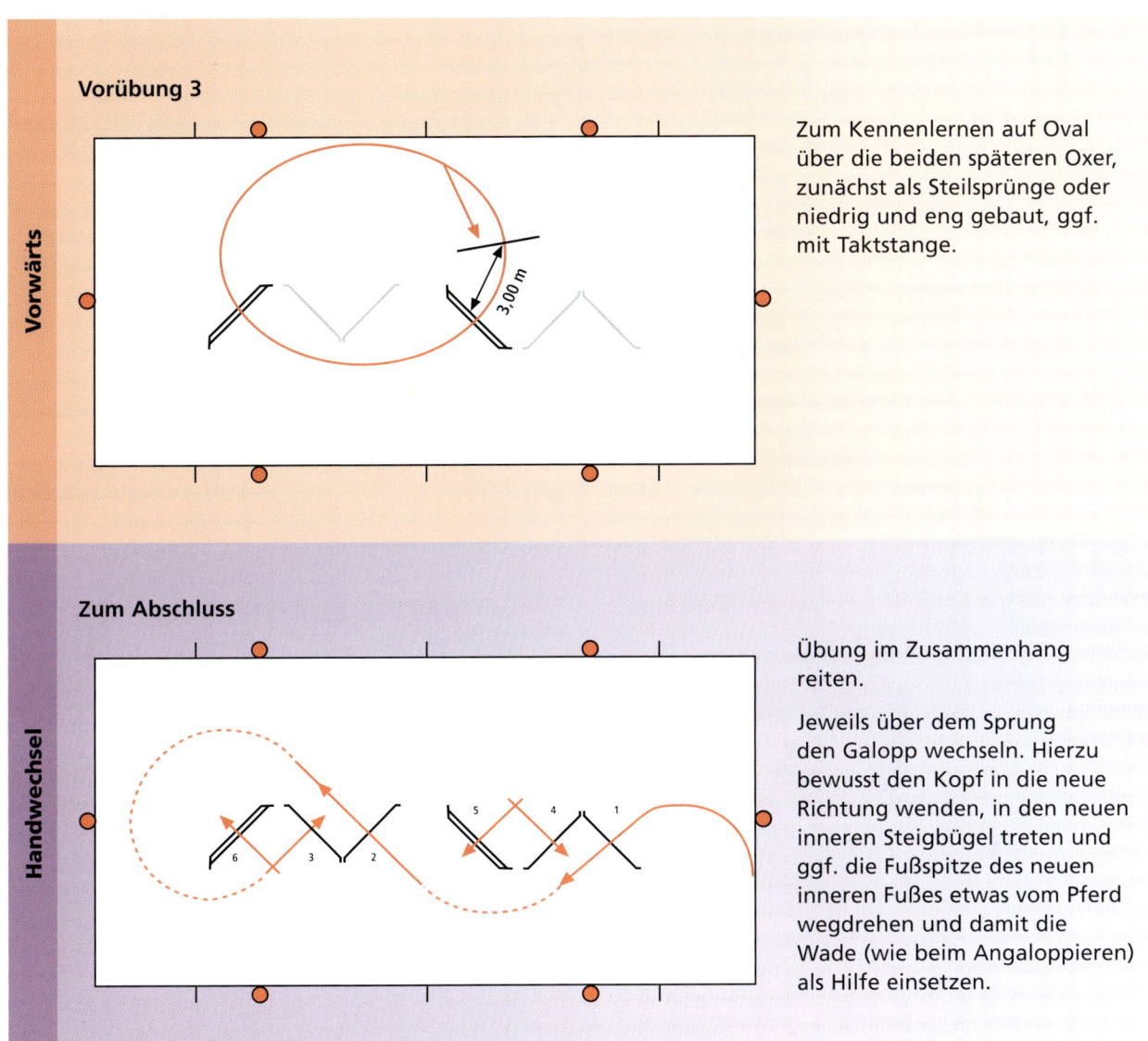

Vorübung 3

Vorwärts

Zum Kennenlernen auf Oval über die beiden späteren Oxer, zunächst als Steilsprünge oder niedrig und eng gebaut, ggf. mit Taktstange.

3,00 m

Zum Abschluss

Handwechsel

Übung im Zusammenhang reiten.

Jeweils über dem Sprung den Galopp wechseln. Hierzu bewusst den Kopf in die neue Richtung wenden, in den neuen inneren Steigbügel treten und ggf. die Fußspitze des neuen inneren Fußes etwas vom Pferd wegdrehen und damit die Wade (wie beim Angaloppieren) als Hilfe einsetzen.

4.10 Distanzen

4.10.1 Definition

Eine *Distanz* i.e.S. ist der Weg zwischen zwei (einzelnen) Hindernissen, auf dem das Pferd jeweils drei, vier, fünf, sechs oder mehr Galoppsprünge benötigt. Benötigt das Pferd nur einen oder zwei Galoppsprünge, so spricht man von einer *Kombination*. Auf Turnieren beträgt hier der Abstand mindestens 6,50 m und höchstens 12 m (vgl. § 508, 1 LPO)[14]. Entsprechend der Anzahl der Hindernisse unterscheidet man zwei- oder dreifache Kombinationen.

---

14) LPO Leistungsprüfungsordnung, Hrsg. Deutsche Reiterliche Vereinigung e.V. (FN), 1. Auflage, September 1999, S. 115

4.10.2 Voraussetzungen

a beim Pferd	b beim Reiter
Vorwärts, ruhig, geradlinig und Treffen des richtigen Absprungs vor der Distanz.	Der Reiter muss die Anzahl der Galoppsprünge zwischen den Hindernissen zählen können, ohne wegen dieser intellektuellen Ablenkung Reitfehler zu begehen.
Durchlässigkeit.	Der Reiter muss auf ebenem Boden und ohne Hindernisse die Länge der Galoppsprünge kontrollieren können und das Pferd dabei sicher an den Hilfen behalten.

4.10.3 Zielsetzungen

a für das Pferd	b für den Reiter
Vertrauen und Ruhe durch passende Distanzen.	Schulung des Gefühls für Grundtempo und Galopprhythmus.
Schulung des Taxiervermögens und Vermeidung von Langeweile durch Variation der Distanzen.	Koordinierte Hilfengebung auf geraden bzw. gebogenen Linien, um präzise Wege mit einer bestimmten Anzahl von Galoppsprüngen zu reiten.
Korrektur der Springmanier durch zielführende Gestaltung der Distanzen.	Schulung des »Auges« für die Distanz und des Reaktionsvermögens, um die Hindernisse besser zu »treffen«.

4.10.4 Ausführung

Passende Distanz.	Distanzen werden in gleichmäßigem Grundtempo geritten, ohne verstärktes Aufnehmen oder übermäßiges Treiben. Der Reiter behält das Pferd vor den treibenden Hilfen und veranlasst es, falls nötig, zum energischen Galoppieren.
(Zu) Enge Distanz auf der Geraden.	Auf der Geraden unmittelbar nach dem Landen (ggf. eine halbe Parade und) einen oder zwei verkürzte Galoppsprünge, um dann normal weiterreiten und auf den nächsten Sprung zu eher zulegen zu können.
(Zu) Enge Distanz auf gebogenen Linien.	Auf gebogenen Linien die Wendungen größer reiten, wodurch sich bei gleichmäßigem Tempo der Weg verlängert und die Anzahl der reitbaren Galoppsprünge erhöht.

(Zu) Weite Distanz auf der Geraden.	Bereits den ersten Sprung flott anreiten und nicht zu früh abspringen, gleich nach dem Landen durch verstärktes Treiben mit möglichst wenigen Galoppsprüngen auskommen (oder geruhsam reiten und sich einen Galoppsprung mehr leisten).
(Zu) Weite Distanz auf gebogenen Linien.	Auf gebogenen Linien die Wendungen enger reiten, wodurch sich bei gleichmäßigem Tempo der Weg verkürzt/die Anzahl der benötigten Galoppsprünge verringert.

4.10.5 Fehler und Abhilfe

Der Reiter »vermetert« sich dauernd.	Abgehen (Schrittlänge) üben. Vor dem eigenen Ritt den vorher startenden Paaren zuschauen.
Das Pferd springt beim ersten Hindernis zu früh, der Weg zum zweiten Hindernis wird zu weit.	Das gezielte Reiten einer Distanz beginnt bereits mit dem Anreiten des davor liegenden Sprunges. Treffen! Im Notfall noch über dem Sprung über das weitere Vorgehen richtig entscheiden und dann sofort konsequent reiten.
Das Pferd springt beim ersten Hindernis zu spät, der Weg zum zweiten Hindernis wird zu eng.	Treffen! Notfalls im Landen aufnehmen und Galopp kontrollieren, notfalls ganz aus der Kombination herausnehmen.
Der Reiter reitet das Pferd seitwärts aus einer Kombination heraus.	Niemals (außer zur Vermeidung eines Unfalls) seitlich aus einer Kombination herausreiten. Vorher richtig aufbauen und, falls ein Einzelsprung gewünscht wird, lieber von der Seite in die Kombination hineinreiten.
Der Reiter macht in der Distanz zu viel Druck.	In Ruhe dem Pferd vertrauen. Distanzen werden (als enge Distanzen) gerade dazu gebaut, das Pferd zu Ruhe und Umsicht zu erziehen. Da kann es auf treibende Hilfen nicht fühlbar reagieren, der so erzeugte Stress wird nur aufgestaut.

Distanz, die für dieses Pferd bei drei normalen Galoppsprüngen zu weit wird

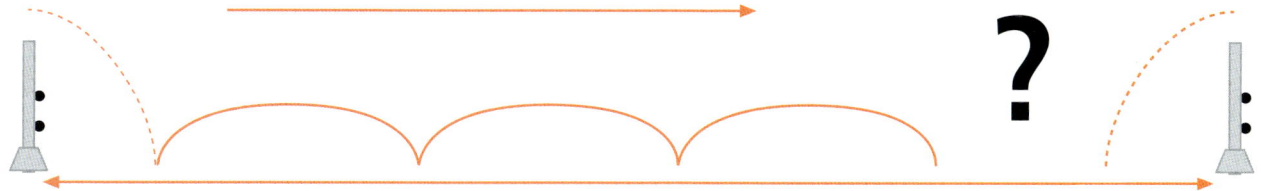

Der übliche Fehler: Zum Schluss wird ein halber Galoppsprung dazwischen gemacht

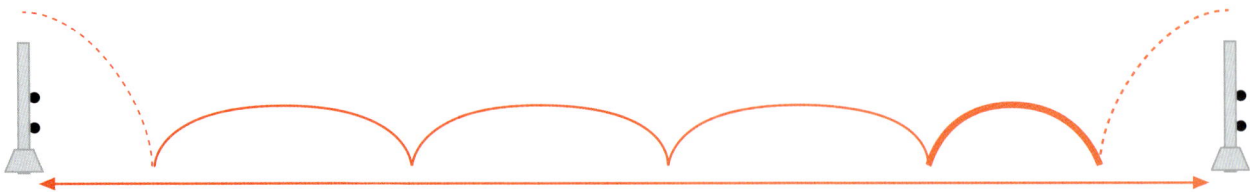

Korrekt: Direkt nach dem Landen zwei verkürzte Galoppsprünge

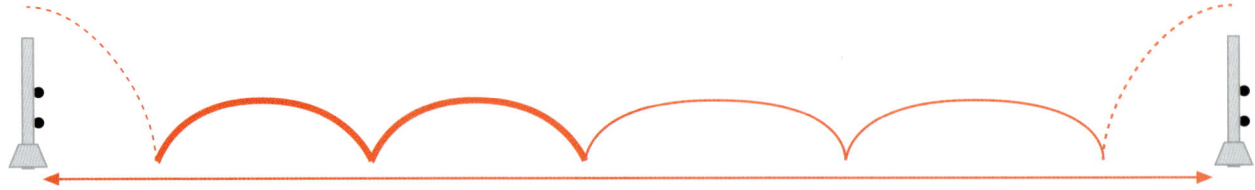

Korrekt: Groß hineingeritten und sofort zugelegt, mit drei großen Galoppsprüngen auskommen

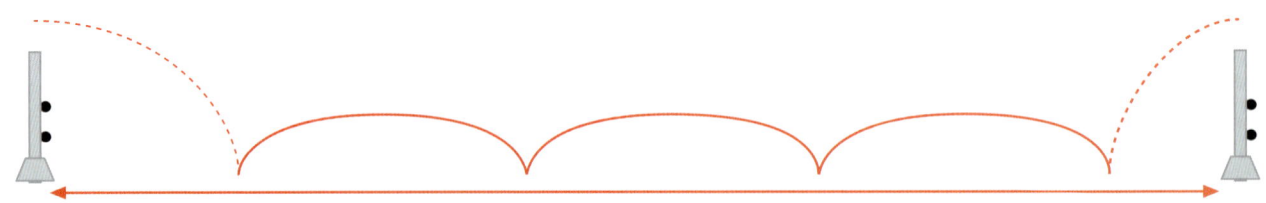

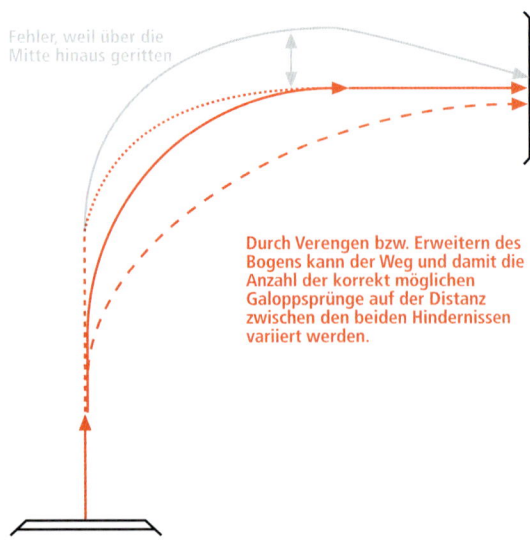

Fehler, weil über die Mitte hinaus geritten

Durch Verengen bzw. Erweitern des Bogens kann der Weg und damit die Anzahl der korrekt möglichen Galoppsprünge auf der Distanz zwischen den beiden Hindernissen variiert werden.

Kontrollierte und eher kürzere Galoppsprünge erleichtern das richtige Treffen des Absprungpunktes und erlauben ein Zulegen und Ausgleichen nach vorn. Im Training wird aus ruhigerem Tempo und bei engeren Distanzen die beim Abspringen geforderte Hinterhand besser gekräftigt.

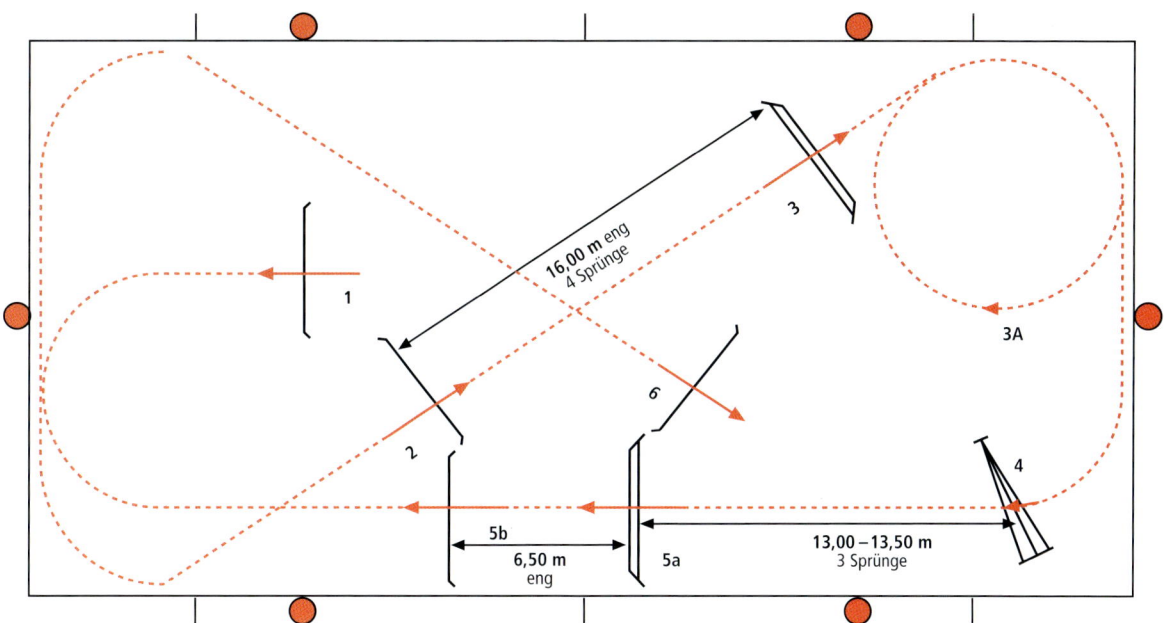

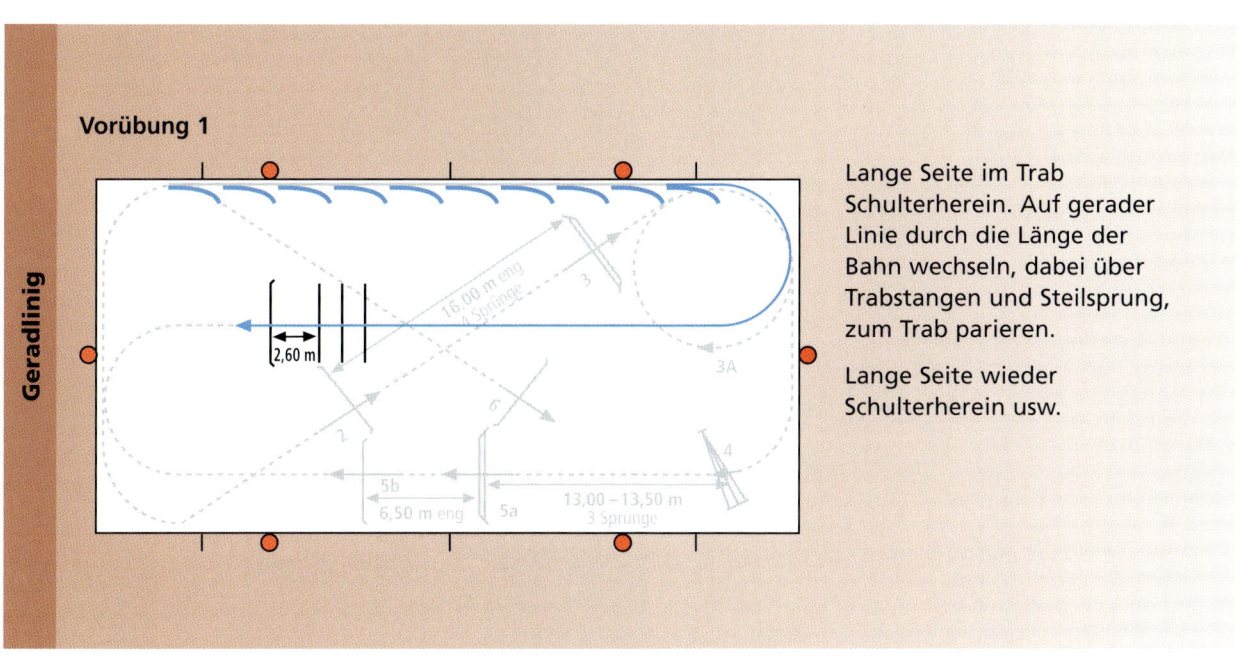

Vorübung 1

Geradlinig

Lange Seite im Trab Schulterherein. Auf gerader Linie durch die Länge der Bahn wechseln, dabei über Trabstangen und Steilsprung, zum Trab parieren.

Lange Seite wieder Schulterherein usw.

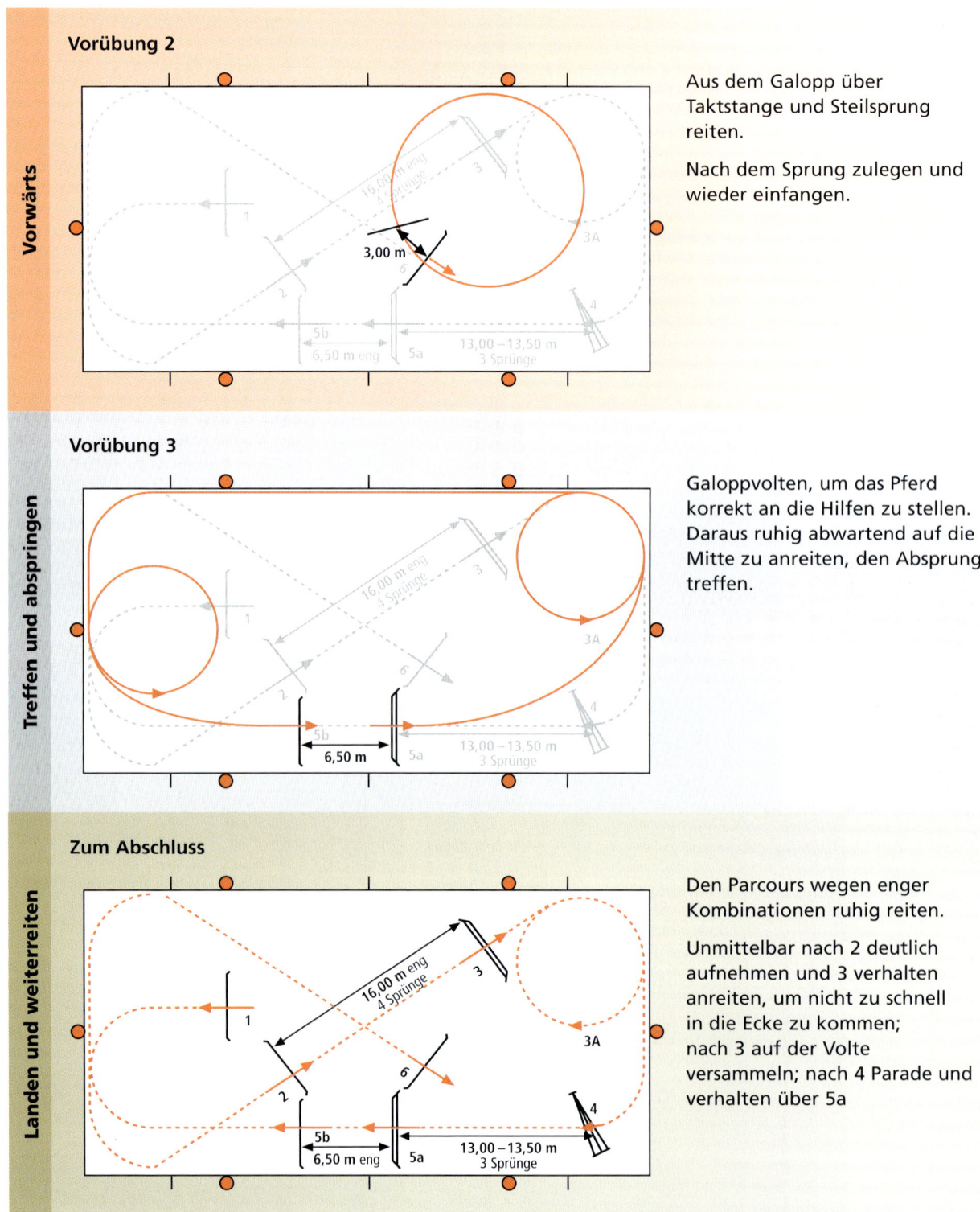

Vorwärts

Vorübung 2

Aus dem Galopp über Taktstange und Steilsprung reiten.

Nach dem Sprung zulegen und wieder einfangen.

Treffen und abspringen

Vorübung 3

Galoppvolten, um das Pferd korrekt an die Hilfen zu stellen. Daraus ruhig abwartend auf die Mitte zu anreiten, den Absprung treffen.

Landen und weiterreiten

Zum Abschluss

Den Parcours wegen enger Kombinationen ruhig reiten.

Unmittelbar nach 2 deutlich aufnehmen und 3 verhalten anreiten, um nicht zu schnell in die Ecke zu kommen; nach 3 auf der Volte versammeln; nach 4 Parade und verhalten über 5a

Tempo und Absprungpunkt beim Hineinspringen in eine Kombination bestimmen den Landepunkt und den ersten Galoppsprung danach. Dabei entscheidet sich häufig, wie die Distanz insgesamt überwunden wird und wie man aus der Kombination wieder herauskommt.

Übungsalternative 2: Vor dem Einsprung den Aussprung bedenken

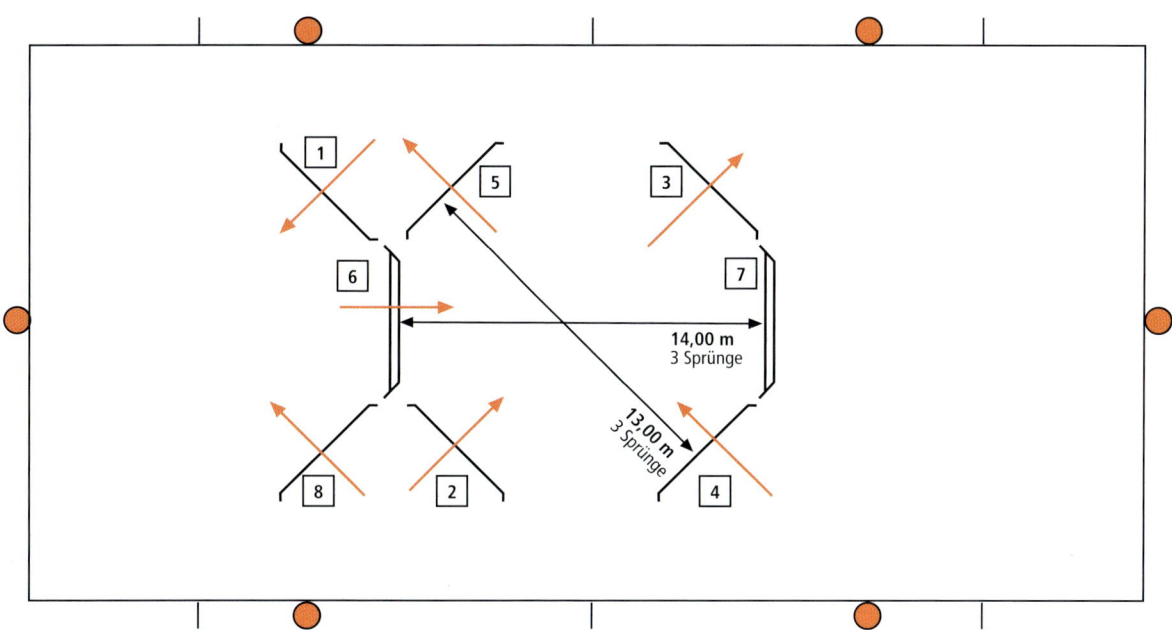

Vorübung 1

Ruhig und gelassen

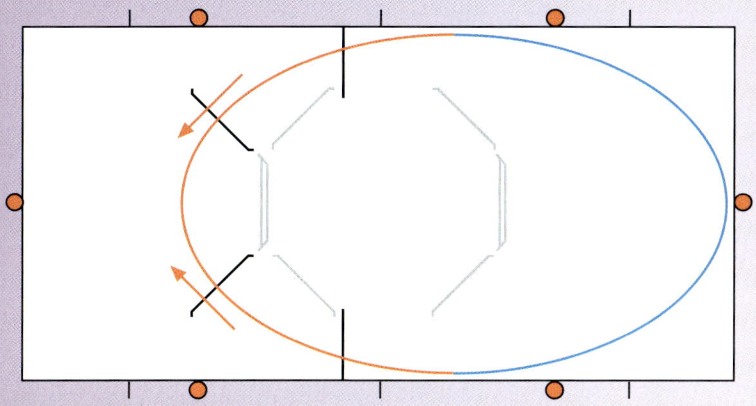

Auf großem Oval im Trab-Galopp-Trab-Wechsel (ggf. über Taktstangen) über niedrige Hindernisse/Couverts reiten.

Übung auf beiden Händen mehrfach wiederholen.

Vorübung 2

Landen und weiterreiten

3,00 m

je 4 Sprünge

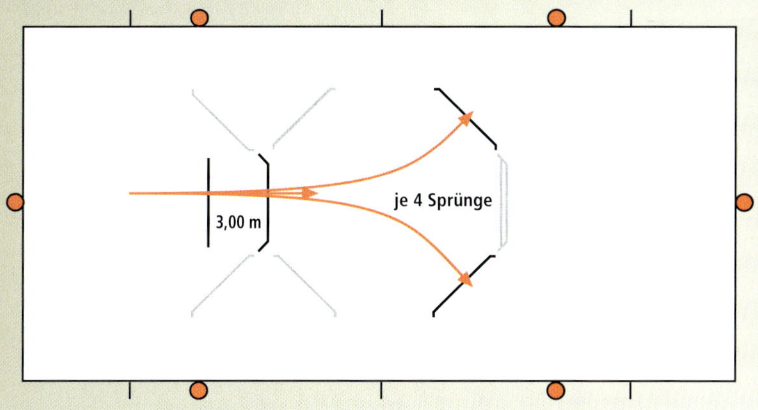

Aus dem Galopp über Taktstange und den zunächst als Steilsprung gebauten ersten Sprung auf der Mittellinie, auf richtiges Landen rechts bzw. links und vier Galoppsprünge bis zum nächsten Hindernis achten.

Vorwärts

Vorübung 3

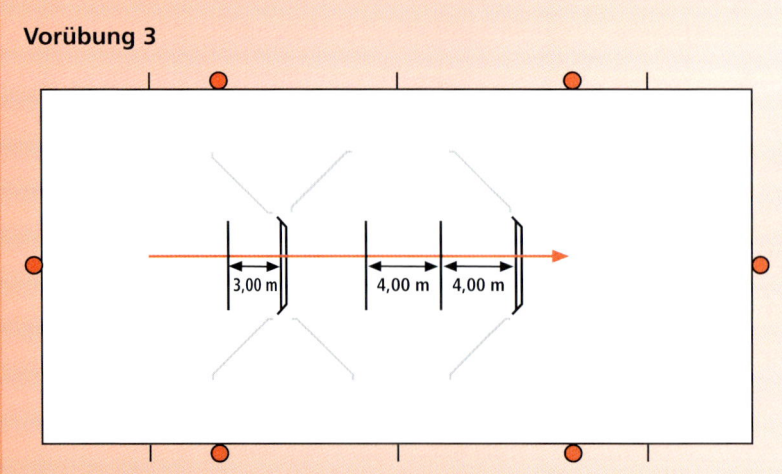

Über Taktstange und Oxer, unmittelbar nach dem Landen flüssig weiterreiten, die Distanz über Taktstangen passend machen.

Distanzen

Zum Abschluss

Bei dieser Übung sollte das Gefühl für passende Abstände (z.B. 3×3 Galoppsprünge) geübt werden.

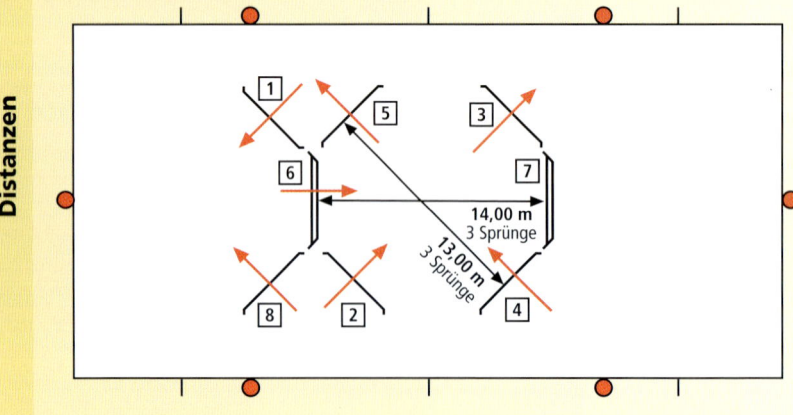

Gesamten Parcours im Zusammenhang reiten.

Die angegebenen Abstände für drei Galoppsprünge sind von 4 nach 5 normal, von 6 nach 7 weiter und verlangen deshalb von 6 nach 7 flüssiges Reiten, vor allem nach dem ersten Sprung flüssiges Weiterreiten.

5 Reiten ist Zusammenarbeit

5.1 Reiten ist Kommunikation

5.1.1 Der Kuss des Amerikaners (Reiten ist Reden und Horchen und Gegenrede und Horchen und ...)

Reiten – Zwiesprache zweier Körper und Seelen, die dem vollkommenen Einklang dient.

W. Seunig[15]

Amerikanische Soldaten, die während des Krieges in England stationiert waren, bezeichneten die englischen Mädchen häufig als sexuell überaus leicht zugänglich, wogegen die englischen Mädchen die amerikanischen Soldaten als überaus stürmisch betrachteten. Die Lösung dieses Widerspruchs liegt im unterschiedlichen Paarungsverhalten von Amerikanern und Engländern. Bei jeweils ungefähr 30 Schritten vom Kennenlernen bis zum Geschlechtsverkehr kommt Küssen in Amerika auf Stufe 5, in England auf Stufe 25. Je nachdem, ob die Engländerin nach dem ersten – für den Amerikaner harmlosen – Kuss die Beziehung abbricht oder sich für den Geschlechtsverkehr vorbereitet, muss der Amerikaner sie für hysterisch oder nymphomanisch halten.[16]

Ein Dressurrichter, gewohnt Noten zu geben für »Losgelassenheit, Durchlässigkeit und Gehorsam des Pferdes« sowie für »Sitz und Einwirkung des Reiters«, hätte sich hier schwer getan.

Der Beobachter nimmt ja zunächst den Gesamteindruck wahr, die Bewegung des Paares als eine Ganzheit im Dressurviereck. Ganzheit bedeutet, dass Reiter, Pferd und Reiten als das Verbindende zwischen beiden mehr sind als die Summe dieser Komponenten. Keine dieser Komponenten kann verändert werden, ohne dass das Paar einen anderen Gesamteindruck hinterlässt. »Reiten«, verstanden als das Verbindende zwischen Reiter und Pferd, ist dabei ein wechselseitiger Ablauf von Mitteilungen zwischen Reiter und Pferd, wobei jedes Verhalten des einen für den anderen Mitteilungscharakter hat.

Ein Dressurrichter, der im Beispiel den küssenden Amerikaner und im Ablehnungsfall die ohrfeigende Engländerin beobachtet, wird unschwer auf eine Disharmonie schließen. Gewohnt, in der Kette Reiter –

Hilfe – Pferd zu analysieren, wird sein Urteil falsch sein.

Er könnte zunächst in dem Kuss des Amerikaners eine zu hart gegebene Hilfe sehen. In dieser mechanistischen Betrachtungsweise wird die Hilfe als ein Anstoß vermutet, der beim Pferd einen bestimmten Bewegungsablauf veranlasst, so, wie ein vom Fuß getretener Stein eine bestimmte Strecke weit fliegen wird. Ein vom selben Fuß getretener Hund wird sicher nicht nur eine bestimmte Strecke weit fliegen. Für diesen ist der Anstoß keine bloße Energieübertragung, sondern eine Mitteilung, die er z.B. mit Beißen beantworten wird.[17]

So sind auch die Hilfen Mitteilungen an das Pferd, die dieses in Lektionen umsetzen kann, aber nicht zwangsläufig umsetzen muss. Aus einer Disharmonie kann nicht zwingend auf eine ungenügende Hilfe, aus der Ohrfeige nicht unbedingt auf einen schlechten Kuss geschlossen werden.

Bleibt dem Richter noch, mangelnde Durchlässigkeit zu vermuten. Auch dieses Urteil ist natürlich falsch, denn der Richter hat den Beurteilungsrahmen zu eng genommen und vor allem nicht bedacht, dass der Kuss als Stufe 5 in einem länger dauernden, wechselseitigen Ablauf von Mitteilungen gedacht war. Aus englischer Sicht war bereits der Kuss – als Antwort auf Stufe 4 – zu forsch, aus amerikanischer Sicht die Ohrfeige – als Antwort auf Stufe 5 – unangemessen, wogegen aus englischer Sicht die Ohrfeige in Stufe 6 die richtige Antwort auf die falsche Stufe 5 des Amerikaners war. Auch mancher Reiter tut den zweiten Schritt vor dem ersten (zumindest aus der Sicht des Pferdes) und glaubt sich noch im Recht.

Diese Fehler des Richters wären dem Reitlehrer natürlich nicht unterlaufen, denn der hätte den Amerikaner als Amerikaner und die Engländerin als Engländerin verstanden, er hätte den Kuss als Teil des Paarungsverhaltens erkannt und wäre dem Amerikaner rechtzeitig in die Parade gefahren. Hätte er?

---

15) Seunig, W.: Frauen, Pferde, Bücher, Heidenheim, 1955, S. 36
16) vgl. Watzlawick, P.: Menschliche Kommunikation, Bern, Stuttgart, Wien, 1980, S. 20 f.
17) vgl. Watzlawick, P.: Menschliche Kommunikation, a.a.O., S. 30

5.1.2 Pferdechinesisch (Reiten ist Zuhören)

*Die Liebe zum Pferd ist der sicherste –
vielleicht sogar einzige –
Weg zur Erkenntnis seiner Seele.*

W. Seunig[18]

Stellen Sie sich einmal einen Japaner vor, der bei seinem ersten Europatrip in Salzburg, äußerst wohl erzogen, aber auch ziemlich pressiert, in einem vornehmen Restaurant vor den Toilettentüren mit den nachstehenden Piktogrammen um eine Entscheidung ringt:

Damen   Herren

Er wird wohl entweder das 50%-Risiko einer falschen Entscheidung eingehen oder notgedrungen auf einen anderen, mit der Landestracht vertrauten, Gast warten müssen.

In der digitalen Sprache des Europäers gibt es Inhaltswörter oder Namen, die, wie z.B. »Damen« und »Herren«, nach allgemeiner Übereinkunft ein bestimmtes Ding benennen. Auch verfügen wir über Funktionswörter wie »nicht«, »wahrscheinlich«, »sicher«, »wenn – dann«, »entweder – oder«, aus denen wir in Verbindung mit den Inhaltswörtern logische Aussagen formulieren können.

In der analogen Kommunikation wird das Ding durch eine Analogie (z.B. eine Zeichnung, eine Bewegung) ausgedrückt, die eine Ähnlichkeitsbeziehung zu dem Ding hat, für das sie steht. Den Ausdruck »nicht« gibt es dabei nicht.[19]

Beispiele für solch nicht verbale Ausdrücke sind »Lächeln«, »Stirnrunzeln«, »Kopfschütteln«, »Erröten«

und der »Tanz der Bienen«, der den Weg zum Nektarvorrat zeigt.[20]

Solche analogen Mitteilungen haben oft eine merkwürdige Doppelbedeutung: »Tränen« für Freude und Schmerz, »geballte Faust« für Drohung und Selbstbeherrschung, »Lächeln« für Sympathie und Verachtung, »Zurückhaltung« für Takt und Gleichgültigkeit.[21]

Beim Menschen ist die nichtsprachliche Kommunikation zurückgetreten und bis zur Unsichtbarkeit verborgen hinter sprachlicher Kommunikation und begrifflichem Denken.[22]

Der kluge Hans, ein Pferd des Herrn von Osten, klopfte die Lösung einer Rechenaufgabe mit seinem Huf auf den Boden. Auch dieses Pferd hat die Sprache des Menschen nicht verstanden und nicht über ein mathematisches Genie verfügt. Aber es hat die kleinsten Zeichen sehr genau gesehen. Der erwartungsvolle Blick auf den Huf hat das Klopfen ausgelöst, und das fast unmerkliche Aufblicken beim Erreichen der richtigen Zahl war für das Pferd Signal, das Klopfen zu beenden. Herrn von Osten selbst waren diese Zusammenhänge nicht bewusst.[23]

Konrad Lorenz berichtet über eine Vielzahl solcher Experimente und bemerkt, dass die meisten Menschen auch bei eifrigstem Bemühen nicht imstande sind, diese unbewusste und ungewollte Zeichengebung zu verhindern.[24]

So ist sich auch der ängstliche Reiter vor dem Sprung nicht bewusst, dass er diese Angst dem Pferd deutlich mitteilt. Er wundert sich nur, warum das Pferd bei ihm den Sprung verweigert und dem besseren, sprich weniger ängstlichen Reitlehrer willig gehorcht.

Wenn Pferde schon auf solch kleine Zeichen richtig reagieren können, dann sollte die Kommunikation zwischen Mensch und Pferd, dann sollte Reiten eigentlich so schwer nicht sein, möchte man meinen. Lorenz sagt aber: »Doch vielleicht weiß der Leser schon, dass man das nicht sollte; weil man nämlich überhaupt nichts meinen soll, wenn die Möglichkeit besteht nachzusehen, wie es sich wirklich verhält.«[25]

Trotzdem wissen wir recht wenig über die Kommunikation zwischen Pferd und Pferd oder zwischen Pferd und Reiter. Wir verlangen vom Pferd, dass es uns versteht, ohne uns unsererseits um ein Verständnis für das Pferdechinesisch zu bemühen.

Nach den Beobachtungen von Schäfer[26] beträgt bei frei lebenden Pferden die tägliche Ruhezeit (Dösen, Schlummern und Tiefschlafen) ca. sieben bis neun Stunden, in der restlichen Zeit bewegt sich das Pferd unter abwechslungsreichen Umwelteindrücken und ist dabei ca. zwölf Stunden mit Fressen beschäftigt. Es

18) Seunig, W.: Frauen, Pferde, Bücher, a.a.O., S. 31
19) vgl. Watzlawick, P.: Menschliche Kommunikation, a.a.O., S. 61 ff.
20) vgl. Fast, J.: Körpersprache, Reinbek bei Hamburg, 1979, S. 19
21) vgl. Watzlawick, P.: Menschliche Kommunikation, a.a.O., S. 66
22) vgl. Lorenz, K., Kommunikation mit Tieren, in Der Mensch und
    seine Sprache, Hrsg. Anton Peisl, Armin Mohler, Frankfurt, 1979,
    S. 174 f.
23) vgl. Watzlawick, P.: Menschliche Kommunikation, a.a.O., S. 64 f.
24) vgl. Lorenz, K.: Er redete mit dem Vieh, den Vögeln und den
    Fischen, München, 1980, S. 75
25) vgl. Lorenz, K.: Er redete mit dem Vieh …, a.a.O., S. 117
26) vgl. Schäfer, M.: Die Sprache des Pferdes, Reinbek bei Hamburg,
    1980

lebt in der intakten Großfamilie, Hengste ohne Stuten schließen sich zu Junggesellenclubs zusammen.

Die Unterschiede zur Pferdehaltung in unseren Ställen sind deutlich. Für das Sozialverhalten unserer Pferde könnte von Bedeutung sein, dass sie meist in »Halbfamilien« oder »Waisenhäusern« aufwachsen. Darin können bereits Unterschiede zwischen unseren Pferden und frei lebenden Pferden begründet sein. Wie aber verhalten sich Pferde, welche Sprache sprechen sie, und wie unterhalten sie sich mit anderen?

Jedes Verhalten hat Mitteilungscharakter, auch wenn es zunächst nicht als gewollte Nachricht gedacht war. So schließen wir aus dem häufigen Umschauen zum Bauch, Aufstehen und Niederwerfen auf eine Kolik des Pferdes und aus dem Zustand der Zähne auf sein Alter. Auch drückt das Pferd seine Stimmungen in bestimmten Gesichtern, Körperhaltungen und Bewegungen aus.

Aus der typischen Habachtstellung, dem Aufwerfen, können die Artgenossen bereits ziemlich genau entnehmen, wo der vermutliche Feind gesichtet wurde.

Ausdrucksformen wie das Imponiergehabe, die Drohmimik und das devote Gesicht sind schließlich ganz deutliche Nachrichten für einen Empfänger, obwohl sie zunächst nur Stimmungen ausdrücken und nicht klar ist, ob sie in Verfolgung eines bestimmten Zweckes bewusst als Nachricht ausgesandt werden.[27]

Der Hund ist zur bewussten, zweckgerichteten Beeinflussung des menschlichen Freundes in der Lage. Wenn er den Menschen mit der Nase stößt, winselt, zur Tür läuft und daran kratzt oder die Pfoten auf den Ausguss unter der Wasserleitung legt, dann will er den Menschen dazu veranlassen, die Tür zu öffnen oder den Wasserhahn aufzudrehen.[28]

Wenngleich solch zweckgerichtetes Kommunikationsverhalten beim Pferd selten zu beobachten ist, kommt es doch vor. Ich habe einmal FanFan, einen Oldenburger, erlebt, wie er gegen die Boxentür schlug, zur Selbsttränke ging, mit deren Deckel klapperte, aufstampfte und dieses Verhalten wiederholte. Er wollte, dass ich die Selbsttränke reinige, in die er wieder einmal gemistet hatte.

Diese Beispiele zeigen zunächst aber nur das Darstellen oder bewusste Aussenden von Nachrichten. Für eine geglückte Kommunikation ist es darüber hinaus erforderlich, dass diese Nachrichten beim Empfänger richtig ankommen, in den meisten Fällen muss die Information sogar zurückwirken, der Empfang der Meldung bestätigt werden. »Sehr häufig geht sie

sogar mehrmals hin und zurück, ›ich weiß, dass du weißt, dass ich weiß‹ und so weiter.«[29]

»Das einfachste Beispiel und wahrscheinlich auch die stammesgeschichtliche Urform aller Kommunikation ist die so genannte soziale Induktion (social induction). Bei sehr vielen in sozialem Verbande lebenden Tierarten wirkt so ziemlich alles, was ein Individuum tut, ansteckend auf alle anderen. Der arterhaltende Sinn dieses Effektes liegt auf der Hand: Wofern es überhaupt einen Vorteil für diese Tiere bedeutet, in einer Schar zusammenzuhalten, muss es von großer Wichtigkeit sein, dass alle ihre Mitglieder sich in der gleichen Stimmung befinden, dass nicht etwa eines den Ort verlassen will, wenn die anderen gerade schlafen. Sehr deutlich wird die gleichstimmende Wirkung von Ausdrucksbewegungen beim Auffliegen von Wildgänsen. Wenn ein Individuum damit beginnt, seine Intentionen zum Wegfliegen durch bestimmte Bewegungsweisen kundzutun, so hängt das Ansteigen seiner Flugerregung unmittelbar von der Rückwirkung ab, die es durch die antwortenden Ausdrucksbewegungen der Schargenossen empfängt. Findet es ein Echo, zuerst bei einem, dann bei mehreren Artgenossen, so schwillt die Flugstimmung durch Eskalation des Widerhalls lawinenartig an, und wenn schließlich der erste Vogel wirklich abfliegt, reißt er die ganze Schar mit. Findet er dagegen mit seinen Ausdrucksbewegungen keinen Widerhall, so gerät auch seine eigene Flugstimmung ins Schwinden und klingt folgenlos ab.«[30]

Im Reitbetrieb kennen wir diese ansteckende Wirkung des Verhaltens auch: In Anfängerstunden kommt oft die ganze Abteilung völlig durcheinander, wenn erst einmal ein Pferd angefangen hat, »Unfug zu treiben«. Umgekehrt nutzen wir die ansteckende Ruhe und Gelassenheit eines älteren Pferdes, um junge Pferde an neue und aufregende Dinge heranzuführen. Bei noch unsicheren Reitern ergibt sich häufig ein Aufschaukeln der Unsicherheit: Pferd erschrickt und regt sich auf, Reiter erschrickt und regt sich auf und verstärkt mit seiner Aufregung jene des Pferdes usw.

In einer Pferdeherde besteht eine – in Auseinandersetzungen festgelegte – Rangordnung, das ranghöhere Tier darf ein unterlegenes Pferd ungestraft androhen, den besseren Futterplatz einnehmen und als

27) vgl. Lorenz, K.: Er redete mit dem Vieh ..., a.a.O., S. 76 f.
28) vgl. Lorenz, K.: Er redete mit dem Vieh ..., a.a.O., S. 76
29) vgl. Lorenz, K.: Kommunikation mit Tieren, a.a.O., S. 169
30) vgl. Lorenz, K.; Kommunikation mit Tieren, a.a.O., S. 168

Erstes eine besonders beliebte Wälzstelle benutzen.[31] Schäfer hat bei Pferden ausgesprochene Freundschaften und Feindschaften festgestellt. Bei Jungtieren unterscheidet er Lauf-, Fang- und Kampfspiele. Balgereien der Hengstfohlen beginnen meist mit einer nebeneinander genommenen Kopf-zu-Kopf-Aufstellung und einem Spielgesicht mit »frechem« Ausdruck. Zum Fellkraulen aber gehen die Pferde schräg von vorn aufeinander zu und zeigen mit dem Beknabbergesicht ihre Absicht an.[32]

Diese Beispiele machen deutlich, dass in der Kommunikation, dem wechselseitigen Austausch von Mitteilungen, die einzelne Mitteilung nicht nur einen Inhaltsaspekt (ich will fressen, ich will knabbern), sondern auch einen Beziehungsaspekt (ich bin der Ranghöhere, ich bin dein Freund) hat. Dieser Beziehungsaspekt ist gleichzeitig meist eine Verstehensanweisung für den Inhalt der Mitteilung. Wenn wir die Beziehung kennen, dann können wir das Lächeln als Ausdruck für Sympathie oder Verachtung, die geballte Faust als Ausdruck für Drohung oder Selbstbeherrschung erkennen.[33]

Zebras wissen, ob der Löwe satt oder hungrig ist, und für Pferde kann die gleiche Gerte abwechselnd Spielzeug und Drohung sein. Der überraschend, gleichsam als Schatten, von hinten an das Pferd herantretende Mensch könnte jedenfalls auch der böse Wolf sein, und auf dessen Annäherung von hinten reagiert das Pferd instinktiv mit Keilen und Fliehen.

Watzlawick ist in Anlehnung an Bateson der Ansicht, dass alle Analogiekommunikationen Beziehungsappelle sind, also Anrufungen bestimmter Beziehungsformen. Die analoge Mitteilung ist demnach ein Vorschlag über die künftigen Regeln der Beziehung (Liebe, Hass, Kampf), und es ist Sache des Partners, diesen Vorschlag anzunehmen oder abzulehnen.[34]

Demnach bräuchte die Drohmimik des Pferdes nur eine Erinnerung an seine höhere Rangstellung zu sein. Nähme das rangniedere Pferd diese Auffassung auch als die seine an, dann würde es dem ranghöheren Pferd den Vortritt einräumen, ohne dass das ranghöhere Pferd überhaupt hat sagen müssen, dass es zuerst fressen wollte.

In der Tat ist es schwer, mit Pferden über das Wetter zu reden.

5.1.3 Reiterlatein (Reiten ist Reden)

Es ist ausschließlich Sache der Gewöhnung, ob ein Pferd durch einen Zungenschlag angeregt und durch einen Pfiff beruhigt wird, oder umgekehrt …

W. Seunig[35]

Ottokar Pohlmann sollte in jungen Jahren ein Pferd von Felix Bürkner vorstellen. Die Grußaufstellung ging gründlich daneben. Einen Tag später zeigte das Pferd unter Bürkner das Halten in Vollendung. Auf Bürkners Beifall heischenden Blick hat Pohlmann geantwortet: »Herr Oberst haben gehustet!« Für dieses Pferd war eben ein kurzes Husten des Reiters das Signal zum Halten.

Solche Privatabsprachen zwischen Reiter und Pferd können natürlich nicht die Norm sein, wenn Pferde unter wechselnden Reitern gute Leistungen zeigen sollen. Deshalb wurden Sprachen entwickelt, die von allen Reitern und allen Pferden desselben »Kulturraumes« oder derselben »Schule« verstanden werden. Zwischen den einzelnen Sprachen bestehen Gemeinsamkeiten, die wohl mehr notwendig als zufällig sind. Analoge Kommunikation verlangt, dass die Zeichen eine Ähnlichkeitsbeziehung zum Gemeinten haben.

Die Grundform der reiterlichen Einwirkung ist dabei die unmittelbare körperliche Gewalt in der gewollten Richtung.

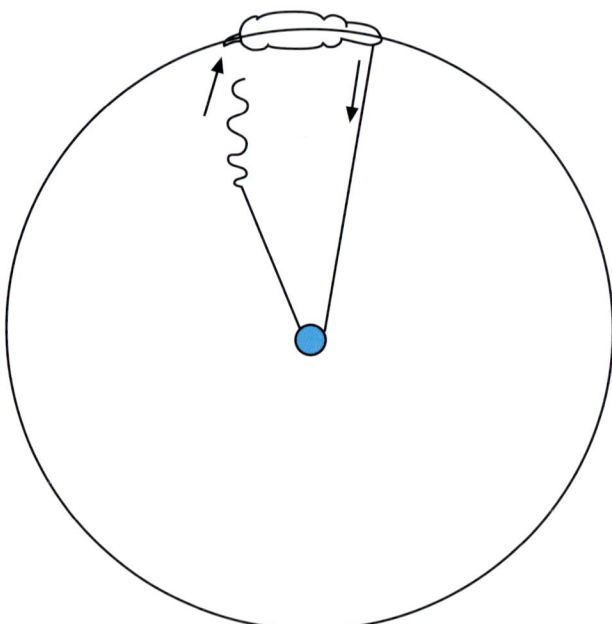

31) vgl. Schäfer, M.: Die Sprache des Pferdes, a.a.O., S. 76 ff.
32) vgl. Schäfer, M.: Die Sprache des Pferdes, a.a.O., S. 144
33) vgl. Watzlawick, P.: Menschliche Kommunikation, a.a.O., S. 53 ff.
34) vgl. Watzlawick, P.: Menschliche Kommunikation, a.a.O., S. 98
35) vgl. Seunig, W.: Frauen, Pferde, Bücher, a.a.O., S. 39

Beim Longieren des jungen Pferdes wirkt der Mensch über Longe/Kappzaum oder Gebiss und Longierpeitsche auf das Pferd ein.

Nach der »Erstbesteigung« an der Longe werden zunächst die Schenkelhilfen des Reiters gleichzeitig mit den vortreibenden Hilfen des Longenführers (Peitsche, Stimme) gegeben, sodass das Pferd lernt, dass Schenkel »vorwärts« heißt.

Hilfen sind aber nicht nur Worte einer Sprache, deren Bedeutung das Pferd lernen muss, Hilfen sind auch und vor allem Verhaltensanweisungen, denen das Pferd zu folgen lernen muss und zwar so, dass Verstehen und Befolgen eins werden. Schenkel heißt »vorwärts gehen!«.

Wenn das Pferd die Bedeutung der Hilfe durch deren Verbindung mit etwas bereits Bekanntem lernt, so lernt es das Befolgen der Hilfe durch dessen Verbindung mit Lustgefühlen. Lust- bzw. Unlustgefühle bewirkt der Mensch durch positive bzw. negative Sanktionen, durch Lohn und Strafe. Strafe verursacht im Zeitpunkt des Vollzugs Unlustgefühle, hört sie jedoch auf, so schwingt der Gefühlszustand – nach den Feststellungen von Lorenz – nicht unmittelbar in den Ruhezustand, sondern zunächst über den Nullpunkt hinaus in den Bereich der Lust.[36]

Lorenz erzählt zur Verdeutlichung den österreichischen Bauernscherz: »Heut mach i meim Hund a Freud: Erst hau i eam recht und nacha hör i auf.«[37]

Zur Unterscheidung von Hilfe und Strafe sagt Steinbrecht: »Je nach der Stärke der Einwirkungen unterscheiden wir feinere und stärkere Hilfen, steigern sich aber diese bis zur Erzeugung von Schmerz, so hören sie auf, Hilfen zu sein, und werden zu Strafen.«[38]

Ziel der Ausbildung ist es, mit möglichst feinen Hilfen das Pferd zum Gewollten zu veranlassen. Es gibt aber keinen Grund anzunehmen, dass das Pferd ohne andressierende Schulung von sich aus zum Mittun bereit wäre, denn Stallruhe, Futter oder vergnügtes Toben auf der Weide sind für das Pferd viel reizvollere Beschäftigungen.

Für den einzelnen Lernschritt ergeben sich folgende Forderungen:
- Das Pferd muss die Hilfe befolgen können; es muss durch gute Vorbereitung körperlich in der Lage sein, das Verlangte auszuführen, ohne dabei mehr Unlust als unbedingt erforderlich zu empfinden.
- Das Pferd muss die Hilfe als Signal erkennen. Äußere Ruhe und Konzentration des Pferdes auf den Reiter sind eine Voraussetzung, Konzentration des Reiters auf das Pferd die andere. Man kann nicht zu Pferde sitzen, ohne zu reiten; wird ein Pferd als

Sitzgelegenheit für Plauderstündchen missbraucht, so wird es vor allem unter weniger geübten Reitern Schwierigkeiten haben zu unterscheiden, ob sich der Reiter gerade mit dem Nachbarn oder mit seinem eigenen Pferd unterhalten will.
- Das Pferd muss die Bedeutung des Signals erkennen. Grundsätzlich versteht das Pferd, indem es aus Altbekanntem das ähnliche Neue erkennt. Im Einzelfall ist es das Geschick des Reiters, das Pferd in eine Situation zu manövrieren, in der es mehr zufällig das Richtige, das Gewollte tut. Durch heftiges Lob erkennt das Pferd, dass es das Richtige getroffen hat. Eine Festigung tritt natürlich nur dann ein, wenn immer die gleiche Hilfe zum gleichen Zweck gegeben wird.
- Das Pferd muss die Hilfe befolgen wollen. Der Reiter erreicht dies in der »Lernphase« durch die Verknüpfung von Gehorsam mit Lustgefühl, also durch Lohn bzw. Aufhören von Strafe. Hierzu sei noch einmal Lorenz zitiert: »Jede Andressur einer Verhaltensweise durch eine sie bekräftigende Belohnung veranlasst den Organismus, um eines zukünftigen Lustgewinnes willen gegenwärtige Unlust in Kauf zu nehmen oder – objektiv ausgedrückt – Reizsituationen von solcher Art reaktionslos hinzunehmen, die ohne Vorangehen des Lernvorganges abstoßend und abdressierend wirken würden.«[39]

Der Reiter gibt die Hilfen mit Zügel, Gewicht und Schenkel, wobei er Druck auf das Pferd ausübt bzw. diesen Druck verstärkt oder vermindert. Da das Pferd – ebenso wie der Mensch – Bewegung und Kontraste sehr viel eher wahrnimmt als Ruhe und »grau in grau«, besteht das Signal vor allem in der Veränderung des Drucks. Ergänzend stehen dem Reiter die Stimme und als Hilfsmittel Gerte und Sporen zur Verfügung.

Annehmende, durchaltende oder verwahrende Zügelhilfe

Nachgebende Zügelhilfe

36) vgl. Lorenz, K.: Die acht Todsünden der zivilisierten Menschheit, München, 1973, S. 39 ff.
37) vgl. Lorenz, K.: Die acht Todsünden der zivilisierten Menschheit, a.a.O., S. 42
38) vgl. Steinbrecht, G.: Gymnasium des Pferdes, Verlag Dr. Rudolf Georgi, Aachen, 1980, S.10
39) vgl. Lorenz, K.: Die acht Todsünden der zivilisierten Menschheit, a.a.O., S. 40

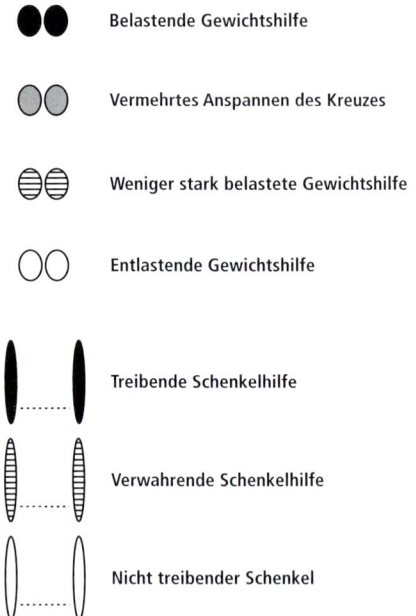

⬤⬤   Belastende Gewichtshilfe

◐◐   Vermehrtes Anspannen des Kreuzes

⊜⊜   Weniger stark belastete Gewichtshilfe

◯◯   Entlastende Gewichtshilfe

❘ ❘   Treibende Schenkelhilfe

❘ ❘   Verwahrende Schenkelhilfe

❘ ❘   Nicht treibender Schenkel

Für die Darstellung der Hilfengebung wurden von Albert Brandl in seinem Buch »Das Reitpferd« Piktogramme eingeführt, Harry Boldt hat daraus in seinem Buch »Das Dressurpferd« Piktogrammabfolgen entwickelt.

Signale werden z. B. als zunehmender, gleichbleibender oder nachlassender Druck über Zügel, Gesäßknochen und Schenkel beider Seiten an das Pferd übermittelt. Kombiniert – wie Buchstaben zu Worten – ergeben sich daraus theoretisch 729 verschiedene Signalkombinationen. Nur einige wenige davon werden konsequent genutzt, wie die Hilfen zum Angaloppieren oder die Halben Paraden. Dieses Zusammenwirken der Hilfen stellt Brandl z. B. bei den Paraden wie folgt dar:[40]

1. Phase   2. Phase

Hier wird in Phase 1 ein Problem deutlich, das der Hilfengebung bei allen versammelnden Lektionen eigen ist: Gewicht und Schenkel befehlen »vorwärts!«, die Hand befiehlt gleichzeitig[41] »zurück!«. In einem frühen Ausbildungsstand nimmt das Pferd nur die (nahezu) gleichzeitigen und widersprüchlichen Befehle »vorwärts!« und »zurück!« wahr, versteht aber das zusammengesetzte Wort »versammeln!« noch nicht.

Damit ergibt sich folgende Situation:

- Reiter und Pferd stehen in einer bindenden komplementären Beziehung, d. h., stets befiehlt der Reiter, und das Pferd gehorcht.
- Der Reiter gibt eine paradoxe Handlungsaufforderung, einen Befehl, der befolgt werden muss, aber nicht befolgt werden darf, um befolgt zu werden. Unter Menschen könnte ein solcher Befehl »sei spontan!« lauten.
- Das Pferd kann und darf dem Reiter nicht erklären, dass es diesen Befehl für Irrsinn hält, und es kann und darf sich aus der Beziehung nicht lösen.

Genau dies aber sind die Elemente der Watzlawick'schen Doppelbindungstheorie, die den Zusammenhang zwischen der Doppelbindung (= die drei oben erwähnten Elemente) als vorherrschender Beziehungsstruktur und der Schizophrenie herstellt.[42]

Watzlawick verweist in diesem Zusammenhang auf ein Pawlow'sches Tierexperiment, wobei der Versuchsleiter dem Versuchstier (Hund) zuerst die lebenswichtige Notwendigkeit der richtigen Unterscheidung zwischen Kreis und Ellipse aufzwingt und dann die Ellipse so zum Kreis hin verändert, dass die Unterscheidung zunehmend schwieriger und schließlich unmöglich wird. In diesem Stadium des Experiments beginnt das Versuchstier, typische Verhaltensstörungen zu zeigen; es kann in ein Koma verfallen oder bösartig werden und weist zusätzlich alle physischen Begleiterscheinungen großer Angst auf.[43]

Auch wir lehren das Pferd zuerst zwischen vortreibenden und verhaltenden Hilfen zu unterscheiden und machen dem Pferd dann auf dem Weg zur Versammlung bei gleichzeitiger vortreibender und verhaltender Hilfengebung eine Wahl unmöglich. Ein guter Ausbilder kommt in den einzelnen Ausbildungsstufen bzw. Versammlungsgraden schnell über solche Situationen hinweg, unter einem schlechten Reiter erleidet das Pferd den Dauerzustand »Kniebeln«.

Einer ähnlich paradoxen Verhaltensaufforderung sieht sich das Pferd gegenüber, wenn ein ängstlicher Reiter gegen ein Hindernis reitet oder wenn ein Reiter die Hilfen zum »Absprung!« gibt und dabei dem Pferd »im Maul hängt«. Über das »gestörte« Verhalten eines Pferdes, das überwiegend unter solchen

---

40) vgl. Brandl, A.: Das Reitpferd, 2. Auflage, Lage-Lippe, 1979, S.80

41) Theoretisch werden die vortreibenden und die annehmenden Hilfen zwar nacheinander gegeben, die Praxis zeigt aber häufig ein anderes Bild.

42) vgl. Watzlawick, P.: Menschliche Kommunikation, a.a.O., S. 19

43) vgl. Watzlawick, P.: Menschliche Kommunikation, a.a.O., S. 200 f.

Bedingungen arbeiten muss, braucht sich niemand zu wundern. Der Reiter jedenfalls ist in solchen Fällen offensichtlich mit seinem Latein am Ende; fremde Hilfe – ob erbeten oder nicht – ist im Interesse des Pferdes notwendig.

5.2 Reiten ist Herrschen und Spielen – und Wissen, was man tut

Merke: nicht wer dich schmäht, und nicht wer dich schlägt, kränkt dich, sondern nur deine Vorstellung, als ob sie dich kränkten. Wenn dich einer reizt, so bedenke, dass es deine Vorstellung ist, die dich reizt.

Epiktet[44]

Seunig schreibt zur Ausbildung des Pferdes, dass diese das Pferd befähigen soll, »in Bahn und Gelände sowie bei Eignungs- und Dressurprüfungen an den Hilfen zu stehen und für sich und seinen Reiter am sichersten, schonendsten und angenehmsten das von diesem gerade angestrebte Ziel zu erreichen.«[45]

Nach einem Pferderennen hat einmal ein Besitzer den sieglos gebliebenen Jockey gefragt, ob er nicht hätte schneller sein können, worauf dieser geantwortet haben soll: »Sicher hätte ich schneller sein können, aber ich musste ja beim Pferd bleiben.«

Der Reiter bestimmt das anzustrebende Ziel, aber erreichen muss er es gemeinsam mit dem Pferd. Er muss dem Pferd seinen Willen mitteilen, das Pferd muss den Befehl verstehen und ausführen wollen und ausführen können.

Der Reiter muss über das Pferd herrschen, muss Macht auf das Pferd ausüben.

Macht bedeutet dabei nicht den physikalischen Begriff der Kraft, die bewegt oder verformt. Damit kann auch der stärkste Reiter das Ziel auf Dauer und für andere nachreitbar nicht erreichen. Macht bedeutet hier die Möglichkeit, den eigenen Willen dem Verhalten anderer aufzuzwingen.

Der Reiter manipuliert die Verhaltens-/Bewegungsintention des Pferdes, nicht unmittelbar das Verhalten oder die Bewegung.

Schäfer schreibt zur Beziehung zwischen Mensch und Pferd, dass der Mensch sich zum ranghöchsten Mitglied der Herde machen und seinen Führungsanspruch konsequent durchsetzen muss, wenn er gefahrlos mit seinen Pferden umgehen will. Sonst bliebe er ganz auf das Wohlwollen seiner Tiere angewiesen

und stets gefährdet, da die harmlosesten Zurechtweisungen durch ein ranghöheres Pferd für den Menschen unter Umständen schon schwerwiegende Folgen haben könnten.[46]

Wenn zwischen Reiter und Pferd eine stabile Beziehung besteht, in der der Reiter dominiert und stets die Initiative ergreift, so lässt sich die Kommunikation zwischen Reiter und Pferd leicht in der Form des Reiz-Reaktions-Lern-Experiments interpunktieren.[47]

Erstes Freispringen des jungen Pferdes mit Hafer als Belohnung:

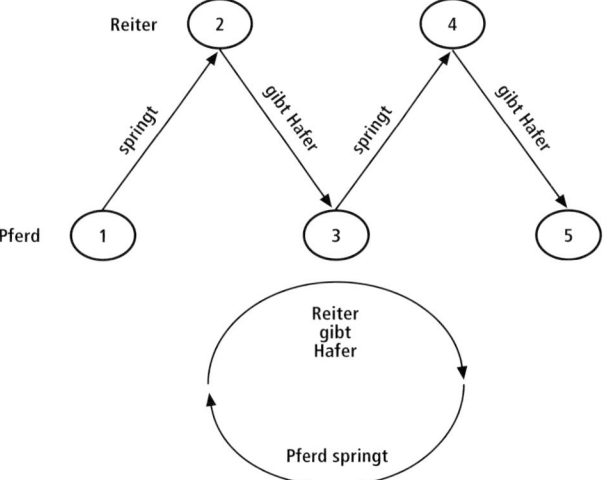

»Interpunktion« heißt dabei, dass jeder Teilnehmer dieser Ereignisfolge eine bestimmte Struktur zuordnet, aus seiner Sicht Ursache und Wirkung bestimmt. Der Reiter sagt: »Weil das Pferd springt, gebe ich Hafer«, und das Pferd könnte, nach Watzlawick, sagen: » Ich habe meinen Reiter so abgerichtet, dass er jedes Mal, wenn ich springe, mir zu fressen gibt« oder: »weil er mir Hafer geben wird, springe ich.«

Tierdressuren auf dieser Basis haben einen immer gleichen, linearen Ablauf: Aus einer (meist) bestimmten Startposition beginnt auf ein Zeichen des Tierlehrers ein Verhaltensablauf des Tieres mit zeitlich hintereinander angeordneten Übungen bis zu einer (meist) bestimmten Schlussposition. In der Raubtierdressur könnte ein solcher Ablauf so aussehen: Ruhepodest, Übungspodest, Sprung durch Reifen, Übungspodest, Ruhepodest. Zum Schluss der Übung kommt

---

44) Epiktet: Handbüchlein der Moral und Unterredungen, Hrsg. Schmidt, H., Stuttgart, 1959, S. 31
45) vgl. Seunig, W.: Am Pulsschlag ..., a.a.O., S. 7
46) vgl. Schäfer, M.: Die Sprache des Pferdes, a.a.O., S. 80
47) vgl. Watzlawick, P., Menschliche Kommunikation, a.a.O., S. 57

immer ein Lob. Die Ähnlichkeit zum Reiten ist in dessen kleinster Einheit »Hilfe – Ausführung« und bei der soliden Ausbildung des Pferdes auf dem Weg zu einzelnen Lernfortschritten zu erkennen.

Letztendlich aber ist Reiten etwas anderes: Aus stets wechselnden Startpositionen gibt der Reiter dem Pferd ein Zeichen, das einen bestimmten Verhaltensablauf des Pferdes einleitet, der Reiter unterstützt die Fortdauer des Bewegungsablaufes oder gibt ein Zeichen zum Übergang in einen anderen Bewegungsablauf oder zum Halten. Dies unter ständig wechselnden Umweltbedingungen, ggf. über stets neue Hindernisse, immer über eine relativ lange Zeitdauer. Gleichzeitig sucht der Reiter die Art der Ausführung und die Körperhaltung des Pferdes zu bestimmen, um sich die günstigste Ausgangsposition für eine neuerliche Einflussnahme zu sichern. Ziel der Dressur des Pferdes ist es, dieses zu »Bewegungsfügigkeit und Sekundengehorsam« zu erziehen und damit für den Reiter beherrschbar zu machen.

Frei lebende Pferde respektieren die Rangstruktur der Herde, aber eine lang dauernde Gängelei durch ein ranghöheres Tier kennen sie nicht, wenn der Lebensraum groß genug ist für eine genügend große Individualdistanz und notfalls für die Flucht. Ein Reiter, der sich bei andauernder Dressurarbeit nur auf seine ranghöhere Position und damit auf seine Befehlsgewalt berufen wollte, würde zumindest in der Natur keine Entsprechung finden.

Dagegen können Pferde ziemlich ausdauernd miteinander spielen, auch wenn die einzelnen Spielphasen durch häufige Pausen unterbrochen werden. Kann auch der Reiter mit dem Pferd spielen?

Zweipersonen-Nullsummenspiel[48]

Bei Gesellschaftsspielen (wie Schach und Bridge) beläuft sich der Nutzen für beide Spieler bei allen möglichen Ergebnissen des Spieles in der Endsumme auf Null. Ein Nullsummenspiel ist mit anderen Worten ein Spiel, bei dem der eine Spieler das gewinnt, was der andere notwendigerweise verliert.

Manchmal haben die Bemühungen von Springreitern den Anschein, als ob Lust des Reiters und Unlust des Pferdes beim Springen sich die Waage hielten. Bei genauem Hinsehen erwecken aber auch einige Hufschlagakrobaten den Eindruck, als ob sie mit ihrem Pferd ein solches Nullsummenspiel spielten.

Gefangenendilemma[49], Win-Win-Partnership

Das Spiel, das sich Gefangenendilemma nennt, ist kein Nullsummenspiel; hier sind Koalition und Zusammenarbeit nicht nur nicht unmöglich, sondern können sogar die beste Spielstrategie für alle Spieler sein, auch wenn diese ausschließlich auf ihren eigenen Vorteil bedacht sind. Allerdings können sich die Spieler nicht über ihre strategischen Entscheidungen unterhalten. Dieses Spiel hat Watzlawick wie folgt beschrieben:

»Das spieltheoretische Modell des Gefangenendilemmas lässt sich am einfachsten durch die folgende (oder jede beliebige ähnliche) Matrix darstellen:

	B	b1	b2
A			
a1		5/5	−5/8
a2		8/−5	−3/−3

In dieser Spielsituation haben Spieler A und Spieler B je zwei Alternativen. A kann a1 oder a2 und B entweder b1 oder b2 wählen. Beiden sind die durch die Matrix festgelegten Gewinne und Verluste bekannt. So weiß A z.B., dass er und B je 5 Punkte gewinnen, wenn er a1, und B b1 wählt; wenn B aber die Alternative b2, wählt, verliert A 5 Punkte und B gewinnt 8 Punkte. B befindet sich in derselben Lage gegenüber A. Ihr Dilemma besteht darin, dass beide nicht wissen können, welche Alternative der andere wählen wird, da sie auf Grund der Spielregeln gleichzeitig wählen müssen, über ihre Wahl aber nicht kommunizieren können.

Unter diesen Bedingungen erweist es sich, dass die Entscheidung (a2, b2) die sicherste ist, obwohl sie jedes Mal einen Verlust von je 3 Punkten für beide Spieler bedeutet.

Eine viel vernünftigere Lösung wäre natürlich (a1, b1), da sie beiden Spielern einen Gewinn von je 5 Punkten bringt. Diese Entscheidung kann aber nur unter der Voraussetzung gegenseitigen Vertrauens erreicht werden. Wenn nämlich Spieler A seine Entscheidung rein vom opportunistischen Gesichtspunkt seines maximalen Gewinns und minimalen Verlustes

48) vgl. Rapoport, A.: Kataklysmische und strategische Konfliktmodelle, in Bühl, W. L.; Hrsg.: Konflikt und Konfliktstrategie, München 1972, S. 264–291
49) vgl. Rapoport, A.: ebd., S. 290, und Watzlawick, P.: Menschliche Kommunikation, a.a.O., S. 209 ff.

trifft und Grund zur Annahme hat, dass ihm B genügend vertraut, um b 1 zu wählen, dann hat A allen Grund, a 2 zu wählen, da das dadurch zustande kommende Resultat (a 2, b 1) A einen maximalen Gewinn gibt. Wenn A aber ein genügend scharfer Denker ist, so muss er sich sagen, dass B genau denselben Gedankengang verfolgen kann und daher b 2 statt b 1 spielen wird, besonders wenn auch B annimmt, dass A ihm genügend vertraut, und er selbst genügend Vertrauen hat, dass A a 1 wählen wird. Damit kommen wir zu der traurigen Schlussfolgerung, dass (a 2, b 2) die einzig vernünftige, d.h. sicherste Strategie für beide Spieler ist, dass dabei aber beide verlieren. Es ist, als ob sie sich sagten: ›Vertrauen würde mich verletzbar machen, daher muss ich auf meine Sicherheit bedacht sein‹, und die darin enthaltene Voraussage ist: ›Der andere würde mich sonst ausnutzen‹.« [50]

Reiter und Pferd können sich nicht über ihre Spielstrategie unterhalten und scheinen oft Angst zu haben, ausgenutzt zu werden. Viele Reiter glauben, sie müssten sich jetzt und in dieser Situation durchsetzen, müssten mit ihren Hilfen durchkommen, wenn sie nicht für alle Zeit verspielt haben wollen. Pferde scheinen manchmal den Rücken nicht hergeben zu wollen aus Angst, dass der Reiter die dann gewonnene Einflussmöglichkeit zu vielen weiteren, schwierigen Übungen ausnutzen könnte.

Der einzige Ausweg aus dem Spiel Gefangenendilemma besteht darin, mit dem Pferd über die Spielregeln zu reden und sein Vertrauen zu erwerben. Das aber wird nur über eine häufige Wiederholung des Spiels möglich sein, wobei das Spiel zudem einen für das Pferd günstigen Ausgang nehmen muss. Deshalb ist es falsch, das augenblickliche Spiel als das letzte zu betrachten. Nicht jede verlorene Schlacht ist gleichbedeutend mit dem Verlust des Krieges, und nicht jeder nicht geahndete Ungehorsam des Pferdes gefährdet den Reiter in seiner Position als ranghöchstes Tier.

Harmonisierung

In China soll zur Vermeidung eines eventuellen Streits das Spiel »Harmonizing« gespielt werden. Dabei geht z.B. ein Steuerpflichtiger mit dem Entwurf einer Steuererklärung zum Finanzamt und fragt den Beamten, wie er entscheiden würde, wenn ihm eine solche Erklärung vorgelegt werden würde. Dieser würde natürlich die eine oder andere Ausgabe nicht als betriebsnotwendig anerkennen können, eventuell aber doch bei dieser oder jener Begründung. Am folgenden Tag dann wird der Steuerpflichtige seine geänderte Erklärung abgeben, der Beamte wird die aufgeführten Ausgaben anerkennen, und der Steuerpflichtige wird nicht ins Rechtsmittel gehen müssen. Beide werden ihr Gesicht nicht verlieren.

Auch ein Reiter wird gelegentlich beim Pferd anfragen können, wie es denn wäre, wenn … Steinbrecht meint sogar, dass solche Anfragen oft nicht einmal nötig seien: »Eine systematische und logische Pferdedressur bringt es mit sich, dass das Pferd bei ruhiger, sachgemäßer Arbeit die folgenden Schulen gelegentlich gewissermaßen selbst andeutet …« [51]

Spielen heißt sich auf eine Sache einlassen, deren Ausgang unsicher ist, und diese Unsicherheit akzeptieren. Spielen heißt geduldig probieren mit der Möglichkeit des Scheiterns, heißt gewinnen oder verlieren und die Niederlage hinnehmen. Konkret heißt das, dass der Reiter das Pferd im Einzelfall um einen mehr freiwilligen Beitrag zur gemeinsamen Leistung bittet und dabei auch einen missglückten Leistungsversuch des Pferdes hinnimmt, wenn und so lange dadurch die grundsätzliche Herrschaft des Reiters nicht in Frage gestellt wird. Ein gut ausgebildetes Vielseitigkeitspferd kann und wird sich in Problemsituationen – durchaus in der vom Reiter angestrebten Richtung – selbst helfen.

Die Kavallerie konnte sich Spielerei vielleicht nicht immer leisten. Aber nur aus dieser Tradition ist der Mangel an Spielerischem in der deutschen Reitauffassung nicht zu begründen. Bei uns herrschen eben andere Eigenschaften vor: die schulmeisterliche Besserwisserei, der Hang zum Dogmatismus und der Wille zur eigenen perfekten Leistung. In Bayern macht erst eine gute Portion Grant den Stammtisch wirklich schön. Und Johannes Gross meint: »Trübsinn würzt den Genuss des Wohlstandes.« [52]

Das Kommando »Lächeln« wird in unseren Reitstunden nicht gegeben, obwohl es mittlerweile der Freizeitmensch, der Homo ludens ist, der da zu Pferde sitzt. Dabei war bereits bei Steinbrecht zu lesen: »Merke dir auch: Fortschritte macht dein Pferd nur, wenn du auf gutem Fuße mit ihm stehst. Selbst wenn du seine schlechten Neigungen, sein natürliches Widerstreben bekämpfst, muss dieser Umgang mit ihm stets von einer wohlwollenden Gemütlichkeit angehaucht sein. Üble Laune, Verbissenheit, Ungeduld,

---

50) vgl. Watzlawick, P.: Menschliche Kommunikation, a.a.O., S. 209 ff.
51) vgl. Steinbrecht, G.: Das Gymnasium des Pferdes, a.a.O., S. 243
52) vgl. Gross, J.: Die Misere der öffentlichen Gefühle, in Peisl, A., und Mohler, A., Hrsg.: Die deutsche Neurose, Frankfurt, 1980, S. 7–26, hier S. 22

mangelnde Selbstbeherrschung, machen jeden wirklichen Fortschritt in der Dressur unmöglich.«[53]

Warum aber liegen dann gerade vermeintlich gute Reiter so häufig und verbissen mit ihren Pferden im Streit?

Reiter sehen sich selbst als Herrscher über das Pferd und halten ihre Befehle für eindeutig. Wenn das Pferd dann etwas anderes als das Befohlene tut, dann fehlt dem Menschen die Bestätigung für sein eigenes Selbstverständnis. Der Mensch wird gereizt. Dabei verfallen dann auch feine Leute nach schlechtester Tradition militärischer »Schleifer« in das vereinfachte Denkschema der Freund-Feind-Verhältnisse und in den Jargon des: »Ihr wollt mich wohl verarschen.« Dabei ist ein Pferd ein viel zu »dummes« Tier, als dass es die Absicht, den Menschen ärgern zu wollen, überhaupt denken könnte. Was den Menschen reizt, ist nicht die reiterliche Schwierigkeit, sondern die (falsche) Vorstellung, die der Reiter davon hat, wenn er glaubt, dass das Pferd ihn ärgern wolle.

Der so gereizte Reiter jedenfalls weiß nicht, was er tut, was Sache ist; fremde Hilfe – ob erbeten oder nicht – ist im Interesse beider notwendig.[54]

5.3 Reiten ist Regeln (Dressurviereck und Kühlschrank)

Eine der denkbaren Gemeinsamkeiten von Reiten im Dressurviereck und Kühlen im Kühlschrank besteht darin, dass beide sich von der Kybernetik in das Modell des Regelkreises pressen lassen:

Der Regelkreis besteht aus	Der Kühlschrank besteht aus
dem Regler, der entsprechend der Konstellation Regel-/Führungsgröße über die Stellgröße auf die Regelstrecke einwirkt,	einem Schalter, der entsprechend der Konstellation von Ist-/Soll-Temperatur über einen Stromimpuls das Kühlaggregat ein- bzw. ausschaltet,
der Regelstrecke als ausführendem Organ,	dem Kühlaggregat, das die Raumtemperatur verändert,

Der Regelkreis besteht aus	Der Kühlschrank besteht aus
der Vergleichsstelle, die die Regelgröße misst, mit der Führungsgröße vergleicht und das Ergebnis dem Regler mitteilt.	der Vergleichsstelle, die als Thermometer die Raumtemperatur misst, mit der am Temperaturwähler eingestellten Temperatur vergleicht und das Ergebnis dem Schalter mitteilt.

Das kybernetische System (Kühlschrank) zeichnet sich vor allem dadurch aus, dass es nach Störungen (kurzzeitiges Öffnen der Tür) wieder in einen Gleichgewichtszustand (gewählter Temperaturbereich) zurückkehrt.

Auch der Reiter (Regler) wirkt über die Hilfen (Stellgröße) auf das Pferd (Regelstrecke) ein, er erkennt Abweichungen von der gestellten Aufgabe (Führungsgröße) und korrigiert, sodass Reiter und Pferd im Modell als ein sich selbst regelndes System aufgefasst werden können.

Im angestrebten Gleichgewicht befindet sich dieses Reiter-Pferd-System, wenn keine Abweichung zur gestellten Aufgabe und damit keine Veranlassung zur Korrektur gegeben ist.

Im starken Trab, wenn das Pferd in vollkommener Selbsthaltung schwungvoll tritt und mit federndem Rücken den Reiter in die Bewegung mitnimmt, ihn gleichsam in den Sattel zieht und ihm den Sitz anweist, in dem er mit Kreuz und Schenkeln treibend wirkt, dann erhält sich die Bewegung des Reiter-Pferd-Systems von selbst. Gleiches gilt für den fröhlichen Galopp in der Waldschneise.

Leider sind diese Augenblicke des Gleichgewichts wegen der Störgrößen (bellender Hund, Loch im Boden, Ermüdung) kurz, sodass Reiten ein ständiges Korrigieren, ein Schwanken um die Ideallinie, eben »Regeln« bedeutet.

Reiten als »negative Rückkopplung«

Ein solches Regeln, ein solches Korrigieren der Abweichung vom Soll, nennt man »negative Rückkopplung«. Dabei wirkt der Reiter vermindernd auf die (falsche) Aktivität des Pferdes ein.

Eine »positive Rückkopplung« läge dagegen vor, wenn eine Aktivität des Pferdes eine Aktivität des Reiters zur Verstärkung der Aktivität des Pferdes auslösen würde. Die positive Rückkopplung führt zu einem sich ständig steigernden Prozess, z.B. zu einem sich gegenseitigen Aufschaukeln ängstlicher Erre-

---

53) vgl. Steinbrecht, G.: Das Gymnasium des Pferdes, a.a.O., S. 225
54) Die richtige Feststellung ist nur: Das Pferd tut nicht, was der Reiter will. Die notwendigen Fragen wären: Warum tut das Pferd nicht, was der Reiter will – was ist zu tun? Aber der gereizte Reiter kann das so nicht denken, weil er fragt: »Warum will mich das Pferd ärgern?«

gung. Ein anderes Beispiel wäre das Anschwellen der Flugerregung bei Gänsen bis zum Abfliegen der ganzen Schar.

Positive Rückkopplungen kommen beim Reiten selten vor. Sehr viel häufiger sind negative Rückkopplungen, die vom Pferd als unangenehm oder frustrierend empfunden werden, wie wir häufige Kritik, ständiges Nörgeln oder Schulmeistern als unangenehm empfinden. Hat ein Reiter eine Lektion eingeleitet, so wird die Notwendigkeit zu einer Korrektur umso wahrscheinlicher, je länger die Lektion andauert. Daraus ergibt sich die Forderung nach kurzen Arbeitsreprisen, bei denen die einzelnen Lektionen so frühzeitig abgebrochen werden, dass Korrekturen gar nicht erst erforderlich werden.

Die Kalibrierung des Systems

Am Modell des Regelkreises läßt sich ein zweites Phänomen gut darstellen, das Watzlawick »Kalibrierung« nennt.[55]

Der Thermostat des Kühlschranks wird auf eine bestimmte Temperatur eingestellt – kalibriert. Damit zeigt das System Kühlschrank Konstanz innerhalb bestimmter Grenzen. Ist jedoch – z.B. zur schnellen Kühlung von Bier bei unerwartetem Besuch – eine tiefere Temperatur gewünscht, so kann das System dies nicht von sich aus leisten, es muss neu kalibriert werden. Ebenfalls überfordert ist der Regelkreis, wenn versehentlich die Tür des Kühlschranks offen bleibt.

Ähnliches gilt für die Ausbildung von Pferd und Reiter, wo das System z.B. in den verschiedenen qualitativen Ausprägungen der Kriterien der Ausbildungsskala (Takt, Losgelassenheit, Anlehnung, Schwung, Geraderichten, Versammlung) jeweils neu kalibriert werden muss. Auch grundlegende Störungen erfordern eine Neukalibrierung, z.B. schmerzhafte Erfahrungen des Pferdes bei einem missglückten Sprung, Leistungsabfall nach einer Krankheit, mangelnder Respekt des Pferdes nach einigen Tagen unter einem Reiter mit wenig Durchsetzungsvermögen. Letztlich erfordert bereits die Tagesform des Pferdes oder der ermüdungsbedingte Leistungsabfall innerhalb einer Stunde eine jeweils individuelle Kalibrierung.

Bei einem Schachspiel stehen zunächst fast unendlich viele Züge zur Disposition. Jeder gemachte Zug aber beschränkt die Zahl der nächstmöglichen Züge. So verringert auch in einem Kommunikationsablauf jeder Austausch von Mitteilungen die Zahl der nächstmöglichen Mitteilungen.[56]

Wie bei länger verheirateten Ehepartnern reduziert sich mit den gemeinsamen Erfahrungen auch das mögliche Verhaltensrepertoire von Reiter und Pferd. Das macht es den Ein-Pferd-Reitern so schwer, die eingespielten Grenzen zu sprengen und eine Neukalibrierung vorzunehmen. Ein Reiter, der sich einmal »festgezogen« hat, kommt ohne fremde Hilfe kaum wieder flott.

Der ausweglose Kreis

Ein Regelkreis hat keinen Anfang und kein Ende; ein Ereignis ist Wirkung des vorangegangenen Ereignisses und Ursache des nächsten Ereignisses.

Fehlerhaft würde ein Reiter aus seiner Sicht Ursache und Wirkung einseitig benennen: »Weil das Pferd nicht springt (Ursache), strafe ich (Wirkung).« Ebenso fehlerhaft würde das Pferd die Ereignisfolge einseitig interpunktieren: »Weil ich am Hindernis Schmerz erleiden werde, gehe ich dort nicht hin.«

Der tatsächlich kreisförmige Ablauf der Ereignisfolge würde so aussehen:

Reiter straft

Pferd springt nicht

Selbstverständlich hat diese Prügelarie ihren Anfang in einem Verweigern des Pferdes. An dieses historische Ereignis werden sich Reiter und Pferd jedoch bald nicht mehr erinnern, und so ergibt sich tatsächlich das Bild des ausweglosen Kreises.

Hierzu noch ein zweites Beispiel: Der Reiter gibt an einer bestimmten Stelle des Vierecks die Hilfen zum fliegenden Galoppwechsel. Das Pferd aber springt nicht um, sondern wird nur eiliger. Der Leser ahnt, was kommt:

Reiter straft

Pferd stürmt davon

Die einzelne Hilfe, vom Pferd als Signal gelernt, hat einen Inhaltsaspekt, z.B. »fliegender Wechsel«. Sie

---

55) vgl. Watzlawick, P.: Menschliche Kommunikation, a.a.O., S. 13
56) vgl. Watzlawick, P.: Menschliche Kommunikation, a.a.O., S. 126 f.

hat aber als Befehl auch einen Beziehungsaspekt: »Ich bin der Ranghöhere.« Bei der Strafe aber überwiegt ganz erheblich der Beziehungsaspekt. Die Erinnerung des Reiters an seine ranghöhere Stellung mittels einer Strafe beantwortet ein Pferd artgemäß völlig richtig, wenn es aus der Nähe des ranghöheren Tieres zu fliehen versucht. In der Natur würde so zur Vermeidung weiterer Schmerzen der Machtkampf in dem Augenblick abgebrochen werden, in dem feststeht, welches Tier das stärkere ist. Sobald der Mensch im Spiel ist, findet nur die höhere Einsicht den Weg aus dem ausweglosen Kreis.

5.4   Die Einsamkeit des Reiters mit dem Pferde

»Ein anderes Mal wollte ich über einen Morast setzen, der mir anfänglich nicht so breit vorkam, als ich ihn fand, da ich mitten im Sprünge war. Schwebend in der Luft wendete ich daher wieder um, wo ich hergekommen war, um einen größeren Anlauf zu nehmen. Gleichwohl sprang ich auch zum zweytenmale noch zu kurz, und fiel nicht weit vom anderen Ufer bis an den Hals in den Morast. Hier hätte ich unfehlbar umkommen müssen, wenn nicht die Stärke meines eigenen Armes mich an meinem eigenen Haarzopfe, samt dem Pferde, welches ich fest zwischen meine Kniee schloss, wieder herausgezogen hätte.«

Natürlich weiß jeder Reiter, dass dies nur ein Münchhausen'sches Abenteuer sein kann, weil kein menschlicher Arm diese Kraft hätte, kein menschlicher Zopf das Gewicht von Reiter und Pferd tragen könnte und auch der Knieschluss meist nicht hält, was man sich von ihm verspricht.

Natürlich weiß jeder Reiter auch, dass das Ganze schon deshalb nicht funktionieren konnte, weil es dazu eines Festpunktes außerhalb des Reiter-Pferd-Systems bedurft hätte; auch ein Flaschenzug funktioniert nur mit fester Verankerung, z.B. an der Decke oder an einem Baum. Schließlich hängen ja auch in jeder Reithalle viele Spiegel, weil es eines Standpunktes außerhalb des Reiter-Pferd-Systems bedarf, um Reiter und Pferd in ihrer Gesamtheit zu sehen. Tatsächlich ist der Mensch in der Lage, gedanklich quasi außer sich zu sein und rückbezüglich sich selbst zu betrachten, über sich selbst nachzudenken. Über dieses Phänomen der Rückbezüglichkeit streiten die Philosophen.

Man braucht aber kein Philosoph zu sein, um zu wissen, dass der Blick für die Wirklichkeit getrübt sein kann. Man braucht nur den Reiter im Dressurviereck über seine Meinung zu seiner eigenen Reiterei zu befragen und diese Meinung dann mit der Meinung der Tribüne oder den Protokollen der Richter zu vergleichen.

Besonders getrübt ist der Blick des Menschen auf sich selbst dann, wenn er Partei ist. Er muss ja von seinem Standpunkt überzeugt sein und an diesem Standpunkt mit Beharrlichkeit festhalten, wenn er den anderen überzeugen will. Bei einer gesunden Ehe könnte man davon ausgehen, dass der Mann und die Frau, dass jeder für sich selbst denkt und dass dann der Streit schon der besten Lösung zum Sieg verhelfen wird. Dass dem nicht immer so ist, wissen eigentlich nur Außenstehende, die dem Streit – oft im ausweglosen Kreis – nur kopfschüttelnd zuschauen können. Der Reiter muss nicht nur für sich selbst, sondern auch für das Pferd denken, das er ausbilden möchte.

Früher – insbesondere an der Kavallerieschule – haben Reiter auf einem langen Ausbildungsweg unter guten Lehrern viele verschiedene Pferde geritten, die ihrerseits von guten Reitern ausgebildet waren und ständig korrigiert wurden. Heute kaufen viele Leute, oft bevor sie selbst recht reiten gelernt haben, ein junges Pferd und machen sich allein an dessen Ausbildung. Ohne die umfangreichen Vergleichsmöglichkeiten und die stete Hilfe der Ausbilder – wie in früheren Zeiten – fehlt den heutigen Reitern die Möglichkeit zur Objektivität gegenüber sich selbst und dem eigenen Pferd. Dem getrübten Blick entgehen Fehler, die in früherer Zeit nicht gemacht worden wären.

5.5   Systemerweiterung

Der Reiter bzw. das Pferd können jeweils als Teile des Reiter-Pferd-Systems bezeichnet werden. Als Teil dieses Systems hat der Reiter zumindest erhebliche Schwierigkeiten, das Reiter-Pferd-System in seiner Ganzheit objektiv zu beurteilen.

Eine Möglichkeit zur Objektivierung besteht im Anlegen einer objektiven Messlatte. Für den Springreiter wird häufig ein Ritt über einen ganzen Parcours zeigen, ob etwas nicht in Ordnung ist. Für den Spring- und Dressurreiter ist eine Dressuraufgabe ein guter Prüfstein. Die erprobten Hufschlagfiguren und Lektionen auf einem ordentlichen Viereck sind Ausbildungsziel, Ausbildungsweg und Prüfmittel zugleich.

Juristen sagen: »Ein Blick in das Gesetz klärt manchen Zweifel.« Für den auf sich allein gestellten Reiter hilft manchmal das Aufgabenheft, eine »Krankheit« zu erkennen. Das Bemühen um korrekte Ausführung der schulmäßigen Lektionen ist meist eine gute Therapie. Zumindest gelegentlich aber bedarf es einer Erweiterung des Reiter-Pferd-Systems um einen Dritten, einen Richter, einen Reiterkameraden oder – am besten – um einen guten Ausbilder. Das trifft sicher zu für die oben erwähnten Katastrophensituationen. Das trifft aber auch zu, wenn in einer Einehe von Reiter und Pferd unbewusst faule Kompromisse geschlossen werden, die weiteren Fortschritt verhindern.

Der Dritte sieht den Gesamteindruck des Reiter-Pferd-Systems. Wenn er den Beitrag des Reiters oder des Pferdes zu diesem Gesamteindruck getrennt beurteilen will, so kann er teilweise beobachten, teilweise nur vermuten; manchmal aber wird er nicht unterscheiden können, weil sich Reiter und Pferd gegenseitig beeinflussen. Auch der Reiter selbst kann sein Pferd unter sich nicht beobachten, ohne es zu beeinflussen. Er sieht nur das von ihm selbst beeinflusste Pferd. Hier hilft nur ein Wechsel der Reiter oder der Pferde, wenn man Klarheit gewinnen will.

5.6 Pferdeverstand

Beim Kommiss hieß es, dass der Soldat dem Pferd das Denken überlassen möge, denn das habe den größeren Kopf. Auf dem Exerzierplatz war das wahrscheinlich eine Gemeinheit gegenüber den Soldaten, in den Gefahren des Krieges war es aber wohl auch eine lebenserhaltende Regel unter ausreichender Würdigung der Tatsache, dass das Pferd gegenüber dem Menschen das bessere Fluchttier ist.

Der Mensch jedenfalls muss sein Pferd als Pferd verstehen und behandeln, wenn er es entsprechend der Forderung nach »reiterlichem Umgang«[57] und der Beachtung der Normen des Tierschutzes richtig führen will.

Deshalb hier noch einmal das Wichtigste in Kürze:

Das Pferd	Der Reiter
Herdentier	• Ermöglicht dem Pferd ein Leben in der Pferdegemeinschaft • Setzt ältere Pferde als Führpferde ein • Gewöhnt das Pferd behutsam an dessen »Einsamkeit« unter dem Reiter
Feste Rangordnung	• Besteht mit artgerechten Mitteln (die nicht immer zimperlich sind) auf seiner Stellung als ranghöheres Tier
Analoge Kommunikation	• Versteht und berücksichtigt die Mitteilungen seines Pferdes • Verzichtet auf den Versuch der digitalen Kommunikation und die »Vermenschlichung« des Pferdes
Fluchttier	• Weiß, dass das Pferd die (vermeintliche) Gefahr vor ihm sieht, hört, riecht oder (in den Hufen) spürt • Akzeptiert, dass das Pferd zuerst zu fliehen versucht und dann erst »prüft«, ob das wirklich notwendig war
Lauftier	• Ermöglicht dem Pferd genügend Bewegung • Sorgt für »reiz«volle »Abwechslung« in Licht, Luft, Kontakten und Ereignissen

---

57) vgl. auch »Die ethischen Grundsätze des Pferdefreundes« in Aufgabenheft Reiten, Hrsg.: Deutsche Reiterliche Vereinigung e.V. (FN), 1. Auflage, 1999, S. 5

6   Reitlehrer

Der Reitlehrer produziert im Dienst seiner Schule oder seines Vereins, manchmal auch auf eigene Rechnung, eine Dienstleistung.

Meist hat der Reitlehrer eine recht klare Vorstellung von dem Dienst, den er erbringen will. Vor der Leistung aber produziert er Kosten. Die Reitanlage, die Pferde, die Hilfskräfte und der Ausbildungsbetrieb sind teuer. Nach einiger Zeit trennen sich dann die »Schüler« wieder von ihrem »Lehrer«, meist mit der unausgesprochenen Begründung, dass die Leistung zu schlecht oder zu teuer sei. Das ist das Spiel von Angebot und Nachfrage. Das Problem dabei ist, dass die Kunden selten darüber nachdenken, wie das Produkt beschaffen sein soll, das sie kaufen wollen, und welchen Preis sie dafür bezahlen wollen. Die meisten Kunden steigen aus dem Spiel aus, bevor diese Frage überhaupt gestellt wurde. Damit muss der Reitlehrer selbst entscheiden, welche Dienstleistung er anbieten, als was er sich selbst verkaufen will.

6.1   Karikaturen zur Berufsauffassung

6.1.1   Der Animateur

Manche Leute betrachten den Club als einen Ort des Zeitvertreibs, der gesellschaftlichen Kontakte oder des schnellen Vergnügens. Die Aufgabe des Reitlehrers besteht darin, diese Erwartungen der Kundschaft – meist in Zusammenarbeit mit einem guten Wirt – problemlos zu befriedigen.

Das schweißtreibende Reiten muss Lustbarkeit bleiben; sportliche Blamage – soweit sie mehr ist als Anlass für einen Drink – ist auf auswechselbare Außenseiter oder auf den – in dieser Rolle zufriedenen – Tollpatsch zu begrenzen. Gelegentlich ist auf Animositäten von Tierliebhabern Rücksicht zu nehmen.

Der Preis für diese Dienstleistung darf über dem Preis für einen Zoobesuch und über den Kosten der Hundehaltung liegen, muss aber gegenüber Golf, Tennis oder Skilauf wettbewerbsfähig sein.

6.1.2   Der Trainer

Der Reitlehrer vom Typ »Trainer« verkauft sportlichen Erfolg oder zumindest die Hoffnung darauf. Der Kunde kann dabei als Sponsor seines eigenen oder eines fremden Kindes, gelegentlich selbst als Aktiver auftreten.

Der Trainer darf von einer grenzenlosen Leistungsbereitschaft seiner Sportler ausgehen. Der angestrebte Sieg, der Zweck heiligt alle Mittel. Gelegentliche Materialverluste bei Mensch und Pferd dürfen einkalkuliert werden. Im Training sind lediglich der Ehrgeiz und die Eifersucht der Beteiligten zu berücksichtigen. Allerdings muss der Trainer wissen, dass meist nicht der Sieg im Wettkampf als solcher angestrebt wird. Der Krieg in der Sportarena ist oft nur ein Stellvertreterkrieg um gesellschaftliches Prestige. Deshalb ist auf Äußerlichkeiten, wie z.B. auf das Zeremoniell, auf Ehrentribünen und gut platzierte Namensnennungen größter Wert zu legen.

Der Preis für diese Dienstleistung orientiert sich ausschließlich an der Zahlungsfähigkeit der Geldgeber. Auf Barzahlung (oder zumindest eine ausreichende Kaution und eine Einzugsermächtigung) sollte allerdings geachtet werden.

6.1.3   Der Meister

Der Reitlehrer vom Typ »Meister« dient seinen Jüngern als Führer auf dem Wege zu reiterlichen Idealen. Als Erstes ist dabei die Bereitschaft zu wecken, Bequemlichkeit, Wehleidigkeit und Furcht zu überwinden sowie geistige, körperliche und technische Fertigkeiten zu erwerben bzw. zu verbessern. Die Anforderungen sind so zu begrenzen, dass die Zucht würdevoll und die Leistung anmutig bleiben.[58]

Soweit die sportliche Betätigung im Wettkampf erfolgt, ist zu beachten, dass es sich dabei um das Einüben ritueller Konfliktaustragung handelt. Zur Erhaltung der Kooperationsfähigkeit der Kontrahenten sind leichte Siege mit Gesichtsverlust des Verlierers zu vermeiden und die Regeln so zu wählen, dass bei ihrer Beachtung das Wettkampfergebnis von allen als gerecht anerkannt werden kann. Der Verlierer soll als »guter Verlierer« seine weitere Kooperationsfähigkeit mit dem Sieger beweisen. Diese Forderungen

---

58) vgl. Guardini, R.: Briefe über Selbstbildung, Mainz, 1968, S. 84 ff.

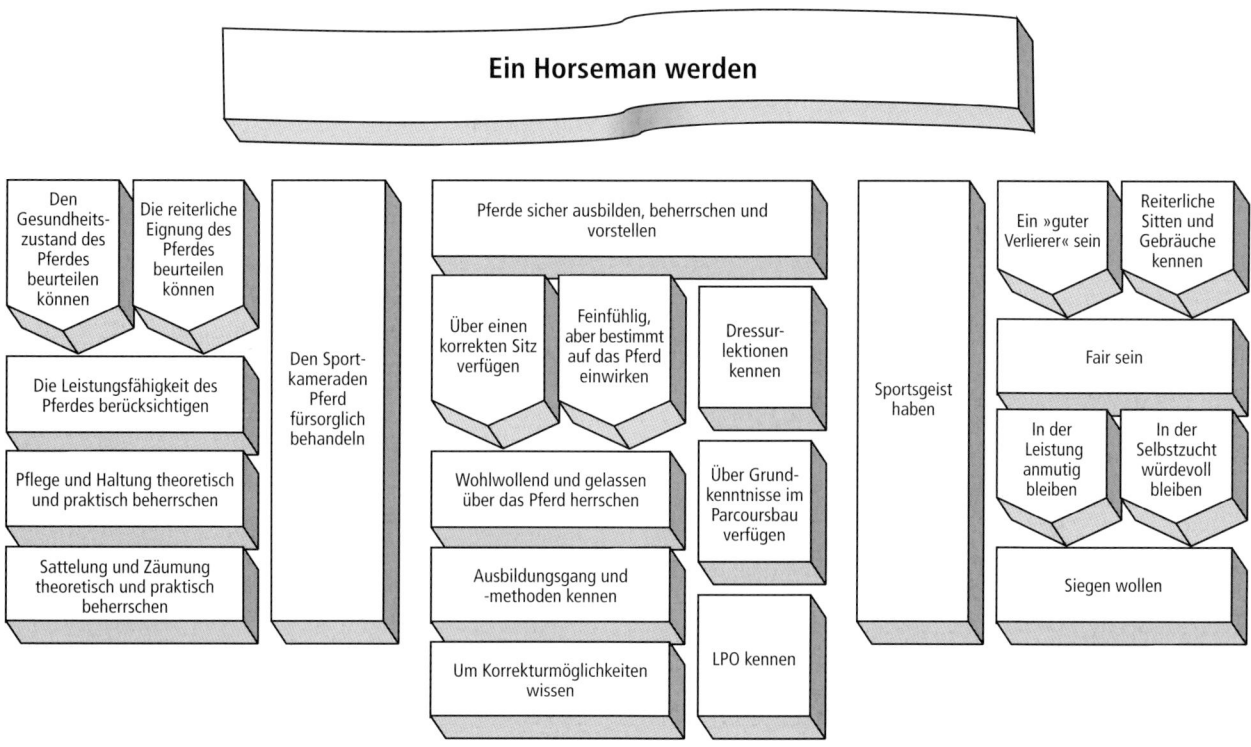

Ein Horseman werden

- Den Gesundheitszustand des Pferdes beurteilen können
- Die reiterliche Eignung des Pferdes beurteilen können
- Die Leistungsfähigkeit des Pferdes berücksichtigen
- Pflege und Haltung theoretisch und praktisch beherrschen
- Sattelung und Zäumung theoretisch und praktisch beherrschen
- Den Sportkameraden Pferd fürsorglich behandeln

- Pferde sicher ausbilden, beherrschen und vorstellen
- Über einen korrekten Sitz verfügen
- Feinfühlig, aber bestimmt auf das Pferd einwirken
- Dressurlektionen kennen
- Wohlwollend und gelassen über das Pferd herrschen
- Über Grundkenntnisse im Parcoursbau verfügen
- Ausbildungsgang und -methoden kennen
- Um Korrekturmöglichkeiten wissen
- LPO kennen

- Sportsgeist haben
- Ein »guter Verlierer« sein
- Reiterliche Sitten und Gebräuche kennen
- Fair sein
- In der Leistung anmutig bleiben
- In der Selbstzucht würdevoll bleiben
- Siegen wollen

werden unter dem Begriff Fairness zusammengefasst. Der sportliche Gentleman verfügt bereits über genügend gesellschaftliche Reputation (über Geld spricht man nicht). Eine Wirkung der sportlichen Betätigung über die Grenzen des sportlichen Bereichs hinaus ist allenfalls in der Art gewollt, dass die sportliche Betätigung als solche, dass die Beachtung der Ideale Zucht, Leistung und Fairness als wertvoll anerkannt wird. Wettkampfergebnisse dürfen nicht in das Normalleben hinein wirken, da positive Wirkungen aus Erfolgen nicht benötigt werden und negative Wirkungen aus Niederlagen tunlichst zu vermeiden sind. Der Reitlehrer soll seine Schüler in diesem Sinn allgemein zu Sportsmanship erziehen. Wegen der Besonderheiten des Sportgerätes »Pferd« muss der Schüler lernen, dass er herrschen muss, dass diese Machtausübung gegenüber dem Sportkameraden Pferd aber wiederum sportlich zu erfolgen hat.

Cronau verweist auf den Schmerz, den der strafende Reiter dem Pferd zufügt, und führt aus: »Die reiterlichen Anforderungen an das Pferd gehen über das natürliche Bewegungsangebot hinaus. In der Regel sind sie auch nicht nur durch die Verstärkung bestimmter Verhaltensweisen mit Hilfe von Belohnung zu erreichen. Zur Modifikation des Verhaltens des Pferdes bedient sich der Reiter vielmehr – nach dem Vorbild der Natur – auch der Strafe, die in mehr oder minder intensiven Schmerzreizen besteht.«[59] Cronau fordert, dass die dosierten Schmerzreize durch eine konsequente, schrittweise vorgehende und an der natürlichen Bewegungsentfaltung des Pferdes orientierte Ausbildung auf das angesichts bestimmter reiterlicher Ziele unumgängliche Maß reduziert werden müssen.

Zusammenfassend lässt sich also sagen, Horsemanship oder der Beruf des Reiters sei die Berufung zum verantworteten Herrschen über das Pferd im Kultdienst der Sportsmanship.

Die Dienstleistung des Reitlehrers vom Typ »Meister« besteht aber nicht in der Ausbildung der Schüler bis zum vollkommenen »Horseman«. Er dient als Führer auf dem Weg zu diesem Ideal, garantiert aber nicht das Erreichen dieses Ziels. In unserer Zeit der Gurus und Jugendreligionen, der Verbindung des Sports mit Meditationstechniken und Elementen des Yoga, darf er von einer grundsätzlichen Gefolgsbereitschaft ausgehen. Wie der Arzt verspricht er nicht Heilung, sondern nur Behandlung nach den Regeln der Kunst.

59) Cronau, Peter F.: Pferdesport wohin? Ein kritischer Blick hinter die Kulissen; München; Wien; Zürich: BLV, 1995

Der Meister ist Experte der Reitkunst. Zur Reitkunst lassen sich einige Aussagen sinngemäß zitieren, die Odo Marquard zur Philosophie gemacht hat.[60]

Der Mensch hat in seinem kurzen Leben zu wenig Zeit, alles neu zu begründen. Er muss deshalb an Bewährtes anknüpfen. Für Veränderungen gibt es keine Nichtverschlechterungsgarantie. Deshalb und wegen des Zeitmangels liegt die Beweislast bei dem Veränderer, nicht bei dem, der konservativ das Überkommene bewahrt. (Falls in der Medizin die konservative Behandlung nicht mehr ausreicht und ein chirurgischer Eingriff erforderlich wird, gilt die konservative Forderung nach dem bestmöglichen Erhalt von Form und Funktion des Vorhandenen.) Trotz der Aufgabe der prinzipiellen Freiheit bleiben dem Konservativen die Freiheiten, die aus der Buntheit des Vorgegebenen resultieren.

Die Meisterschaft in der Reitkunst ist praktisch und theoretisch, weil Theorie ohne Erfahrung leer und Erfahrung ohne Theorie blind sind.

Der Meister ist aber nicht nur Experte, er ist auch Lehrer und Führer. Hierzu lassen sich einige Forderungen sinngemäß zitieren, die Benedikt an den Abt des Klosters stellt.[61] Dieser darf nichts lehren, verfügen und befehlen, das gegen die Lehre wäre. Er darf auch selbst nicht tun, was er anderen verbietet. Entsprechend dem individuellen Erfordernis – aber ohne Ansehen der Person – soll er auf die Schüler mit Zureden, sanfter Güte oder Tadel, vor allem aber durch sein Beispiel einwirken. Fehler schneide er gleich beim Entstehen mit der Wurzel aus. Er sei nicht aufgeregt und ängstlich, er sei nicht maßlos und hartnäckig; er sei nicht eifersüchtig und allzu argwöhnisch. In seinen Befehlen sei er umsichtig und besonnen. Er halte in allem so Maß, damit gültig sei, was die Starken wünschen und wovor die Schwachen nicht zurückschrecken.

Gegenüber unverständigen Schülern oder sonstigen Kritikern braucht der Meister eine Legitimation für die von ihm vertretenen Ideale. Eine Rechtfertigung für Horsemanship in der heutigen Zeit zu finden ist nicht ganz leicht. Vielleicht ist ein Zitat aus Hermann Hesses Glasperlenspiel für Sie akzeptabel:

»Es können Zeiten des Schreckens und tiefsten Elends kommen. Wenn aber beim Elend noch ein Glück sein soll, so kann es nur ein geistiges sein, rückwärts gewandt zur Rettung der Bildung früherer Zeit, vorwärts gewandt zur heiteren und unverdrossenen Vertretung des Geistes in einer Zeit, die sonst gänzlich dem Stoff anheimfallen könnte.«[62, 63]

Die Haltung des domestizierten und die reiterliche Nutzung des dressierten Pferdes stoßen heute auf Bedenken. Einerseits hat einmal ein Ausbilder verärgert nach vielen vergeblichen Bemühungen gesagt: »Die halbe Menschheit hungert, und dieses Tier lebt immer noch.« Auch wenn der Satz anders gemeint war, so ist Reiten doch ein nur bedingt zu vertretender Luxus. Andererseits erklären bestimmte »Tierschützer«, dass die nicht artgerechte reiterliche Nutzung des Pferdes nicht zu vertreten sei.

Ohne den Menschen wäre die Tierart Pferd in unseren Breiten zum Aussterben verurteilt. Ferner ist es Teil unserer Kultur, dass der Reiter und sein Pferd eine Lebens- und Arbeitsgemeinschaft, gelegentlich auch eine Kampfgemeinschaft bilden. Nicht nur ohne die Tierart Pferd, auch ohne diese Form der Gemeinschaft wäre diese Welt ärmer. Meine Pferde sind Teil meines Lebens, und manchmal vermitteln sie mir auch das Gefühl, dass ich Teil ihres Lebens bin.

6.1.4   Der Rentier

Manche vermögende Meister (und solche, die es sein möchten) glauben, dass sich wahre Meisterschaft nur auf einer eigenen Reitanlage verwirklichen lasse. Dem ist nichts entgegenzusetzen, da ja bekanntlich jeder seines Glückes Schmied ist und im Ernstfall der Tierschutz schon eingreifen wird.

Zum Geld kommen aber häufig Sendungsbewusstsein und/oder (Steuer-)Berater mit der Meinung, dass sich Investitionen rentieren und Kosten zumindest zur steuerlichen Entlastung beitragen müssten. Beide Gründe führen in der Regel zur Erweiterung des Privatstalles um ein Armenteil, in dem die Pferde jener Armen leben, die zur materiellen oder ideellen Rente des Rentiers beitragen sollen.

Im günstigen Fall wird nach den ersten Einstellern auch der Rentier bald die Freude an der Sache verlieren, sich auf die Rolle des stillen Teilhabers zurückziehen und die Führung des Dienstleistungsbetriebes einem guten Manager überlassen.

---

60) vgl. Marquard, O.: Abschied vom Prinzipiellen, Stuttgart, 1981
61) vgl. Die Regel des Hl. Benedikt, Beuron, 1965
62) Hesse, H.: Das Glasperlenspiel, Frankfurt a.M., 1970, S. 400
63) P.S. In Bayern fällt die Ausbildung der Berufsreiter in den Zuständigkeitsbereich des Staatsministers für Ernährung, Landwirtschaft und Forsten, nicht in denjenigen des Staatsministers für Unterricht und Kultus.

6.2 Der Manager

Clausewitz hat den Witz als eine Taschenspielerei mit Ideen und Vorstellungen bezeichnet, wobei man den Hörer die Irrtümer des Verstandes selbst begehen lässt.[64] Ein bekannter Ausbilder führt seine Schüler gern auf folgendes Glatteis:

Frage 1: Reiten Sie eigentlich gerne?

Antwort: Selbstverständlich!

Frage 2: Warum lernen Sie es dann nicht?

Dabei zielt Frage 1 eindeutig auf die persönlichen Motive des Einzelnen, sich einen so unbequemen Sitzplatz wie den Rücken eines Pferdes auszusuchen. »Reiten« ist dabei einfach das, was der Gefragte darunter versteht und gerne tut. Frage 2 dagegen verwendet einen vom Fragenden eng definierten Begriff »Reiten« und ist im Übrigen schlicht ein Gemeinheit. Kein Witz, sondern Satzungstext eines Vereins war dagegen: »Der Zweck des Vereins ist die Förderung des Reitsports. Dieser soll erreicht werden durch Erhaltung, Entwicklung und Förderung der Reitkunst und des Reitsports …«.[65] Mit dieser äußerst vagen Formulierung hat sich die Gemeinschaft scheinbar auf ein Ziel geeinigt, ohne dass alle auf einen Begriff »Reiten« festgelegt wären oder gar ihre jeweils individuellen Ziele hätten aufgeben müssen.

Das Koalitionsmodell der Reitanlage

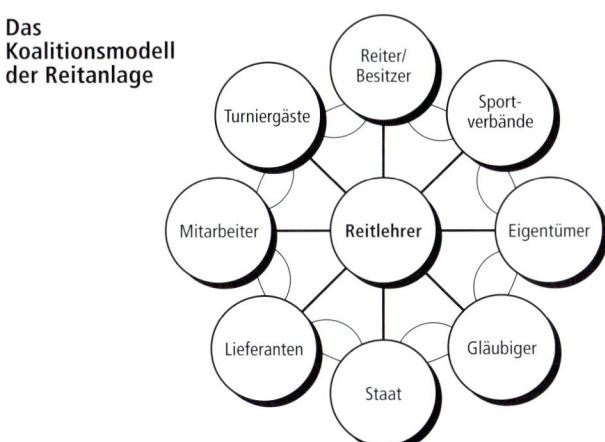

Das Koalitionsmodell
- Der Reitverein oder das Reitinstitut kann als eine Koalition von Individuen aufgefasst werden.
- Als Koalitionsmitglieder sind zu bezeichnen die aktiven und passiven Mitglieder des Vereins, zahlende Reitgäste, der Reitlehrer, der Stallmeister, Auszubildende, Pferdepfleger und sonstige Mitarbeiter, die Lieferanten, der Landesverband usw.

- Die Koalitionsmitglieder besitzen Individualziele (z.B. sportlicher Erfolg, Geld, Ehre, Anerkennung) und legen die Koalitionsziele (z.B. Förderung des Reitsports) in einem umfassenden und fortdauernden Verhandlungsprozess fest.
- Die Koalitionsmitglieder erfüllen die Koalitionsbedingungen und tragen damit zum Erreichen der Koalitionsziele bei. Sie erhalten dafür »Ausgleichszahlungen« in Form monetärer oder immaterieller Vorteile.
- Der Bestand der Koalition hängt davon ab, ob die Koalitionsmitglieder durch die Erfüllung der Koalitionsbedingungen ihre Individualziele in ausreichendem Maße erreichen können.

Wie in einer politischen Koalition sind auch in einem Reitverein, Reitinstitut oder Reitstall viele Individuen mit teils unterschiedlichen Einzelinteressen zusammengeschlossen. Da sind die Reiter (Anfänger, Fortgeschrittene, Spazierreiter, Turnierreiter, Dressur-, Spring- oder Vielseitigkeitsreiter), die Eigentümer der Anlage, die Gläubiger und die Mitarbeiter (Reitlehrer, Pferdepfleger, Auszubildende). Dazu kommen die »Lieferanten« (Schmied, Tierarzt, Futterlieferanten, Pferdehändler), die Turniergäste, die »übergeordneten« Sportorganisationen und der Staat (als Gesetzgeber, als Geldgeber, als Fiskus). Diese Liste ist sicher nicht vollständig.

Für solche Organisationen, insbesondere für Industrieunternehmen, haben Cyert/March[66] das Koalitionsmodell entwickelt. Die wesentliche Aussage dabei ist, dass die Koalitionsmitglieder Einzelinteressen verfolgen und so lange Mitglied dieser Organisation bleiben, als für sie der Nutzen aus ihrer Teilnahme größer ist als ihr Aufwand. Die Mitglieder sind aufgrund ihrer teils unterschiedlichen Interessen bemüht, das Geschehen in der Organisation in ihrem Sinne zu beeinflussen. Ihre Einflussmöglichkeit hängt aber von verschiedenen Machtbasen (z.B. Geld, freiwillige Mitarbeit, Beziehungen usw.) ab. Die Interessenten melden also entsprechend der Dringlichkeit ihrer Bedürfnisse und der (vermeintlichen) Stärke ihrer Machtbasis ihre Machtansprüche an. Unter Berücksichtigung all dieser Gesichtspunkte muss aber dann entschieden werden, was geschehen soll. Als Manager oder Geschäftsführer muss der Reitlehrer diese Entscheidung herbeiführen. Dabei muss aber immer berücksichtigt werden, dass diese Entscheidung einigen Mitgliedern

64) vgl. Clausewitz, Carl von: Vom Kriege, rororo, 1980, S. 93
65) vgl. Satzung des Vereins Reitakademie München e.V., § 3
66) vgl. Cyert, R. M., March, I. G.: A Behaviorial Theory of the Firm, Englwood Cliffs, N. J., 1963

etwas (Geld, Arbeit) abverlangt und dass daraus in einem »Produktionsprozess« eine neue Leistung geformt wird, die einigen Mitgliedern zugute kommt. Das kann eine Umverteilung bedeuten. Letztlich aber müssen alle zufrieden sein, wenn sie Organisationsmitglieder bleiben sollen.

Die Dienstleistung des Managers besteht nun darin, das Verhalten anderer im Sinne der getroffenen Entscheidung zielgerichtet zu beeinflussen. Solche Führerschaft bedeutet für den Manager eine doppelte Aufgabenstellung:

- Er muss den Zusammenhalt der Gruppe sichern.
- Er muss die Leistungserstellung durch jeden Einzelnen und durch die Gruppe als Ganzes gewährleisten.

Durchdachtes Handeln zur Erfüllung dieser Aufgaben erfordert fast immer folgende Teilaktivitäten:
a) Bestandsaufnahme, Situationsanalyse
b) Ziele und Teilziele setzen
c) Rahmenbedingungen schaffen
d) Auswahl der »Mitarbeiter«
e) Führung der »Mitarbeiter«
f) Erfolgskontrolle
g) Aus Fehlern lernen

Beispiel: Aufbau eines Parcours für die Springstunde
- Bestandsaufnahme, Situationsanalyse
  ▶ Interessenten: Zahl, Qualifikation, Turnierpläne
  ▶ Reitplatz: Beschaffenheit, Benutzungszeiten
  ▶ Hindernisse
  ▶ Helfer
- Ziele und Teilziele setzen
  ▶ Förderung des Ausbildungsstandes bei Reitern und Pferden – Vorbereitung auf Turnierbesuch (Anforderungen A–M)
  ▶ Der aufzubauende Parcours soll einzelne Lösungssprünge zulassen, für die Anforderungen A–M leicht umzubauen sein und als Schwerpunkt das Reiten enger Wendungen verlangen
- Rahmenbedingungen schaffen
  ▶ Ankündigung des Trainingsspringens
  ▶ Reservierung des Reitplatzes
  ▶ Bereitstehen der Hilfsmittel sichern (Traktor, Hänger, Schubkarren, Hammer, Ständer, Stangen, Auflagen, Äste zum Auffüllen der Bürsten)
- Auswahl der Mitarbeiter
  ▶ Teilnehmer der Springstunde und Auszubildende, verstärkt durch Teilnehmer der Jugendstunde
- Führung der Mitarbeiter
  ▶ Rechtzeitige und vollständige Information (Zeit, Ort, Dauer, Aufgabe, evtl. Bekleidung)

- Motivation (Ankündigung einer Brotzeit, besondere Ausbildung durch Erklärung der Schwierigkeiten des Parcours, evtl. Bereitstellung von Pferden zur Teilnahme)
  ▶ Delegieren, Initiieren (Beauftragung des Bereiters, den Aufbau nach der Skizze auszuführen oder eigene Leitung des Aufbaus durch Einzelanweisungen)
  ▶ Kontrolle (aktive Mitarbeit aller Helfer, richtige Arbeit)
  ▶ Belohnung der fleißigen Helfer
- Erfolgskontrolle
  ▶ Entspricht der aufgebaute Parcours der Planung (Linienführung, Abstände, einladende Sprünge usw.)?
  ▶ Helfen die Helfer beim nächsten Aufbau wieder, haben sie beim Aufbau gelernt?
  ▶ Hat sich der Parcours im Trainingsspringen bewährt?
- Aus Fehlern lernen

Bei den Tätigkeiten, die die Zielorientierung betreffen, also bei der Bestandsaufnahme, dem Setzen von Zielen und der Kontrolle handelt es sich wie beim Schaffen der Rahmenbedingungen um allgemeine Arbeitstechniken. Dabei werden zwar auch Fehler gemacht, aber diese Tätigkeiten sind aus sich heraus verständlich, und die nötigen Kenntnisse dazu werden auch durch die Arbeit erworben. Etwas anders ist es mit der Auswahl und der Führung der Mitarbeiter. Um diese Aufgaben erfolgreich zu lösen, muss man wissen, warum Menschen arbeiten und wie sie gelenkt werden können.

Ähnlich wie die Koalitionstheorie geht auch die Anreiz-Beitragstheorie von March/Simon von einem Tauschgeschäft aus. Danach leisten die Organisationsteilnehmer (z.B. Arbeiter) Beiträge (z.B. Arbeit), indem sie die in sie gesetzten Erwartungen erfüllen. Dafür erhalten sie von der Organisation Anreize (z.B. Geld). Manch ehrenamtlicher Funktionsträger merkt allerdings recht spät, dass das Amt zur Würde auch die Bürde gibt.

Maslow hat Bedürfnisse des Menschen aufgezeigt und entsprechend ihrer Dringlichkeit geordnet. Als Grundbedürfnisse werden dabei die Bedürfnisse bezeichnet, die der Erhaltung des Lebens (z.B. durch Schlaf, Nahrung) dienen. Darüber hinaus aber hat der Mensch gelernt, andere Bedürfnisse zu haben.

Die Befriedigung eines jeden Bedürfnisses durch die Organisation stellt einen Anreiz dar. Geld ist nicht der einzige Lohn (Anreiz), den man für die Beiträge erhalten oder geben kann.

Die Macht des Managers ist die Sanktionsgewalt, die Möglichkeit zu belohnen (die Bedürfnisse zu befriedigen) und zu bestrafen (die Bedürfnisse nicht zu befriedigen). Ein Manager aber, der allein darauf angewiesen wäre, wäre ein armer Manager.

Dieser kann nämlich auch Bedürfnisse wecken und den Weg zu ihrer Erfüllung durch zu leistende Beiträge aufzeigen und steuern. Er kann den Zusammenhang zwischen kameradschaftlichem Arbeitsverhalten und Freundschaft oder zwischen Leistung und Anerkennung herstellen. Wenn es ihm gelingt, Vorbild zu sein (als guter Reiter, fleißiger und verantwortungsbewusster Arbeiter), so kann er erreichen, dass der Geführte seine Selbstverwirklichung eben im Erreichen dieses Verhaltens sieht und mit sich selbst erst dann zufrieden ist, wenn er sein Vorbild erreicht hat. Der Führer will die Verhaltensbereitschaften und das Verhalten der Geführten beeinflussen. Nach Neuberger[67] wird der Beeinflusste umso selbstständiger und unbeaufsichtigter in der gewünschten Weise handeln, je mehr er glaubt, aus eigenen Stücken und im Einklang mit seinen Werthaltungen und Interessen zu handeln. »Im gelungenen Fall der perfekten Manipulation werden die Spuren des Einflusses vermischt: Der Ferngesteuerte glaubt, frei entschieden zu haben.«

6.3 Der Lehrer

Unterricht

> »Wenn alles schläft und einer spricht,
> so nennt man dieses Unterricht.« [68]

> »Unterricht lässt sich beschreiben als ein Handlungsgefüge zwischen Lehrenden und

Lernenden, das auf der Basis eines vorfindbaren, individuellen, institutionellen Bedingungsgefüges auf das Erreichen eines bestimmten Zielgefüges hin angelegt ist«.[69]

> »Lernen durch Unterricht ist die durch planmäßige Situationen gesteuerte, zielbewußte, selbstgewollte, möglichst dauerhafte Ausbildung oder Verbesserung von Verhaltensweisen. Der Lehrer also gestaltet in den Fächerungen des Unterrichts lehrplangemäß Situationen, die zum Erwerb oder zur Verbesserung von Verhaltensweisen anregen.« [70]

Nicht der Lehrer und sein Lehren sind das Wichtigste am Unterricht, sondern der Schüler und sein Lernen. »Lehren« heißt, den Schüler »lernen machen«[71], ihn in Situationen hineinlocken, in denen er lernt.

»Reiten lernt man nur durch Reiten« ist eine alte Regel. Diese Regel ist sicher richtig in dem Sinn, dass allein in der Schulbank noch niemand zum Reiter wurde. Erst auf dem Pferderücken befindet sich der Reitschüler in der Situation, in der er Reiten lernt. Die Regel wäre aber falsch verstanden in dem Sinne, dass man schon allein durch das Sitzen(bleiben) auf dem Pferderücken reiten lernen würde. Der Beruf des Reitlehrers wäre falsch verstanden, wenn in ihm lediglich die Hilfestellung für die Situationen gesehen würde, in die das Pferd den Reiter bringt. Über dieses Reagieren hinaus darf vom Lehrer ein aktives Gestalten von Lernsituationen erwartet werden.

Diese Aufgabe des Reitlehrers ist schwer, weil meist kein ideales Lehrpferd zur Verfügung steht und damit im Unterricht Reiter *und* Pferd gefördert werden müssen. Im Grunde muss der Reitlehrer das Pferd gelegentlich selbst reiten, um zu wissen, was er anordnet. Bei der Planung des Unterrichts sind jedenfalls die Vorkenntnisse von Reiter *und* Pferd zu berücksichtigen; im Unterricht selbst wird häufiger – vom Plan abweichend – auf aktuell auftretende Schwierigkeiten bei Pferd und Reiter einzugehen sein. Im Gegensatz zur Mathematik ist das Pferd eben ein weniger berechenbarer Lernstoff. Trotzdem täte jener

---

67) vgl. Neuberger, Oswald: Miteinander arbeiten – miteinander reden! München, 1981, S. 39
68) frei nach Wilhelm Busch
69) vgl. Dichanz, Horst: Unterricht, eine Einführung, München, 1979, S. 38
70) vgl. Brunnhuber, Paul: Prinzipien effektiver Unterrichtsgestaltung, 13. Auflage, Donauwörth, 1979, S. 12
71) Dichanz, Horst: Unterricht, eine Einführung, München, 1979, S. 27

Reitlehrer zu wenig für sein Geld, der die Gestaltung des Unterrichts dem Pferd überließe.

Um einem Missverständnis vorzubeugen: Auch der (bezahlte) Reitlehrer ist nicht der Prostituierte seiner Schüler. Im Gegenteil, er soll seine Reitauffassung und sein Verständnis in den Unterricht einbringen. Schließlich ist Reitunterricht nicht nur das Lehren/Lernen einer Technik, sondern Erziehung/Lernen zum Reiter-Sein. Erwarten darf der Schüler allerdings einen effizienten Unterricht.

Nach Brunnhuber bedeutet Effektivität der Unterrichtsgestaltung: »Alle steuerbaren Bedingungen eines Lernprozesses werden so wirksam vom Lehrer beeinflusst bzw. angeordnet, dass das neue Verhalten möglichst schnell, sicher und dauerhaft erworben wird, damit es sich in ähnlichen Situationen bewähren kann.« [72]

Damit Unterricht in diesem Sinne effizient sein kann, sind vom Lehrer fast immer folgende Teilaktivitäten verlangt:

- Ausbildungsstand bei Beginn der Ausbildung feststellen
- Ausbildungsziele und Teilziele festlegen
- Ausbildungsplan (Methode/Zeit/Hilfsmittel) aufstellen
- den Schüler lernen machen
- Ausbildungserfolg kontrollieren.

Wichtig ist, dass man bei der Formulierung von Ausbildungszielen nicht bei den allgemeinen, vagen Zielen stehen bleibt. Spätestens für die einzelne Lerneinheit ist das zu lernende Verhalten so genau zu beschreiben, dass es in der beschriebenen Form tatsächlich beobachtet, gemessen und kontrolliert werden kann. Zu pauschal wäre die Formulierung: »Verbesserung von Sitz und Einwirkung«; konkreter, aber noch immer nicht ausreichend genau wäre das Ziel »Verfeinerung der Hilfengebung«. Richtig – weil beobachtbar – wäre dagegen: »Am Ende der Stunde soll der Schüler ohne deutlich sichtbare Hilfengebung (nur durch stärkere Belastung des inneren Gesäßknochens und leichte Drehung der inneren Zügelfaust) mit seinem Pferd an einem vorgegebenen Punkt angaloppieren.« Nur so genau beschrieben, kann das Ziel vom Schüler verstanden, angestrebt und bei Erreichen als Lernerfolg gebucht werden.

Für alle zu erwerbenden Kenntnisse und Fertigkeiten lassen sich solche Lernziele formulieren und Lernmethoden entwickeln, wenn man sich nur genug Mühe gibt. Schwierig bis unmöglich ist dies für den Reitlehrer bei Erziehungszielen, die Einstellungen und Werthaltungen betreffen. Trotzdem sollte der Reitlehrer auch auf die Einübung reiterlichen Verhaltens achten, reiterliche Verhaltensweisen als wertvoll darstellen und vorleben sowie das Verhalten der Schüler durch Lob, Ermutigung oder Tadel beeinflussen.

Nichts motiviert so wie der Erfolg. Das gilt auch in der Ausbildung von Reiter und Pferd. Springreiter wissen, dass Pferde ein Hindernis umso sicherer überwinden, je mehr sie vorher auf dieses aufmerksam gemacht sind und je gelassener, und zuverlässiger sie das Hindernis anziehen. Gelungene Sprünge und Lob erhöhen die Springfreude des Pferdes; Misserfolge machen die weiteren Sprünge weitaus schwieriger, vielleicht sogar fast ganz unmöglich. »Sauer gekocht« heißt das dann in der »Fachsprache«.

Springreiter müssten geborene Reitlehrer sein, denn so gegen Sprünge reiten ist nichts anderes, als Schüler lernen machen. Erfolgreicher Unterricht bedeutet Unterricht in folgenden Phasen:

- Aufmerksam machen, Bewusstsein für das Problem wecken, z.B. eine neue Aufgabe (Rückwärtsrichten) stellen.
- Das Lernziel begründen (z.B. wozu ist Rückwärtsrichten gut?) und mit den Schülern als Ziel vereinbaren (die Schüler müssen das Ziel kennen und erreichen wollen).
- Den Schülern bei der Planung der Problemlösung helfen, d.h. das zunächst verschwommen beschriebene Problem konkretisieren, die Zusammenhänge erkennen und eine Lösung finden, die die Erreichung des Ziels wahrscheinlich macht (korrekte Beschreibung der Lektion, Hilfengebung).
- Den Schülern zur erfolgreichen Problemlösung verhelfen.
- Lernerfolg kontrollieren und durch Wiederholungen sichern.

Schüler lernen umso erfolgreicher, je mehr Lernen ein selbst gesteuertes Zugehen auf ein akzeptiertes Ziel bedeutet. Erfolgreich bewältigte Situationen prägen sich am besten ein und bieten den stärksten Antrieb für weiteres Lernen.

Auszüge aus »Reitlehre von heute« (W. Seunig):

Der Reitlehrer soll sich durch sein Können im Sattel und durch sein theoretisch und praktisch anwendbares Wissen um alles, was das Pferd und den Unterricht betrifft, das unbedingte Vertrauen und demzufolge –

---

72) Brunnhuber, Paul: Prinzipien effektiver Unterrichtsgestaltung, a.a.O., S. 14

auch ohne die erst bei wachsendem Verständnis fälligen Erklärungen des Warum – die blinde Gefolgschaft seiner Schüler erringen.

Diese Mitbürgen des Erfolges werden ihm aber nur erhalten bleiben, wenn er sich durch seinen Charakter (für Schwächen hat gerade die Jugend ein scharfes Auge) die Achtung seiner Schüler zu erwerben und zu bewahren weiß. Er soll nicht nur in der Bahn und im Jagdfeld, er soll auch in allen menschlichen Belangen ritterliches Vorbild sein.

Nur bei einer solchen Persönlichkeit des Lehrers, der sein bestes Selbst als Samenkorn in die Seele der ihm Anvertrauten zu senken weiß, können wir Eltern und Älteren sicher sein, dass Hand in Hand mit der körperlichen Durchbildung unseres Nachwuchses dessen Charakterentwicklung gefördert wird und dass als Gegengewicht gegen einen längst als schädlich erkannten Materialismus verschüttete seelische Werte, wie Selbstbeherrschung, Einsatzfreudigkeit, Gemeinschaftsgeist, Hilfsbereitschaft, Zähigkeit, Siegeswille, Tier- und Naturliebe zutage treten; Werte, die im Verein mit einem gefestigten Charakter unsere Jugend ihr ganzes künftiges Leben begleiten und zu Trägern echt menschlicher Tugenden machen sollen.

Auszüge aus der Reitvorschrift (H.DV. 12)

Im Vordergrund der Arbeit steht die Losgelassenheit bei Reiter und Pferd. Erst wenn diese erreicht ist, dürfen Übungen in der Versammlung vorgenommen werden.

Ein Aneinanderreihen vieler schwieriger Übungen ruft beim Reiter Steifheit hervor und veranlasst ihn, sich festzuziehen; beim Pferde sind schwunglose Gänge die Folge. Besonders bei Rekruten und jungen Remonten sind kurzes Arbeiten, häufiges Rühren und Absitzen zur Schonung der Reiter oder Pferde erforderlich.

Der Neigung der Reiter, sich meist in kurzen, schwunglosen Gängen zu bewegen und nur die für sie bequemsten, das Pferd jedoch wenig fördernden Übungen zu reiten, muss entgegengewirkt werden.

Ruhepausen, die oft, besonders nach schwierigen Übungen und gegen Schluss der Stunde einzulegen sind, dienen der Erholung der Pferde.

Beim Reitunterricht sind nur kurze, schlagwortartige Anweisungen am Platz. Längere Belehrungen gehören in den Dienstunterricht, der gelegentlich in der Reitbahn unter Zuhilfenahme eines gesattelten und gezäumten Pferdes erfolgen kann. Sind ausnahmsweise längere Erklärungen während des Reitunterrichts nötig, so lässt der Lehrer halten oder versammelt seine Schüler, auch abgesessen, um sich.

Der Reitlehrer ist zugleich Erzieher. Er prüft öfters Anzug der Reiter, Aussehen und Putzzustand der Pferde sowie Sattelung und Zäumung. Der Reitlehrer muss bei seinen Schülern Sinn für das Pferd und seine Eigenschaften entwickeln. Er hat auf Wahrung militärischer Haltung der Reiter bedacht zu sein, ohne je das Ziel, sie zur vollen Geschmeidigkeit auszubilden, aus dem Auge zu verlieren.

Auszüge aus dem Reglement der Schweizerischen Armee

Der Unterricht muss dem Können des Reiters und dem Dressurgrad des Pferdes angepasst werden. Viele Schwierigkeiten sind die Folge einer mangelhaften Dressur und können nur behoben werden, wenn Reiter und Pferd in gleicher Weise bei der Arbeit berücksichtigt werden. Überraschend auftretende Schwierigkeiten können den Reitlehrer zwingen, von der vorher geplanten Einteilung der Reitstunde abzuweichen.

Will der Lehrer rasch zu befriedigenden Ergebnissen kommen, so muss er vor allem Geduld üben und die Mühe nicht scheuen, immer wieder auf eine Sache zurückzukommen.

Der Reitlehrer muss Ruhe bewahren. Beim Schimpfen und Schreien sieht und denkt er nicht mehr, der verängstigte Schüler wird unempfänglich, und die Pferde regen sich auf. Auch hütet sich der Reitlehrer vor stetem Sprechen und allgemeinen Redensarten; er verlangt aber fortwährende Aufmerksamkeit und beharrt darauf, dass jede von ihm gegebene Weisung oder Korrektur sofort ausgeführt wird. Straffer Appell ist unerlässlich für einen ersprießlichen Unterricht.

Von ausschlaggebender Bedeutung ist die Fähigkeit des Reitlehrers, Fehler bei Reiter und Pferd zu erkennen und sachgemäße, treffende Anweisungen zu geben.

Der Reitunterricht ist Einzelausbildung, keine Massendressur; doch darf der Reitlehrer bei der Beschäftigung mit dem Einzelnen die andern nicht aus dem Auge lassen.

Die Sprache des Reitlehrers muss verständlich und sachlich sein. Der Reitlehrer hat sich zu bemühen, den Unterricht mit möglichst einfachen Worten zu erteilen und unbekannte Fachausdrücke zu erläutern. Belehrungen müssen den Zweck der reiterlichen Erfordernisse klarmachen und dadurch zum Reitverständnis des Schülers beitragen. Hin und wieder mag es angezeigt sein, durch das eigene Beispiel belehrend zu wirken. Nie aber steigt der Reitlehrer vor seinen Schülern in den Sattel, um ein ungehorsames Pferd zu meistern.

7 Organisationsfragen sind Machtfragen

Du kannst als unbesiegbar dastehen, du musst dich nur in keinen Kampf einlassen, in dem der Sieg nicht von dir abhängt.

Epiktet[73]

Im normalen Ausbildungsbetrieb – der ganz überwiegenden Zeit unserer Beschäftigung mit dem Pferd – hat der Reiter einen wesentlichen Machtvorsprung vor dem Pferd: Er bestimmt, wo er wann was vom Pferd verlangen will und unter welchen Rahmenbedingungen er dies tun will. Es ist immer wieder erstaunlich, wie leichtfertig Reiter diese Chance vertun.

Ohne Programm für die kommende Stunde greifen sie die Ausrüstung für sich und das Pferd (kurze – lange Gerte, scharfe – stumpfe Sporen, Dressur- – Springsattel, Trense – Kandare, Martingal, Schlaufzügel, Gamaschen, Bandagen, Sprungglocken …).

Ohne zu wissen, welche Situationen sie dort erwarten, gehen sie in die Halle oder auf den Platz, wo vermutlich seit Monaten die gleichen Sprünge unverändert stehen. Im Eventualfall sind dann auch Ausweichmöglichkeiten oder fremde Hilfe nicht gesichert. Im günstigsten Fall entwickelt sich die Reitstunde so zu einem Small Talk mit dem Pferd, bei auftretenden Schwierigkeiten – bei guter Vorbereitung überflüssig – wird der Kampf mit dem Pferd zu einem Kamikaze-Unternehmen.

Da mühen sich Reiter, ihre Pferde auf Zirkeln und Schlangenlinien zu lösen, als ob es keine Bodenstangen und Lösungssprünge gäbe. Da versuchen Reiter, die Hinterhand des Pferdes auf krummen Wegen zu kräftigen, als ob dieses Ziel im gemütlichen Schritt bergauf nicht viel leichter zu erreichen wäre. Da ziehen Reiter ihre Pferde zusammen, als ob diese nicht auf unebenem Boden aus reinem Selbsterhaltungstrieb und ganz von allein kürzer werden würden. Wie viel abstumpfende Handeinwirkung ließe sich durch Zuhilfenahme der Bande oder anderer, den Weg begrenzender Aufbauten vermeiden!

7.1 Das Genie beherrscht das Chaos

7.1.1 Von der Vision zum Ziel

In der Industrie muss ein »Leader« heute eine Vision haben und kommunizieren. Gertrud Höhler definiert Visionen als Ergebnisse kreativer Höchstleistung, als innere Bilder einer künftigen Wirklichkeit, die im Prinzip realisierbar, heute aber noch nicht Realität ist.[74]

Reiter und/oder Sponsoren haben meist einen Traum für sich selbst und/oder ihr Pferd: Olympiasieger oder so ähnlich. Angesichts der verfügbaren Kompetenzen und (finanziellen) Ressourcen ist dies leider für die meisten kein tatsächlich realisierbares Ziel. Jeder aber sollte für sich ein möglichst klares Ziel haben und dieses über strategische und operative Planung sowie über deren Umsetzung in konkrete Aktivitäten verfolgen. Hierzu gehören z.B. die Wahl der richtigen Pferde für das Ziel, Entscheidungen über Ausbilder, Reitanlage, Entwicklungsplanung von der Materialprüfung bis zur Prüfung in der schweren Klasse usw. Auch die rechtzeitige Planung und Bereitstellung eines Finanzbudgets wären manchmal hilfreich.

In der kurzfristigeren Betrachtung sollten dann Methoden des Projektmanagements eingesetzt werden, z.B. in der Vorbereitung auf ein Turnier.

Für den konkreten Einzelfall könnte man auf die Idee kommen, modernes Prozessmanagement anzuwenden. Ein Prozessmanager würde als Reitlehrer davon ausgehen, dass er das Zusammenwirken von Reiter und Pferd so gestalten und über Kommandos so führen und regeln kann, dass die beiden alle Einzelschritte des Prozesses so ausführen, dass das gewünschte Ergebnis erreicht wird.

Für Skirennläufer wird das Material mit großem technischem Aufwand entwickelt. Die Belastung der Körper ist medizinisch gut erforscht, das Training wird entsprechend konzipiert und kontrolliert. Nicht zuletzt wurde z.B. die eiförmige Rennhaltung im Windkanal getestet.

Wie wenig dagegen wissen wir z.B. über das, was die Reitlehrer »Gewichtshilfen« nennen, welche Auswirkungen solches Reiterverhalten auf den Pferderücken, auf den gemeinsamen Schwerpunkt von Rei-

---

73) Epiktet; Handbüchlein der Moral und Unterredungen, a.a.O., S. 30
74) vgl. Höhler, Gertrud: Spielregeln für Sieger, Düsseldorf, 1992, S. 208

ter und Pferd und damit auf das beim Pferd tatsächlich ausgelöste Bewegungsverhalten hat. Dabei ist die »balancierende Führung«[75] besonders wichtig. Wenn man ferner bedenkt, wie viel Geld für die Reiterei und das Herumdoktern an Pferderücken ausgegeben wird, dann sind diese Wissenslücken eigentlich nur so zu erklären, dass wir auch ohne diesen Forschungsaufwand genügend olympische Ehren erreichen konnten. Vielleicht nehmen ja eines Tages unsere Sportfunktionäre in Warendorf die von ihnen formulierten ethischen Grundsätze des Pferdefreundes selber ernst, schließen mit dem ihnen zur Verfügung stehenden Geld diese Wissenslücken und geben uns dann in ihren Richtlinien fundiert pferdegerechte Anleitungen, statt immer nur von der alten H.DV. 12 abzuschreiben. Die Hochschulen jedenfalls haben inzwischen die technischen Messmethoden, in einem interdisziplinären Ansatz von Veterinärmedizin, Physik und Sport die dringend benötigten Anworten zu finden.

Heute jedenfalls würde der in der Industrie geschulte Prozessmanager angesichts der leider noch vorhandenen Wissenslücken der Reittechnologie schon beim Prozessdesign scheitern.

7.1.2   Von der Nuance über die Turbulenz zur neuen Ordnung

Eine neue Redensart sagt, schon das Flattern eines Schmetterlings in Hongkong könne in New York ein Gewitter auslösen. Langfristige Wetterprognosen seien deshalb einfach unmöglich. Die Chaosforscher formulieren wissenschaftlich: In deterministischen (kausalen) dynamischen Systemen liegt in jeder Kleinigkeit die Möglichkeit zur Erzeugung von Chaos.[76]

Wie schon erläutert, bilden Reiter und Pferd in ihrer Umwelt ein System, in dem z.B. über die positive oder negative Rückkopplung Zusammenhänge zwischen Ursache und Wirkung bestehen. Auch Reiter und Pferd sind ein komplexes nicht lineares dynamisches System, bei dem in jeder Kleinigkeit die Möglichkeit zur Erzeugung von Chaos (Unvorhersagbarkeit) liegt. Wer kann schon zu Beginn einer Reitstunde oder Prüfung vorhersagen, wie das Unternehmen verlaufen und ausgehen wird.

Dem Geschick des Ausbilders oder Reiters ist es jedenfalls überlassen, solch kleine Einflüsse zu erkennen, in der auftretenden Turbulenz jeweils die richtige Entscheidung zu ihrer Dämpfung (negative Rückkopplung) oder Verstärkung (positive Rückkopplung) zu treffen und so über eine Vielzahl richtiger Entscheidungen insgesamt die richtige Entwicklung in eine neue, höherwertige Ordnung zu wählen.

Auf dem Weg zum Ausbildungziel müssen also neben aller strategischen und operativen Planung vor allem der Zufall einkalkuliert und die in der Nuance liegende Chance wahrgenommen werden.

Trotz aller Wissenslücken in der Reittechnologie und der hohen Abhängigkeit von Zufällen erzielen wir im Reitsport beachtliche Leistungssteigerungen. Intuition unserer Vorfahren, wohl erprobte verallgemeinernde Beschreibungen von Ursache und Wirkung und letztlich die lang dauernden Zusammenhänge gebrauchsmäßiger, kriegerischer und reitsportlicher Leistungprüfung mit der Zuchtauswahl haben dazu beigetragen. Systemwissenschaftler würden dies vermutlich eine Koevolution nennen und darauf verweisen, dass neben der Analyse der Teile neue Themen wie »Kooperation« und die »Bewegung des Ganzen« Gegenstand der Forschung sein müssen.[77]

Bis wir mehr wissen und vielleicht auch dann noch muss allerdings gelten: Das reiterliche Genie beherrscht das Chaos.

7.2   Trainingsplanung

Ausbildungspläne beschreiben einzelne Ausbildungsschritte/Lerninhalte in einer sinnvollen Abfolge, um in einer plausiblen Zeit die gewünschten Lernerfolge zu sichern. Die Mutter aller Ausbildungspläne ist nach wie vor die gute alte H.DV. (Heeres-Dienstvorschrift) 12, Reitvorschrift, aus dem Jahr 1937.

- Wissen, was grundsätzlich richtig und was falsch ist;
- wissen, was gestern war;
- wollen, was morgen sein soll,

und unter Berücksichtigung der heute z.B. in Tagesform und äußeren Umständen gegebenen Rahmenbedingungen situativ das Zweckmäßige tun, das ist der beste Weg, um Reiter und Pferd am Ende zufrieden in den Stall zurückkehren zu lassen.

Neben der tagesaktuellen »situativen Führung« werden allerdings dann präziseres Projektmanagement angesagt und konkrete Trainingsplanung notwendig sein, wenn z.B. für eine Vielseitigkeitsprüfung »auf den Punkt« die Kondition und das Können bei Pferd

---

75) vgl. Endrödy, Agoston von: Gib dem Pferd eine Chance, Pfäffikon, 1976, S. 70

76) vgl. Briggs, John, und Peat, F. David: Die Entdeckung des Chaos, München, 1990, S. 97

77) ebda. S. 248

und Reiter stimmen sollen. Ein gewissenhafter Ausbilder, einschlägige Fachliteratur, der Rat des Veterinärs, schriftliche Planung für die Trainingswochen und Pflichtbewusstsein bei der Umsetzung lassen die Wahrscheinlichkeit für einen Turniererfolg wachsen und das Risiko schrumpfen.

7.3 Bahnordnung

Reitanlagen geben sich in der Regel im Hinblick auf die unterschiedlichen und konfliktären Nutzungsarten (Laufenlassen, Freispringen, Parcoursspringen, Abteilungsstunden, Longieren etc.) gewisse Ordnungen. Soweit Freiräume bleiben, sollte gelten, dass im Zweifel derjenige mit der größeren Nutzungsintensität zurücksteht, also z.B.

- ▶ Longieren grundsätzlich dann nicht, wenn mehr als drei Reiter reiten, und nur, wenn alle Anwesenden vorher zustimmen
- ▶ Springen möglichst nur, wenn die anderen vorher zustimmen. Möglichst zusammenhängend springen und damit die Störung zeitlich begrenzen. So weit zweckmäßig, jeweils vor dem Springen rufen »Sprung frei«, ggf. unter klarer Nennung des vorgesehenen Sprungs.

Zumindest bei starker Bahnbelegung (z.B. der Halle im Winter) sollte man nach Möglichkeit die Lösungs- und die Entspannungsphase nach außerhalb der Bahn verlegen. Für die Pferde sind insbesondere die langen Schrittreprisen im Freien ohnehin viel besser (der Schritt wird freier, der Kopf klarer, und die Atemwege werden weniger staubig).

Aus Gründen der Rücksichtnahme ergeben sich folgende Regeln:
- ● Garderobe:
  Decken und Ähnliches möglichst vor Betreten der Bahn ablegen, da in der Bahn immer störend
- ● Auf- bzw. Absitzen, Nachgurten etc.:
  Dort, wo möglichst wenig störend, also z.B. in der Zirkelmitte
- ● Die Abteilung hat Vorrecht vor den Einzelreitern
- ● Dem unter dem Kommando des Ausbilders reitenden Schüler sollte vorausschauend Vorrang eingeräumt (gar nicht erst begegnet) werden.

Neben diesen Geboten der Rücksichtnahme gelten üblicherweise im Hinblick auf die Sicherheit zwingend folgende Verkehrsregeln:

- ● Betreten der Bahn
  - ▶ Vor dem Öffnen der Tür bzw. dem Betreten der Bahn ruft man »Tür frei« und vielleicht sogar »bitte«
  - ▶ Von den in der Bahn Befindlichen ruft ggf. der dort befindliche Ausbilder oder (hoffentlich) ein anderer »Tür ist frei«, alle anderen in der Bahn respektieren diese Freigabe und meiden die Tür
  - ▶ Erst nach dieser Vergewisserung wird die Bahn betreten.
- ● Reiten auf einer Hand
  - ▶ Ggf. bestimmt der Ausbilder, dass auf einer Hand geritten wird. In Abwesenheit des Ausbilders kann bei dichtem Verkehr ein anderer die Initiative ergreifen, üblicherweise derart, dass der älteste bzw. erfahrenste Reiter gebeten wird, das Kommando zu übernehmen
  - ▶ Alle Reiter richten sich unverzüglich nach den Kommandos zum Handwechsel
  - ▶ Nach angeordnetem Handwechsel bleiben die Reiter, die bereits den neuen Hufschlag erreicht haben, auf diesem Hufschlag (außen an der Bande). Reiter, die den Handwechsel noch durchzuführen haben, weichen nach innen in das Bahninnere aus.
- ● Gleichzeitiges Reiten auf beiden Händen (Durcheinanderreiten)
  Rechts ausweichen (den auf der linken Hand befindlichen Reitern gehört der erste Hufschlag), Reiter auf der rechten Hand weichen in das Bahninnere (auf den zweiten oder dritten Hufschlag) aus.
- ● Parade zum Schritt, Schritt, Halten etc.
  Die Arbeitslinien (ganze Bahn, Zirkel) gehören primär den trabenden bzw. galoppierenden Reitern. Zur Vermeidung von Aufreitunfällen werden Paraden zum Schritt oder die ganze Parade üblicherweise (nach einem Blick »in den Rückspiegel«) auf dem zweiten Hufschlag gegeben. Benötigt man ausnahmsweise (z.B. zu Ausbildungszwecken) den ersten Hufschlag an der Bande, so muss man sich vergewissern, dass man nicht stört bzw. vorher die anderen Reiter (z.B. lautstark: »Hufschlag, bitte«) um den Hufschlag bitten. Wer Schritt reitet, muss grundsätzlich den Hufschlag freimachen.
- ● Verlassen der Bahn
  - ▶ Vor dem Verlassen der Bahn (Kreuzen des Hufschlags) ruft man »Tür frei« und vielleicht sogar »bitte«
  - ▶ Von den in der Bahn Befindlichen ruft ggf. der dort befindliche Ausbilder oder ein anderer »Tür

ist frei«, alle anderen in der Bahn respektieren diese Freigabe und meiden die Tür

▸ Erst nach diesem Ritual, oder wenn man ganz sicher ist, auch ohne nicht zu stören, verlässt man die Bahn.

einzelne Elemente zu wählen und themenorientiert so in einer Reitstunde zu kombinieren, dass das Reiter-Pferd-System die besten Chancen hat, die notwendigen Voraussetzungen zu schaffen und aus Bekanntem das Neue, aber Ähnliche zu lernen.

7.4   Ausbildungserfolg organisieren

Bis zu besserer Erkenntnis dürfen wir davon ausgehen, dass uns die Reittradition bewährte Werkzeuge zur Ausbildung der Pferde in Dressur und Springen überliefert.

Das Pferd lernt am besten aus Bekanntem und Ähnlichem und erzielt Lernerfolge nach Herstellung der (gymnastischen) Voraussetzungen manchmal gleichsam durch Zufall. Steinbrecht stellt fest, »dass das Pferd bei ruhiger, sachgemäßer Arbeit die folgenden Schulen gelegentlich gewissermaßen selbst andeutet«.

Lernsituationen organisieren heißt deshalb, aus den Werkzeugkästen Dressur und Springen